国家社科基金青年项目"农民工随迁子女城市社会发展路径研究"
（12CSH016）

周佳◎著

农民工随迁子女城市社会发展路径研究

NONGMINGONG SUIQIAN ZINV
CHENGSHI SHEHUI FAZHAN LUJING YANJIU

中国社会科学出版社

图书在版编目（CIP）数据

农民工随迁子女城市社会发展路径研究/周佳著.—北京：中国社会科学出版社，2017.9

ISBN 978-7-5203-0407-8

Ⅰ.①农… Ⅱ.①周… Ⅲ.①流动人口—义务教育—研究—中国 Ⅳ.①G522

中国版本图书馆 CIP 数据核字（2017）第 109824 号

出 版 人	赵剑英
责任编辑	赵　丽
责任校对	朱妍洁
责任印制	王　超

出　　版	中国社会科学出版社
社　　址	北京鼓楼西大街甲 158 号
邮　　编	100720
网　　址	http://www.csspw.cn
发 行 部	010-84083685
门 市 部	010-84029450
经　　销	新华书店及其他书店

印　　刷	北京君升印刷有限公司
装　　订	廊坊市广阳区广增装订厂
版　　次	2017 年 9 月第 1 版
印　　次	2017 年 9 月第 1 次印刷

开　　本	710×1000　1/16
印　　张	14.75
插　　页	2
字　　数	234 千字
定　　价	65.00 元

凡购买中国社会科学出版社图书，如有质量问题请与本社营销中心联系调换
电话：010-84083683
版权所有　侵权必究

序

农民工随迁子女城市社会融入从社会问题上升到政策问题已经近20年，第二代随迁子女与第一代随迁子女的生存与发展状况截然不同。随着"两为主"政策的深入以及城市学龄儿童数量的递减，义务教育阶段随迁子女的就学机会问题的矛盾已经不再是问题的关键，中国现阶段的基础教育里仍然存在着成绩落差和阶层群聚的问题，家庭的社会经济地位开始显示出超越户籍的意义。当下，关键的问题在于如何使孩子适应成就本位的学校文化，从自身努力、家庭支持开始逐步适应城市生活并获得发展。

2016年2月，国务院印发的《关于加强农村留守儿童关爱保护工作的意见》提出，到2020年，儿童留守现象明显减少，从源头上逐步减少留守儿童；2016年6月，《国务院关于加强困境儿童保障工作的意见》出台，困境儿童保障的具体办法得到明确，中国政府在保障包括留守儿童、农民工随迁子女在内的"困境儿童"的生存、发展、安全权益方面正在积极努力。随父母迁移，和父母一起在城市生活、学习，对尽快减少留守儿童最具现实意义。对农民工随迁子女城市社会发展路径的研究是为了让孩子们在城市里更好的"生存"。这里的"生存"与"存活"不同，不是仅仅保持一种最基本的存在状态。"生存"是人的一种主动的生活方式，即人作为在世界中的存在，不断地去寻求自己的发展，不断地与外界环境进行积极的沟通和交流，主动参与生存环境的变化，创造新的自我。融入是一种生存方式，农民工随迁子女发展路径的探寻也就是更好的生存路径的探寻过程。从"流入"到"融入"，体现了政府和社会对农民工随迁子女城市社会发展认识方式的转变，同时，也为农民工随迁子女及其家庭在这一过程中的自身贡献力提出了更高的要求。由单向度的"救济"

转向了旨在使随迁子女"更加幸福,更有尊严"的"增权"过程,这将成为新时期农民工随迁子女城市社会发展路径的新取向。

本书继承了韦伯关于"社会学是一门关注对社会行动的解释性理解并因此关注对社会行动的过程和结果的因果性说明的科学"的观点,试图去探寻作为社会生活中的行动者的农民工及其随迁子女为什么要行动?怎样行动?行动达成什么样的后果?并在这些方面对他们行动的意义做出理解和解释。

随迁是解决农村留守儿童问题的最现实路径,是否选择子女随迁是农民工理性选择的结果。是否让子女随迁是基于自身利益或效用最大化的考量,是对成本与收益进行理性分析的结果,是综合自身经济状况、家庭状况及社会交往状况等因素而做出的理性决策。《国家新型城镇化规划(2014—2020年)》的专篇规划"有序推进农业转移人口市民化",反映了国家已经把以农民工及其随迁子女为主体的农业转移人口纳入城市规划,开始为其"定居"做准备。作为政策对象的农民工群体,越来越成为影响政策执行力的关键要素,影响农民工选择子女随迁意愿的因素包括经济因素、人口因素、制度因素及社会因素等方面。经济因素主要包括农民工的收入状况、消费水平、家庭支出状况等;人口因素主要包括年龄、受教育程度、家庭内需要供养的子女数目及长辈数目,流出地有直系可托付的人的年龄及身体状况;制度因素包括农民工对城市利好政策的认知、对城市教育和生活状况的满意程度和各种保险的转移续接的便利性等;社会因素包括农民工的从业领域、社会交往状况、对城市(或)农村生活方式的认可程度及家庭住房状况等。为此,分析农民工是否选择子女随迁的影响因素,从人力资源、社会保障、身份认同等角度提升农民工家庭的城市发展力,有针对性地降低其选择的不确定性已成为必然。

政策是对社会利益进行分配的过程。公共政策出台的目标是为了为处境不利人群提供社会支持,但政策一定会在执行过程中被政策对象的行为所影响。"两为主"教育政策执行已经15年,促进随迁子女城市社会融入的政策呈现出"同心圆"式的演进样态。随着学校教育状况的改善,一直被教育公平问题所遮蔽的,更深层次的家庭整体融入问题浮出水面,随迁子女的城市社会融入问题开始被认定为跨越教育政策领域的公共政策议题。借鉴布朗芬布伦纳关于人的发展的生态系统理论,对影响农民工随迁子女城市社会融入的外部系统和宏观系统进行分析，可以更清晰地认知政策盲点。《关于进一步做好为农民工服务工作的意见》从扶持农民工群体的角度分解政策目标，以跨领域、跨部门政策协同的方式关注农民工融入城市目标的达成，为构建农民工随迁子女生态式城市社会融入政策框架提供了思路。

新兴学校的农民工随迁子女们是一群"青娃"，他们自认为已经是青年，然而思维和行动都透着"娃娃"般的稚气；他们也可谐音为"青蛙"，坐在井底或浸于温水中，只看到头上的那一小片天，或者迷迷糊糊地被"温水"煮熟，却还不知跳跃，在学校里虚度时光。他们因为畏惧"拼爹"而陷入迷惘，母爱的缺失又导致他们家庭庇护力的瓦解，出现了群体镜像下的排斥与越轨。教师与孩子相处的时间事实上超过了家长与孩子相处的时间，教师在农民工随迁子女城市融入过程中的作用不言而喻。在以招收农民工随迁子女为主的公办中小学任教的教师，会比在优质学校任教的教师承担更多教学之外的服务工作，随迁子女带着多种多样的生活经历、阶层特点、社会经济和语言背景来到他们的课堂，他们的学生在能力、先前成就和动机水平方面存在差异，甚至有些学生存在智力、学习、情绪、社交或行为方面的障碍和生理障碍，教师需要给予其特殊关注。农民工随迁子女的教师需要理解学生的发展和差异，关注他们的情绪体验与动机水平，以学校同群文化提升随迁子女的心理资本，运用优势视角理论帮助学生消除他们的弱势，提升学生的抗逆力，借助"登门槛"效应促进学生的社会能力发展。"善教者使人继其志"，和谐的师生关系符合"人们喜欢喜欢自己的人"的认知规律，通过家访了解学生的日常生活，成为喜欢学生并且被学生喜欢的教师。

家庭的经济实力决定子女教育投入的多少，但是，农民工从事的仍是脆弱职业，这导致农民工家庭出现消费困局，不能应对课外补习等额外的教育负担，使得子女跟上城市学校的教育进度很困难。同时，他们只能就近选择在薄弱学校就学，即便可以享受"配额"，依然改变不了升学的窘境。家庭教养模式是家庭文化实力的重要表现形式，家庭文化资本差距导致城市融入的阶层区隔，子女的"反学校文化"表现出对家庭文化的继承。消费方式和行为方式的不同，使得农民工家庭无法融入城市家庭的"朋友圈"。要想改变这一状况，需要关注"不够亲密的熟人"的意义，获得"圈外人"的支持，打破儿童的寄居和隔离状态，从提升家庭效能感开始支持家庭。

"就学"和"就业"是随迁子女融入城市社会的基本方式，职业教育应当成为农民工随迁子女融入城市社会的路径之一。相较于科学和逻辑，农民工随迁子女对面点、机修等"手艺活"更感兴趣，他们认为自己通过技能的专业学习可以获得经济上的改观，并认为自己所从事的劳动与家长缺乏智慧和资本的劳动不同，他们是"创一代"。但是，当前职业教育还不是农民工随迁子女的理想选择，一方面，需要打破体力劳动、技术工种在"职业续谱"中的不利境遇；另一方面，要提升职业教育本身在提升职业技能中的作用，增加专业自信，使进入职业教育学习成为农民工随迁子女城市社会发展的重要渠道。

随迁子女城市社会发展是一个"嵌入"过程，因此，自强与随迁子女的主动融入是一切努力的基础，具体表现在以"积习"的改造促进友谊的发生。农民工家庭及其子女的阶层"卷入"的程度正随着制度藩篱的打破和个体对原有阶层的"脱嵌"而减弱。随着"两为主"政策在各地的落实，异地中、高考时间表的临近，部分城市积极的"配额制"的鼓励，农民工随迁子女自立自强、学校打破社群隔离、户籍制度改革以及修补破窗的社会舆论等将共同组成农民工随迁子女城市社会发展路径的生态系统。

目 录

绪 论 ………………………………………………………… (1)

第一章 举家迁徙：农民工随迁子女城市社会发展的起点 ……… (26)
  第一节 儿童最初的愿望是和父母在一起 ……………………… (27)
  第二节 农民工选择子女随迁的影响因素分析 ………………… (30)

第二章 农民工随迁子女城市社会发展的政策演变 ……………… (43)
  第一节 "两为主"政策执行15年 ……………………………… (44)
  第二节 教育政策与社会政策走向协同 ………………………… (48)
  第三节 农民工市民化成为政策新目标 ………………………… (54)

第三章 在学校中成长：新兴学校的"青娃们" …………………… (60)
  第一节 "青娃们"的初中生活 …………………………………… (61)
  第二节 在"工厂—地板文化"中徘徊 …………………………… (70)
  第三节 自我应验预言的规避与突围 …………………………… (81)

第四章 给农民工随迁子女学校教师的建议 ……………………… (94)
  第一节 理解学生的发展和差异 ………………………………… (96)
  第二节 社会联结理论与随迁子女品德养成 ………………… (102)
  第三节 优势视角理论与随迁子女弱势性的消解 …………… (107)
  第四节 构建和谐师生关系 ……………………………………… (114)

第五章 家庭综合实力是随迁子女城市社会发展的关键变量 …… （121）
- 第一节 家庭的经济实力与子女的教育投入 …… （122）
- 第二节 家庭文化资本差距与融入的阶层区隔 …… （130）
- 第三节 从"寄居"到"安居"：家庭促进子女发展的现实基础 …… （140）

第六章 职业教育促进农民工随迁子女城市社会发展 …… （148）
- 第一节 增权与来自职业的自我控制点 …… （150）
- 第二节 提升职业学校的专业自信 …… （158）

第七章 打破利益固化的藩篱和阶层的"卷入化" …… （174）
- 第一节 随迁子女城市社会发展是一个"嵌入"过程 …… （175）
- 第二节 打破以户籍制为核心的利益固化的藩篱 …… （194）
- 第三节 以修补破窗的思维来修补舆论 …… （204）

参考文献 …… （216）

绪　　论

全国妇联 2015 年 6 月的数据显示，中国农村留守儿童数量已达 6102.55 万人，其中，独居留守儿童已达 205.7 万人，留守儿童的心理和情感贫困程度比物质贫困更为严重。2016 年 2 月 14 日，国务院印发的《关于加强农村留守儿童关爱保护工作的意见》提出，到 2020 年，未成年人保护法律法规和制度体系更加健全，全社会关爱保护儿童的意识普遍增强，儿童成长环境更为改善、安全更有保障，儿童留守现象明显减少。坚持家庭尽责，坚持政府主导，坚持全民关爱，坚持标本兼治，从源头上逐步减少留守儿童。进城务工人员把孩子带在身边，在城市生活、学习，对尽快减少留守儿童，更具现实意义。

从 1992 年到 2015 年的 23 年间，中国农民的自发性城市迁徙成为中国转型时期影响巨大的文化现象和移民现象。在这一进程中，围绕着农民工随迁子女教育问题的研究和讨论一直为国家的政策制定提供了支撑。2003 年，"两为主"政策的出台，使农民工随迁子女义务教育在就学层面得到了改善；2014 年，全国有 30 个省区市解决了随迁子女在当地参加高考的问题，尽管因各地情况不同，规定的条件也不一样，但这一问题已经开始解决；2013 年，全国已有 26 个省份解决了随迁子女在当地参加中考的问题；当下，国家和地方应进一步落实并完善农民工随迁子女接受义务教育后在当地参与考试的配套政策，不断优化服务，细化各项操作办法和工作流程，确保有关政策落实到位。国家非常重视学前教育，实施了学前教育 3 年行动计划和推进普惠性幼儿园建设计划，更好地方便农民工子女入园。当前，随着"两为主"政策的深入以及城市学龄儿童数量的递减，义务教育阶段随迁子女的就学机会问题的矛盾已经不再是问题的关键，中国现阶段基础教育里仍然存在着成绩落差和阶层群聚的问题，家庭的社会经济地位开始显示出超越户籍的意义。当下，关键的问题在于如何使孩子适应成就本位的学校文化，从自身努力、家庭支持开始逐步适应城市生活并获得发展。本书的研究试图为家庭和学校提供建议。

从"流入"到"融入"，体现了政府和社会对农民工随迁子女城市社会发展认识方式的转变，同时，也为农民工随迁子女及其家庭在这一过程中的自身贡献力提出了更高的要求。由单向度的"救济"转向了旨在使随迁子女"更加幸福，更有尊严"的"增权"过程，这将成为新时期农民工随迁子女城市社会发展路径的新取向。

一 已有研究的回顾

人类一切行动的目的都在于对幸福的追求，尽管每个人对幸福的定义不同。作为中国普通百姓中的"农民工"，对于幸福的理解就是让自己和家人过上好日子。这个好日子，就是通常意义上所说的吃得好一点，穿得好一点。用更高层次的概括来讲，就是"更加幸福，更有尊严"，就是"同在蓝天下，共同成长进步"，就是"共同建设，共同享有"。在中国近2.36亿的流动人口中，有近一半的人是单身出来打工的，还有的是夫妻双方打工把子女留在家乡，无论哪一种方式，都不符合人性和人对婚姻家庭幸福的理想追求。在城市发展的过程中，农民工的"落脚"，从谋生落脚转变为生存落脚，进而发展到生活落脚。这一进程是与家庭其他成员的"随迁"联系在一起的。城市化的过程，不仅是要青壮年劳力用工的过程，更是要使他们适应城市生活、享有城市文明，并作为文明的传播者传播文明的过程。随迁，不仅是满足农民工对家庭亲情的需要，更是维护社会安定、抵制低级趣味、维护公序良俗的需要，也是文化婚姻文明、家庭和谐，社会安定的需要。户籍制度、不完善的土地流转制度、割裂的社会保障制度以及长期形成的城乡互闭的社会网络，是阻碍农民工家庭团聚，造成大量妇女、儿童留守在农村的重要的制度背景。留守问题能否解决，取决于制度和政策导向是否有助于解决两方面的问题，一是如何让返乡农民工家庭过上较为富裕的生活，二是如何使留守妇女和儿童随迁并融入城市。正如社会学理性选择理论流派对人类行为的解释那样，人的行动是目标价值与成功概率的乘积，农民工正是在这两个因数的增减中徘徊。

从最初的农村劳动力转移，扩展到对人口迁移与流动的原因、过程与结果等多个方面的研究。从时间上，可以把相关研究划分为3个阶段，从研究集中的问题上看，关于留守儿童和随迁儿童生存状态调查和描述等问题是历时性的研究热点。从学术期刊关注点上看，教育学期刊较常关注这一问题，但有对这一问题关注度下降的趋势，其原因在于，随着农民工随迁子女在城市中义务教育就学状况的极大改善，原有的对社会环境的分析、身份认同、政策倾斜等问题的研究的宏观性不足也暴露出来。外部环境的改善是促进农民工随迁子女城市社会融入的必要条件，却不是充分条件，关于农民工随迁子女伴随家庭成长和发展的生态系统研究将成为研究的重要领域。

（一）疏离的城市社会发展研究

20世纪80年代中期，为谋求更高的经济收入，缓解农村紧张的人地关系，作为农民中的"前锋"，第一代农民工涌入城市，成为中国近代继"闯关东""走西口""下南洋"之后，又一次大规模的自发的人口迁移。这一时期，正值中国大中城市进行基础建设的重要时期，农民工有力地支持了建筑业、加工业、服务业等劳动密集型产业的需要，他们在城市中获得了前所未有的收入，并且逐渐适应了城市文明。进入90年代，大批农民工由家庭个体成员的单身外出逐步过渡到以夫妻为核心的举家迁徙。这种"家庭化"流动带来的直接后果就是城市中流动儿童的数量急剧上升，催生了一个新的规模渐次增长的流动人口亚群体。[1] 他们具有长期居住在城市中的愿望和倾向。段成荣等根据2005年人口普查的结果推算，0—5岁的流动儿童中有半数以上在流入地居住的时间等同于他们的年龄，6—14岁的流动儿童中有1/3以上在流入地居住的时间超过了6年。由此可见，他们不再是城市的过客，他们的市民化进程指日可待。

从1992年到2008年，以社会学研究为主要阵地，兼有人口学、教育学、公共管理学等学科的积极参与，以农民工及其子女在流入地社会融入的现状、过程及特点为主要内容的研究取得了一批优秀的成果。1995年1月，李建平在《中国教育报》上发表《流动的孩子在哪儿上学——流动人口子女教育探讨》一文，引发了教育界对流动儿童教育现状的全面

---

[1] 段成荣：《我国流动儿童状况研究》，《人口研究》2004年第1期。

关注。"流动"让农民工子女享受到了现代化的都市文明和优于乡村生活的物质环境。研究表明，城市的务工收入比务农的收入高出很多，但另一方面，在文化上，他们也陷入困境。[①] 有学者从社会距离产生的原因出发，强调农民工及其子女因受到城市居民经济、文化上的排斥，在心理上主动地、有意识地保持着与城市居民的距离。[②] 王春光等学者认为，户籍制度增加了农民工家庭生活、子女教育、有效就业和卫生医疗等方面的成本。在他们看来，在城市的生活成本远高于本地居民。[③] 同时，制度隔离、文化差异、社会偏见等结构性情境，使得农民工及其子女感受到了边缘化和无所适从。这一"弱势知觉"反过来又阻碍了农民工家庭融入城市主流生活的步伐。[④] 方言在一定程度上影响着农民工与当地居民的社会距离，产生疏离感。"生而同声，长而异俗"的环境，缘于中国语言文化的多样性，各地方言，甚至城郊差别都很大。[⑤] 关系网络决定了交往的广度和深度，新生代农民工及其子女的社会关系网络延展到城市当地居民中。正如费孝通在《乡土中国生育制度》中提出的"关系波纹"那样，农民工及其子女社会关系的市民化真正反映了人的市民化的关键性特征。[⑥] 正是由于农民工及其子女和当地居民的社会关系相互渗透、融合，提升社会资本、减少偏见进而缩小城乡人口社会距离的机制才得以成立。社会资本通过影响农民工及其子女的身份认同，进而改变农民工的交友意愿并缩小社会距离。

这些成果为政府分别在1998年、2003年、2006年、2008年出台保障农民工随迁子女权益的法律和政策提供了重要依据。2008年8月，作为农民工随迁子女身份界定的分水岭——国务院出台的《关于做好免除城市义务教育阶段学生学杂费工作的通知》，首次把农民工子女称为"随

---

① 申继亮：《幼儿情绪理解、亲社会行为与同伴接纳之间的关系》，《心理发展与教育》2006年第1期。
② 李强：《关于城市农民工的情绪倾向及社会冲突问题》，《社会学研究》1995年第4期。
③ 任远、邬民乐：《城市流动人口的社会融合：文献述评》，《人口研究》2006年第3期。
④ 王春光：《新生代农村流动人口的社会认同与城乡融合的关系》，《社会学研究》2001年第3期。
⑤ 同上。
⑥ 王贵新、王利民：《城市外来人口社会融合研究综述》，《上海行政学院学报》2008年第6期。

迁子女",把"流入地"称为"输入地",要求输入地政府将随迁子女义务教育纳入公共教育体系,就近入学。

1. 对留守儿童和随迁儿童生存状态的调查和描述一以贯之

农民工随迁子女问题的提出最初源自对流动儿童卫生免疫情况的关注①,随着流动儿童规模的不断扩大,在流入地接受平等义务教育的问题成为研究的重点。2001年,"两为主"政策实施,流入地义务教育状况得到基本改善。此后,基于儿童发展视角下的全面的教育结果公平,即包括身体健康、心理健康、社会融合等多方面的发展进入研究视野。但这一时期,各学科均从某一侧面进行研究:心理学更多关注流动儿童的心理健康,人口学讨论流动儿童的规模与分布等,社会学仅讨论社会适应与社会融合等问题,教育学则仅讨论学业发展与择校问题等。

对留守儿童和随迁儿童生存状态的调查和描述始终是研究者工作的重要内容,这些工作为政府和社会各界重视这一规模庞大的群体的生存和发展提供了第一手资料。大规模的调查研究和量化成果涌现,对流动儿童和留守儿童的规模、结构、生存状态、生活状况及其存在的问题进行了描述和分析。其中,教育公平和社会融合成为研究最重要的主题。

有学者通过对近千名流动儿童和城市儿童的对比研究发现,流动儿童的心理发展水平要低于当地的城市儿童,因为他们的问题行为水平要远高于当地城市儿童②,新生代农民工及其子女倾向于对事件发生做内部归因,是自我关注的表现,是自尊提升的路径,这一表现不仅可以看作是对外部世界的忐忑,因为陌生所带来的不适应、不安全感,也可以看作是一种积极的心理防御性反应。李柏宁对广州市1016名流动儿童的研究表明,广州市流动儿童的社会适应达到了较高的水平,他们的生活方式、价值观念、行为理念与当地的城市儿童逐渐趋同,对在广州的学习和生活拥有较高的满意度,但也有近三成的流动儿童适应有障碍,他们有"城市恐惧症"。学者们建议,帮助新生代农民工及其子女更好地认知新环境,对成功做内在并且稳定的归因,对失败做外部且不稳定的归因,是有效进行自

---

① 鲜文:《武汉市"四苗"接种不合格因素分析》,《中国公共卫生》1989年第9期。
② 李晓巍、邹泓、金灿灿、柯锐:《流动儿童的问题行为与人格、家庭功能的关系》,《心理发展与教育》2008年第2期。

我保护的体现,将有助于加快农民工家庭城市社会融入的进程。

2. 流动人口社会融合状况及影响因素的研究由始至终

以农民工为主体的流动人口城市社会发展的3个基本前提条件:"其一,他们在城市拥有相对稳定的工作;其二,他们的经济地位和社会地位使劳动者能形成与当地人相接近的生活方式,这样就具备了参与社会生活的条件;其三,经过与当地人的接触,接受并形成与当地人相同的价值观。"①

地区性的流动人口社会融合状况及影响因素分析。郭志仪、颜咏华对甘肃省流动人口社会融合状况进行了调查,发现该省流动人口在经济融合水平上有所提升、心理认同程度仍较好,但社会参与明显不足。认为个人特征、户籍、教育程度、是否享有城镇职工医疗保险等因素是影响流动人口社会融合状况的重要因素。②对农民的家庭生活及影响因素进行分析。洪小良以周皓研究的评估"中国人口流迁已呈现被迫化的趋势"③为验证性假设基础,以北京为例,探究"城市农民工家庭迁移的实际情况如何?"及"影响家庭迁移的因素有哪些"④,除了证实"家庭人口迁移的基本影响因素",还证实了农民工家庭成员间的迁移间隔,总体上呈现逐批缩短的趋势,即"随着农民工家庭在京人口的增加,其后续人员流入北京的边际时间越来越短"。美国社会学家戈登将帕克的同化理论进行了修正和发展,在《美国人生活中的同化》一书中提出了衡量民族关系的7个阶段,成为社会学领域中第一个系统地提出衡量民族关系的指标系统,这里包括基于接触的"文化或行为同化"、实质性的社会结构的相互渗入即社会结构同化、通过族际通婚实现的婚姻同化、通过族群意识认同实现的身份认同同化以及意识中族群偏见的消除和族群间歧视行为的消除和社会同化。

3. 关于新生代农民工及其子女学习、工作和生活状态的研究报告使

---

① 田凯:《关于农民工的城市适应性的调查与思考》,《北京社会科学》1995年第5期。
② 郭志仪、颜咏华:《甘肃省流动人口社会融合状况及影响因素》,《城市问题》2015年第5期。
③ 周皓:《中国人口迁移的家庭化趋势及影响因素分析》,《人口研究》2004年第4期。
④ 洪小良:《城市农民工的家庭迁移行为及影响因素研究——以北京为例》,《中国人口科学》2007年第6期。

状况更明晰

关于新生代农民工及其子女的状况的研究成果主要反映在通过大规模的实地调研形成的研究报告中。2010 年,全国总工会公布的《关于新生代农民工问题的研究报告》明确了新生代农民工是指出生于 20 世纪 80 年代以后,年龄在 16 岁以上,在异地以非农就业为主的农业户籍人口。①《中国城市发展报告 No.6 农村转移人口的城市化》指出,2012 年,中国农民工总量达到 2.63 亿人,其中,外出农民工 1.63 亿人。外出农民工中举家外出的占 20% 左右,新生代农民工受教育程度仍旧较低,就业仍旧集中在制造业、建筑业、传统服务业等行业。同时,揭示了有序推进农业转移人口市民化的 6 大障碍,即成本障碍、制度障碍、能力障碍、文化障碍、社会排斥和承载力约束。《中国青年发展报告 (2013) 城市新移民的崛起》则提出"刘易斯拐点——由生产型社会化向教育型社会化转变",揭示了新生代农民工及其子女融入的新问题。

身份认同危机及影响新生代农民工及其子女市民化的因素分析。学者们普遍认同影响农民工及其子女城市社会融合(即产生社会距离)的主要因素是社会资本、人力资本的匮乏和社会排斥的真实存在。② 有学者把新生代农民工不能有效市民化归因于身份认同危机,"不管他们在城市生活了多长时间,当谈到他们在城市里的身份时,他们将自己视为与城里人相对的农村人",城市中新二元结构作为市民与农民工的场域边界,人为地将身份类别植入个体潜意识之中,再加之以社会比较与社会认知使其内化。在平常生活的叙事及话语言说的反复作用下,这种身份意识将不断得到强化与固定。③

(二) 回归的城市社会发展研究

1. 对农民工随迁子女融合教育的研究

黄兆信、万荣根受国家社科基金重点项目资助,对温州、杭州、武

---

① 全国总工会:《全国总工会关于新生代农民工问题研究报告》,2010 年。
② 周敏、林闵钢:《族裔资本与美国华人移民社区的转型》,《社会学研究》2004 年第 3 期。
③ 冯邦:《社会化:"90 后"大学生思想政治教育工作的新视野及路径选择》,《科技资讯》2010 年第 6 期;周佳:《消除农民工随迁子女发展权的障碍》,《中国社会科学报》2011 年 11 月 17 日第 1 版。

汉、上海、福州、南昌 6 座城市的 1400 名在公立学校 3—9 年级上学的随迁子女进行了调查，来研究融合教育，认为心理融合在随迁子女的城市社会融合中是非常重要的。他们把"心理融合"定义为"随迁子女经过长期的社会生活和教育学习活动以及与周围社会群体的互动，形成的对自我身份以及周围社会文化生活的对比认知，从而塑造自己的社会属性以及判断自己的社会属性"。①

2. 融入的美好愿望与行为乏力的纠结

农民工随迁子女的典型特征包括父母是从农村迁移到城市的务工人员，家庭不具备优越的经济实力，通常聚居在农民工家庭集中的社区，在城市相对薄弱的学校就学。部分城市还没有放开异地中考的政策，他们仍面临义务教育后失学的窘境。

刘谦②通过对北京一所随迁子女集中的小学及其社区进行近距离的观察发现，"上大学"是随迁子女及其家庭共同的教育愿望，但仅仅是愿望而已，在家庭中始终萦绕着"并不真正在意是否能够'上大学'的弦外之音"。作者提出对随迁子女具有中国传统根基的"大学梦"，政策制定者在以统筹资源、促进公平为出发点出台相应政策的同时，将政策术语以有效的方式（比如配额制的实施）传播和嵌入随迁子女"大学梦"的认知体系十分重要。

3. 关注家庭：同城待遇预期下的家庭承载力研究阶段

"同城待遇预期下的家庭承载力研究阶段"是当下关于新生代农民工子女问题研究的阶段。它的政策背景是 2010 年 1 月，国务院发布的《关于加大统筹城乡发展力度 进一步夯实农业农村发展基础的若干意见》，首次使用了"新生代农民工"的提法，并要求采取有针对性的措施，着力解决"80 后""90 后"新生代农民工问题，促进新生代农民工市民化。2013 年 11 月，十八届三中全会通过的《中共中央关于全面深化改革若干重大问题的决定》，提出"推进农业转移人口市民化，逐

---

① 黄兆信、万荣根：《农民工随迁子女融合教育研究》，中国社会科学出版社 2014 年版，第 93 页。

② 刘谦：《迟疑的"大学梦"——对北京随迁子女教育愿望的人类学分析》，《教育研究》2015 年第 1 期。

步把符合条件的农业转移人口转为城镇居民"。通过户籍制度改革，稳步推进城镇基本公共服务常住人口全覆盖，把进城落户农民完全纳入城镇住房和社会保障体系。新生代农民工坚定的城市居住信念和二元体制的逐步打破，使被外在制度不平等掩盖下的基于身体和心理发展本身的个体间的事实上的不平等暴露了出来，即在"同城待遇"下，农民工子女也可能因为家庭的经济状况、文化缺失和父母的低预期，即自证预言效应而进行家庭贫困的再生产，新生代农民工子女仍旧不能摆脱成为"第三代农民工"的命运。

（1）家庭生活社区的排斥与融合

马西恒、童星通过对上海市某社区的个案考察，发现新移民与城市社区的"二元关系"正在发生变化，即从相互隔离、排斥和对立转向一种理性、兼容、合作的"新二元关系"，他们以中国传统文化的概念将之称为"敦睦他者"。在此基础上，提出新移民与城市社会融合经历3个阶段的构想，这3个阶段分别是"二元社区""敦睦他者"和"同质认同"。"敦睦他者"是新移民与城市社会融合的关键阶段，在此期间，需要政府、社区和新移民共同做出努力。① 当下，二元化的社区分割，会导致农民工群体的"文化库存"不足。他们指出，"文化库存"上的局限在一定程度上与底层群体居住的社区和接触的人群有关。底层群体通常聚集居住，产生了一种"集中效应"和"社会孤立"。他们缺乏与代表主流社会的个人和制度的联系或持续互动。社会孤立压缩了底层群体文化库存的多样性，使他们很难具备那些能够获得学业成就的策略。策略库存受到个体贫穷和生活环境人员构成的束缚。因此，即使他们在言语上表现出一种与主流价值规范一致的良好期望，也不会转变为行动。②

（2）文化库存对子女自证预言的影响

农民工随迁子女义务教育"两为主"进展不均衡，全国仍有约20%的流动人口随迁子女在基础设施和师资力量薄弱的"简易学校"就读，随迁子女学前教育和中考高考问题没有得到预期解决。"文化库存"可以

---

① 马西恒、童星：《敦睦他者：城市新移民的社会融合之路——对上海市Y社区的个案考察》，《学海》2008年第2期。

② 高明华：《父母期望的自证预言效应》，《社会》2012年第4期。

用来解释为什么新生代农民工克服困难把孩子带在身边。他们对孩子在城市生活的美好预期常常与他们对孩子在学习事实上的帮助相矛盾，使孩子成为家长自证预言的应验者。人与人之间的社会接触不仅影响交往双方的价值观和偏好，而且其行为产生的外部性会影响其他人的交往决策。费斯汀格认为，人们在评价自身行为时，如果缺乏现成的客观标准，一般倾向于选择与自己属性类似的群体进行比较。同一群体成员间的相互交往会影响彼此的决策，在信息不完全的情况下，从众心理使得群体内部成员更倾向于选择趋近群体内大部分人的选择。有学者以上海为例建立了城市农民工与本地居民社会距离的影响因素模型，发现"个人拥有的社会资本越广泛、丰富越有利于消除群体之间的偏见并改变农民工对自身的身份认同；同群效应则可以强化城市农民工和本地居民群体价值判断的趋同性，从而对二者之间的社会距离有双向作用"。

（3）对农民工家庭"消费困局"的研究

杨云彦等受国家自然科学基金的支持，利用大样本调研数据，描述了流动人口的消费特征与社会融合状况。从经济和心理两个维度理论探讨了社会融合是如何影响流动人口消费行为的，讨论了破解流动人口消费困局的相关政策建议。[①] 户籍制度下的消费困局，农民工家庭融入城市社会生活的表征是在生活方式和消费模式上贴近市民。如果农民工家庭始终处在"流动"而非"迁移"的状态，随迁子女是不能积极地融入城市社会生活的。户籍制度改革的诸多举措都使"流动白领"获益，而对于从事非技术型的农民工群体来说，没能实现其市民身份的同步转换，他们依然是"农村人"。"在消费上陷入两难困局：他们在城市迫切需要通过增加收入来提高消费和福利水平，但受制于收入及未来返回农村养老、子女教育支出和婚姻压力等现实，流动人口的又被迫在农村修建房屋、购买大件消费品等，但在很长的外出务工期间，房屋和这些大件消费品的使用效率很低，甚至长期处于完全闲置的状态。"流动人口的这种在城市消费能力不足、不敢消费与在农村低效率消费同时并存的情形，被称为"流动人口消费困局"。[②]

---

① 杨云彦等：《留城还是返乡——流动人口的消费困局与社会融合》，华中科技大学出版社2014年版，第2页。

② 同上书，第1页。

(4) 发展性家庭社会保障政策研究

有学者认为，已有研究对"融入"理念的探索远远多于对如何测量农民工及其子女融入状况的研究，采用不同的指标分析缺乏普遍性和代表性的地方数据使研究之间的结论缺乏可比性，制约了政府全面把握流动人口社会融入的现状及特征，妨碍了流动人口社会福利的改善。[1] 社会学研究者主要关注农民工群体的社会融合问题，把其子女的融入问题当作家庭整体融入的一个子问题；针对当前随迁子女融入状况没有可参照的指标的问题，学者们开始进行相关的研究，力图使理论研究可操作化。[2] 如何为新生代农民工提供更多与当地人接触的机会，从而增进双方的了解，促进他们亲身感受输入地的文化和日常生活，减少其感知到的距离感，增加对其所在城市的认同感和归属感，就成为政策制定者和各级公共服务部门必须考虑的问题。[3] 随着社会工作学增权概念的引入，中国学者更多关注"多元文化"在农民工及其子女的社会融入中所表现出来的"韧性"，从归因风格、应对方式的角度分析随迁子女社会融入的特质[4]，"贫困文化"在新生代农民工子女身上孕育生成，而"贫困文化"又给他们带来新的知识贫穷和由此导致的经济贫穷。这种贫穷会使社会分层更加明显，给社会福利政策增加新的负担，这也是教育政策在解决新生代农民工子女就学问题上所要付出的代价。[5]

(三) 建构的随迁子女城市发展研究

1. 促进农民工子女社会融入的路径探索

"社会融入是指随迁子女在'城市融入的关键期'通过接受城市文化进入原住民及其子女的社交圈，并最终成为市民的过程。"在农民工随迁子女就学问题得到了初步解决、形式上的障碍基本扫除的当下，随迁子女如何克服"歧视知觉"，如何在成就本位的学校中获得自尊，以及家庭社

---

[1] 杨菊华：《流动人口在流入地社会融入的指标体系——基于社会融入理论的进一步研究》，《人口与经济》2010年第2期。

[2] 杨菊华：《对新生代流动人口的认识误区》，《人口研究》2010年第3期。

[3] 沈千帆：《促进流动人口社会融入的政策建议》，《北京日报》2012年1月30日第2版。

[4] 李思霓：《流动儿童的社会融入及其过程中的归因风格与挫折应对》，硕士学位论文，华东师范大学，2010年。

[5] 杨颖秀：《新生代进城务工农民子女的教育政策需求及政策制定方式的转变》，《教育研究》2013年第1期。

会资源的开发、社会工作者的参与等问题开始被学者们讨论。[1] 学者们普遍认同影响农民工及其子女城市社会融合的主要因素是社会资本、人力资本的匮乏和社会排斥的真实存在。对农民工随迁子女融合教育面临的问题予以分析，提出学校在开展融合教育的过程中要尊重农民工子女的主体地位，遵循教育规律，实现自然融合；开展教育科研，总结提炼融合教育模式；转变家长观念，消解他们对农民工子女的成见。[2]

"农民工迁入城市只是实现了由农民向农民工的转变，但还没有实现转变为城市居民的'本质城市化'。这样，生活在同一城市中的农民工与城市居民两大人口集团之间就形成了一定的'社会距离'，这一社会距离体现了农民工在所居城市的社会融合程度和他们的市民化、城市化水平。"[3]"农村流动人口不论是在劳动技能及相关的收入上，还是在生活方式和习惯上，都不能马上与城市社会相适应、相融合。从这个意义上说，'半城市化'几乎是普遍的现象"。[4] 只有进入城市的农民工与本地居民社会距离逐步缩小，农民工及其子女融入城市社会才可能实现。社会距离的缩小不仅有助于强化社会成员之间的社会性偏好强度，而且有助于改进互利协调效率以及社会规范的执行，从而提高自愿合作的效率，促进完全城市化。[5]

社会学研究者主要关注农民工群体的社会融合问题，把其子女的融入问题当作其融入过程中的一个附带问题；对农民工子女的社会融入问题的专门研究主要反映在教育学研究者的成果中，通常表现为对义务教育阶段随迁子女学校适应状况的描述。通过对义务教育后中考政策的分析，学者们建议引入教育券解决教育经费在区域间的"支出流动"问题；以职业教育作为推进异地中考政策的突破口，在城市向农民工随迁子女全面开放

---

[1] 吴霓：《农民工随迁子女教育的新趋势及对策》，《求是》2010年第4期。
[2] 湛卫清：《农民工随迁子女融合教育的困惑与对策》，《教育发展研究》2008年第5期。
[3] 王桂新、武俊奎：《城市农民工与本地居民社会距离影响因素分析——以上海为例》，《社会学研究》2011年第2期。
[4] 王春光：《新生代农村流动人口的社会认同与城乡融合的关系》，《社会学研究》2001年第3期。
[5] 李英蕾、夏纪军：《社会距离对自愿合作的影响：文献综述》，《世界经济文汇》2009年第2期。

免费中等职业教育；改革户籍制度，剥离附着于户籍上的各种福利与管理功能；改革高考制度，形成中考、高考配套的政策体系；创新高中阶段办学模式，建立健全高中阶段教育成本分担机制与投入机制。① 对农民工家庭代际再生产的持续关注，梁宏、任焰认为，"再生产并不完全是生物学意义上的体力恢复，还伴随着情感、文化、保障等方面的需求"。② 多数研究以流动儿童或留守儿童自身的需求或存在的问题为出发点，很少关注作为其父母的外出农民工的需求。对农民工而言，与子女的分离会带来更沉重的心理压力，这也正是他们最大限度地压缩在城市中的消费，把收入中的大部分寄回家里的原因。他们为了获得较多的经济收入，不得不承受着对子女的思念、牵挂和焦虑等心理痛苦，相对于子女随迁的农民工，把孩子"留守"在家的外出农民工的心理压力更大。

2. 农民工子女随迁决策的相关研究

梁宏和任焰③利用2006年"珠三角"农民工抽样调查的原始数据，对农民工子女是留守还是流动的影响因素进行了分析，他们发现，"农民工子女流动与否受制于自己的年龄、农村的社会支持、迁移距离和父母在城市的生存状态，是否随迁是父母理性选择的结果，还与国家、地方、生产等方面的制度有关"。农民工倾向于把大龄子女（11—15岁）留在家乡，留守比率为80.36%，而5岁以下的农民工子女的留守率为68.32%。有拥有城市户口意愿的（对城市社会认同度较高）农民工更倾向于子女随迁，而农民工的经济状况对其子女流动与否没有显著影响（与其他研究不符）；农村社会的支持因素和迁移因素对子女是否随迁影响很大，配偶在老家的农民工子女几乎全部留在农村（97.89%）；外省农民工更倾向于将子女留在农村。以出租屋为主的社会主导型居住方式的农民工更倾向于将子女随带在身边，以工厂宿舍为主的资本主导型居住方式的农民工更倾向于将子女留守农村。"农民工代际再生产的特点——子女的流动或留守状态让他们付出了较大的代价，理性选择的背后是巨大的经

---

① 吴霓：《农民工随迁子女异地中考政策研究》，《教育研究》2011年第11期。
② 梁宏、任焰：《流动，还是留守？——农民工子女流动与否的决定因素分析》，《人口研究》2010年第2期。
③ 同上。

济和心理成本的付出。"城市的教育和生活成本远高于农村，但将孩子留守，意味着在日常生活中家庭结构的不完整甚至是精神痛苦，甚至是夫妻关系的缺失。代际再生产不仅包括经济上的还包括情感上的，流动好于"留守"。

宋锦、李实采用2008年CHIP数据中的城镇农民工住户样本，对影响农民工选择子女随迁的机制进行了研究，发现"配偶随迁，特别是就业机会较好的配偶随迁会使子女随迁的概率大幅上升"①。"初中年龄段子女随迁的概率低于小学年龄段的子女，这反映出子女接受教育对其随迁形成了阻力"。同时，多子女的家庭选择子女随迁的概率较低，这与留守可以相互照顾及随迁的成本加大均相关。"农民工子女是否随迁主要由三个方面的因素决定：配偶的就业机会、户主收入水平及其稳定性、迁移距离"。高门槛的城市，由于对落户的要求比较高，农民工很难在此定居，且生活费用比较高，他们通常选择在这样的城市中独自务工获得较高水平的收入，但很少选择让子女随迁。

杨舸、段成荣利用2005年1%的人口抽样调查数据度量流动人口选择子女随迁的影响因素，发现流动人口自身能否提供子女的物质保障是其决策的最重要因素。另外，流动人口的迁移状况和职业性质也会影响其子女随迁。进一步研究发现，母亲是否外出、父母外出时间、儿童就学难易程度、住房条件、生活成本是流动人口子女是否随迁最主要的影响因素。②

在普遍认同的农民工低收入、居住环境差等原因之外，子女所获得的公共服务，特别是教育服务质量，同样是农民工是否选择子女随迁的重要影响因素。张翼、周小刚③利用人口和计划生育委员会2010年流动人口动态监测的调查数据，考察了流动儿童的就学情况，发现跨省迁移的农民工子女相对于非农业户籍流动儿童的辍学率更高。

洪小良依据2006年北京市流动人口家庭入户调查数据，以先迁移者带动家庭成员后续迁移行为为指标，考察了外来农民工的家庭迁移状况，

---

① 宋锦、李实：《农民工子女随迁决策的影响因素分析》，《中国农村经济》2014年第10期。

② 杨舸、段成荣、王宗萍：《流动还是留守：流动人口子女随迁的选择性及其影响因素分析》，《中国农业大学学报》（社会科学版）2011年第3期。

③ 周小刚：《进城农民工子女状况的现状分析和对策》，《西北人口》2012年第3期。

指出城乡分割的二元劳动力市场、户籍制度及附着在其上的社会福利的排他性阻碍了农民工选择子女随迁。①

盛亦男根据2010年流动人口监测数据，发现绝大多数流动家庭还没有完成家庭化迁居。尽管家庭化的趋势明显，但农民工家庭通常会选择分批迁居来控制家庭整体迁居可能产生的风险，但从先后批次来看，分批迁居的时间间隔在缩短，迁居过程是在加速完成的。② 这从一个方面显示了农民工家庭体验到了城市公共服务政策的利好和他们对城市中的生活更加适应。

3. 关注发展中的身体

郭慧玲对身体社会学的兴起进行了总结："个体身体的健康程度在某种程度上是社会阶层在个体身上印刻的结果，而这种印刻过程是通过阶层认同、群际伤害、习得性无助和情感支持等心理过程得以达成。"③ 布迪厄对身体的社会意义进行了较为深入的研究，④ 他认为，身体在形式上是一个生物的存在，在实质上是具有社会意涵的。个人的身体处于社会和群体之中，个体的存在和发展都要受到社会结构和分层状况的影响。中国学者文军、刘少杰等也开始关注基于身体社会学的"健康"的社会不平等问题。马克思划分阶级的标准是经济资本的差异，韦伯区分阶层的要素是经济资本和社会资本的统一体。布迪厄在他们的基础上，把文化资本和符号资本引入阶层分析，认为文化资本导致社会等级的延续和再生产。⑤ 不同阶层的人们之间的差异，不仅仅表现在财富的多少、社会资源和文化资源占有的厚寡以及在社会分配中可能居于的优势或劣势地位上，除了这些显性的不平等，还存在着更深刻的、不易察觉的隐性的不平等，身体状况就是这样的一个现象。排除遗传因素，心理疾病通常遭遇的歧视与不平等对待相关，而疼痛和疾患常常与恶劣的生活条件和不良的卫生保健相关。

---

① 洪小良：《城市农民工的家庭迁移行为及影响因素研究——以北京为例》，《中国人口科学》2007年第6期。

② 盛亦男：《中国流动人口家庭化迁居》，《人口研究》2013年第7期。

③ 郭慧玲：《由心至身：阶层影响身体的社会心理机制》，《社会》2016年第2期。

④ [法]布迪厄：《实践与反思：反思社会学导引》，李猛、李康译，中央编译出版社1998年版。

⑤ 同上。

经济和社会地位高的阶层会对儿童的保健更重视，比如"牙齿"可以作为判断阶层的一个指标。来自高社会阶层的儿童可以按营养学搭配膳食，而一些留守儿童只能以不全熟的米汤来果腹。看看薄弱学校门前一个脏兮兮的"烤冷面"的摊床，就可以预见它们对孩子健康带来的隐患。正如这些儿童父母之间的差异一样，在农民工或城市脆弱职业的从业者忙于生计时，主流职业者更有条件和时间休闲放松、使用健身器材和享用更高质量的医疗保健条件，这些都能降低健康风险。从文化因素的角度看，高社会地位阶层群体一般具有更健康的生活方式，很少暴饮暴食、酗酒抽烟，他们很少会因为社会不平等或遭遇歧视而影响自尊。而处于社会底层的群体常常会陷入"理想我"和"现实我"的差距的焦虑中，患抑郁症的可能性更高，而这种阴郁的心情会影响家庭氛围，进而"遗传"到孩子身上。

二 已有研究的局限：关于农民工随迁子女的"病理性"分析已不能全面反映客观现实

农民工随迁子女城市社会融入从社会问题上升到政策问题已经近20年，第二代随迁子女与第一代随迁子女的生存与发展状况截然不同。但一些学者依然固守"排斥""规避""隔离"的"病理性"研究假设，其成果没能反映出随着以户籍制度改革为核心的制度变革，人们已经淡化了原初身份的客观现实。

随着学区学龄儿童的递减，公办中小学不仅不排斥而且悦纳有学习能力的农民工随迁子女就学。在哈尔滨等省会城市，并不存在专门招收农民工随迁子女的学校，随迁子女按家庭暂住地就近入学，享受与本学区市民子女同样的免费教育。虽然不同学区之间事实上存在教育质量上的差异，但这种差异是历史上形成的，并不是针对随迁子女的。通过入校调研，我们发现，随迁子女对自己的"某校学生"身份认识充分，对是否是"农民工子女"认识淡薄；教师对所教班级的学生身份也没有特别的关注，对课题组提出的"是否对随迁子女另眼相看"表示诧异。爱心不能仅止于"悲悯之心"。已有研究大多集中于描述性统计和对影响因素的分析与研究，而对农民工选择子女随迁的过程和政策支持缺乏研究。个体增权是农民工随迁子女城市社会融入的关键，农民工随迁子女城市社会发展的制度环境已经得到显著改善，随迁子女与市民子女一样，需要通过积极经验的获得和学习能力的提升来更好地融入城市生活。建议转变社会政策基于补偿的"标签化"取向，从个体增权的角度帮助农民工随迁子女实现城市社会融入。

输入地逐渐放开的异地中考政策，使随迁子女在义务教育后继续求学成为现实。值得一提的是，部分城市允许拥有输入地初中学籍的随迁子女与市民子女一样享有重点高中的配额资格。随着中考"配额比例"的逐年提高，跨学区择校得到有效遏制，城乡学生融合得到进一步加强。城市社会融入的前提是避免处于从属地位。社会心理学的研究结果表明，个人所属的团体对其态度的形成具有重要的影响。团体可以利用其对成员的影响力来促进成员态度的形成和转变。如果个体在团体中处于一个越高的地位，则其感受到的团体规范的压力就越大，团体对他的影响力也相应较大。

家庭结构不稳定、学习成绩差、交往困难、青春期叛逆等问题是各个阶层家庭子女都可能面临的问题，不是农民工随迁子女的独有"病理"，用其来分析随迁子女城市社会融入缺乏针对性。但是，农民工家庭在城市中的自我定位，影响着他们的行为的塑造，防止"破罐子破摔"，以"修补破窗"的思维来扭转舆论和社会政策势在必行。城市社会应关注农民工随迁子女及其家庭作为城市融入主体的态度改变。科尔曼将人的态度改变过程描述为服从、认同、内化三个阶段。服从是一个人按照社会要求、群体规范或他人意志而做出的行为，其目的是为了获得某种物质或精神的满足或为了避免惩罚。服从通常是外在压力作用的结果，不是个人的自愿选择，因此，服从造成的态度改变只是暂时的、表面的，但是被迫的服从成为习惯时，就变成了自觉的服从，产生相应的态度。例如，农民工看到城市没有人随地吐痰，他也会控制自己不随地吐痰，按照城市的文明方式生活。同样，最初，城市居民不愿意与随迁子女同校，但学校强制合班教学，他们也会渐渐接受随迁子女同校。认同阶段，个体的态度改变不再是表面的了，而是自觉自愿地接受他人的观点、信念、态度和行为，并有意无意地模仿他人。内化是态度改变的最后阶段，个体完全地从内心相信并接受了他人的观点，并将他人的观点、态度完全纳入自己的价值体系中，成为自己人格的一个组成部分。到了内化阶段，就不再需要具体的、外在的榜样来学习了，平等和谐的同伴氛围就是内化的结果。

社会交换理论的代表人物布劳在论述权利结构形成阶段的心理过程时指出，一个人在交换中为了避免处于从属地位或者保护自己的社会独立性，就必须设法使自己拥有一些重要的条件。首先是拥有作为使其他人为自己提供必要服务或利益的有效诱因的所有必要资源，比如勤劳、诚信致富、维护城市文明等；其次是拥有替代资源，农民工家庭要想在城市中获得尊重，就要有不可替代性，即多样化的技能或者返乡的能力；再次是运用强制力量迫使别人拿出必要的利益或服务，不过在强制之下，有些利益会失去其本来的意义；政府通过大量的扶持政策"强迫"城市社会接纳外来人口的力量虽然强大，但无法达到真正的融入，外来人口依靠"暴力"来侵犯城市居民的利益也会遭遇抵抗和排斥；最后，布劳强调，为了摆脱从属地位，应尽量减少自己对各种利益的需要，或者只向对方要求那些自己通常可以用价值相等的帮助予以报答的资源，由此，农民工群体应正视自己的经济状况，不虚荣，不羡慕，踏实做人和生活，真真正正地融入城市。这一理论对当前农民工群体在城市社会中的边缘或从属地位的形成原因分析提供了解释。首先，农民工群体不拥有可以使城市居民为他们提供必要服务或同等待遇所需的必要资源，农民工之所以可以在城市中获得经济收入，是因为他们可以提供城市人不愿意提供的廉价劳动力，而这种廉价的劳动力不是不可替代的，在庞大规模的农民工群体涌入城市时，就形成了买方市场；其次，农民工对现有城市生活反抗的可替代资源缺乏，尽管家乡有亲人和土地，但相对于城市的便利和发达，家乡不具有可比性；再次，国家扶持农民工在城市工作和生活的政策，虽然可以通过强制力在法律上支持农民工的城市生活，但在强制之下，城市人口似乎进一步加强了对农民工，特别是对农民工随迁子女可能在教育资源上对他们利益的侵犯的防守。根据布劳的命题，农民工只有"尽量减少自己对各种利益的需要，或者只向对方要求那些自己通常可以用价值相等的帮助予以报答的资源"，即通过付出更多的努力，加强人力资本，进而实现代际流动。

三 研究的基本问题与思路

本书继承了韦伯关于"社会学是一门关注对社会行动的解释性理解

并因此关注对社会行动的过程和结果的因果性说明的科学"的观点,试图去探寻作为社会生活中的行动者的农民工及其随迁子女为什么要行动?怎样行动?行动达成什么样的后果?并在这些方面对他们行动的意义做出理解和解释。影响发展的人和环境被认为是发展的背景。农民工随迁子女的城市社会发展离不开作为他们发展背景的人和环境,因此从生态学的角度注重多重系统的联合作用,展现"嵌入"的过程。低收入家庭的儿童会遭遇比中等收入以上家庭的儿童更多的应激源——如低于标准的住房、拥挤和社区暴力。本书需要考察农民工随迁子女的家庭和同伴微观系统,尤其强调其在教育系统中的相互作用及家庭与学校的衔接,教师与家长的交往;讨论父母的职业作为影响子女城市社会发展的外部系统,如何在农民工随迁子女城市社会发展中发挥作用;最后也会讨论社会经济地位在农民工随迁子女城市社会发展中的作用。

教育融入是指为了提高全体学生的福利,使每个人都能够平等、全面地参与教育全过程,分享教育资源和教育机会,所有学生都能被接纳与融入,共享教育成果的状况。不少专家指出,教育公平是实现社会公平"最伟大的工具"。当前,教育公平大门已经开启,教育公平的问题不仅仅是让农民工子女与城市孩子"合"在一起"有学上",那些生存在城市边缘的孩子能否实现从乡村到城市的空间转换?能否与城市师生和谐相处?能否对城市产生认同感、归属感,真正实现从"合"到"融"?教育融入必定也是实现教育公平的"最伟大工具",是实现从"合"到"融"的最重要的手段。它能够有效解决农民工子女"读得好"的问题,让农民工子女更有尊严地学习生活,获得全面自由发展的质量观的反映,是教育公平的内在价值取向。[①]

随迁子女主要融入渠道是幼儿园和学校。与成年农民工不同,他们有更有利的融合机会,而且是率性而成的,但一旦融入失败,其结果会更失衡,会产生社会焦虑等亲和经历后的负面后果。随迁子女融入城市生活必须具备三个方面的条件:一是在城市中的公立学校稳定的就近就学;二是这种与城市孩子融合的学习生活形成一种与当地人接近的学习和生活方

---

① 郭长伟:《文化资本视域下农民工随迁子女教育融入困境及对策》,《教育与管理》2012年第10期。

式，从而具备与城市儿童交往并参与城市生活的条件；三是由于这种生活方式的影响和与城市儿童的接触，随迁子女可能接受并形成新的城市生活价值观。融合与适应不是简单地等同于同化，它比同化更具有主动积极的意义。农民工随迁子女作为农民工大群体中的特殊人群，他们在住房、教育和医疗上的寻求直接来源于生存和发展的需要，也是社会融入的指标，是从被同化的适应到主动融入的重要基础。

教师的教学过程是农民工随迁子女城市社会融入的重要过程。作为一名小学教师（特别是班主任），每天平均与孩子相处的时间约为 7 小时，一学年会超过 1400 小时；初中教师（特别是班主任）与学生相处的时间就更长一些。可以说，教师与孩子相处的时间事实上超过了家长与孩子相处的时间，教师在农民工随迁子女城市融入过程中的作用不言而喻。

30 多年来，社会对流动人口的认识以及政府执政理念的变化，各大城市的流动人口政策经历了从社会排斥到社会融入的演变。尽管如此，农民工群体依然是城市中的弱势群体，依然受到城市户籍制度、住房制度、公共服务政策等方面的排斥。因此，促进新生代农民工及其子女融入社会难以在短期内实现，需要一个长期的规划。推进户籍制度改革，为消除流动儿童的身份认同危机创造公平的制度环境；完善学校教育行政管理与服务，为消除流动儿童身份认同危机提供有效支持；加大群体间的互动频率，为消除流动儿童身份认同危机注入催化剂；扭转流动儿童的非理性认知，为消除流动儿童身份认同危机植入本源。

不能忽视融入的外在逻辑：政府关注仍是重要后盾。外在逻辑主要探讨的是城市本身、政策、家庭、学校、同辈群体等外在力量对农民工子女城市融入的正负博弈。

1. 基于利益的非制度性排斥

放开异地中考和高考，特别是中考配额是否允许随迁子女享有，是对城市适龄儿童享受高质量教育的利益争夺。强势群体对弱势群体实施一系列限制与压抑性措施，制造和形成一种贬低与鄙视他们的社会氛围，以阻止这些群体中人们的自由发展和进步，进而达到维护自己既有地位和利益的目的。因此，也要考虑输入地的承载力，不能使利益受损者反对，形成非正式制度的排斥和心理隔离。国家政策是代表全体人民意志和利益的，而各个城市具体政策的制定和执行，一般都代表了本城市人的意志和利益，因此不可避免地具有地方保护色彩。为了维护本地市民的利益，在制定就业、住房、医疗、教育等政策时，往往会有很大的倾向性，相反，对随迁子女就是限制。在政策上放开，会在经济上、文化上更排斥。

2. 关注输入地的实际承载力

个体主动模式旨在提高个体增权的主体性和主动性，外力推动模式旨在通过政府制定倾斜政策等方式推动和保障弱势群体由无权、弱权到平权的转变。理想的状态是通过外力与主体互动的不断循环和构建以达到持续增权的目的。然而，在实际增权的过程中，主要的策略依据是简单的外力推动模式。当然，这种方式见效快，影响面大，是大环境的推动，没有大环境的改善，主体是无力改变的。我们对农民工随迁子女的政策环境越来越好，从"两为主"到均衡发展义务教育再到异地升学时间表的厘定，大环境已经很好。我们的研究就要从宏观中观到微观，开始关注人自身。因为"自助"总是增权的起点，主体的积极性和主动性是实践转变的关键。随迁子女城市社会融入的过程就是一个学习的过程，即建立在已有经验基础上的行为方式的持久改变。党的十八大报告在提出加强社会建设中，强调权利公平、机会公平和规则公平，个体增权是社会增权和政治增权的前提和基础，更是关键。因为如果自身不够强大，仅靠外界的帮助，只会形成懒惰和理所当然的非感恩之心，缺乏奋斗的动力，即便实现底线生存，也不能真正实现发展的愿景，从个人素质方面还是不能真正融入城市社会，实现真正的自尊、自信、自主的美丽人生，真正摆脱困境。

孩子的最近从属单位是家庭，家庭为孩子的生存和发展提供最直接的条件，孩子最初的差异就来自于家庭间的差异。农民工群体目前仍然是城市中的弱势群体。弱势群体摆脱弱势地位不能仅仅建立在自发的基础上，还必须协调和整合生存环境中各个方面的资源，以政策环境的公平、机会的均等、社会问题的解决为前提。在国家与政府应该承担相应的责任与义务的同时，家庭教育同样应该承担起其所应承担的责任与义务，而不是将所有责任都推向政府，推向社会。本书关于农民工随迁子女城市社会发展路径的研究也是遵循这一思路的。布朗芬布伦纳的人的发展生态系统理论认为，系统中的各项因素都对个体具有影响力，而这些影响力有的又是通过不同层次的系统直接或间接传递给个体的。通过改进农民工家庭所处的经济社会环境，使农民工随迁子女可以公平地、无障碍地接受教育、实现就业和参与社会活动，整合政府、学校、社会组织和家庭、邻里的力量，促进随迁子女及其家庭提高人力资本，实现随迁子女在城市社会的全面发展，其路径就是建立系统化、多层次的社会支持网络。

虽然农民工已经成为中国产业工人的主体，2014 年，中国农民工总量为 2.74 亿人，平均月收入为 2864 元，这些被统计为城镇人口的农民工及其随迁家属，未能在教育、就业、医疗、养老、保障性住房等方面享受城镇居民的基本公共服务，出现了城镇内部的新的二元矛盾。[①] 阻碍农民工子女随迁的一个根本性因素是许多农民工依然居住在条件很差的工棚或者宿舍里。为此，在发挥市场在住房资源配置中的决定性作用的同时，给农民工提供保障性住房是解决问题的关键所在。因此，城市人民政府在制定住房发展规划时，要把农民工及其家庭考虑进来，加大保障性住房的建设力度，特别是公共租赁住房的建设力度。更实际的是，改善相对集中的城乡接合部、老居民区等农民工聚居地的环境，首先改造这些地方的基础设施条件。

四 本书的框架

本书除绪论外包括 7 章内容。

第一章 举家迁徙：农民工随迁子女城市社会发展的起点。随迁是解决农村留守儿童问题的最现实路径，是否选择子女随迁是农民工理性选择的结果。是否让子女随迁是基于自身利益或效用最大化的考量，是对成本与收益进行理性分析的结果，是综合自身经济状况、家庭状况及社会交往状况等因素而做出的理性决策。《国家新型城镇化规划（2014—2020年）》专篇规划"有序推进农业转移人口市民化"，反映了国家已经把以农民工及其随迁子女为主体的农业转移人口纳入城市规划，开始为其"定居"做准备。作为政策对象的农民工群体，越来越成为影响政策执行力的关键要素。影响农民工选择子女随迁意愿的因素包括经济因素、人口因素、制度因素及社会因素等方面。经济因素主要包括农民工的收入状况、消费水平、家庭支出状况等；人口因素主要包括年龄、受教育程度、

---

① 《国家新型城镇化规划（2014—2020 年）》的第二章"发展现状"。

家庭内需要供养的子女数目及长辈数目、流出地有直系可托付的人的年龄及身体状况；制度因素包括农民工对城市利好政策的认知、对城市教育和生活状况的满意程度和各种保险的转移续接的便利性等；社会因素包括农民工的从业领域、社会交往状况、对城市（或）农村生活方式的认可程度及家庭住房状况等。因此，分析农民工是否选择子女随迁的影响因素，从人力资源、社会保障、身份认同等角度提升农民工家庭的城市发展力，有针对性地降低其选择的不确定性已成为必然。

第二章　农民工随迁子女城市社会发展的政策演变。政策是对社会利益进行分配的过程。公共政策出台的目标是为了为处境不利人群提供社会支持，但政策一定会在执行过程中被政策对象的行为所影响。"两为主"教育政策执行已经15年，促进随迁子女城市社会融入的政策呈现"同心圆"式的演进样态。随着学校教育状况的改善，一直被教育公平问题所遮蔽的，更深层次的家庭整体融入问题浮出水面，随迁子女的城市社会融入问题开始被认定为跨越教育政策领域的公共政策议题。借鉴布朗芬布伦纳关于人的发展的生态系统理论，对影响农民工随迁子女城市社会融入的外部系统和宏观系统进行分析，可以更清晰地认知政策盲点。《关于进一步做好为农民工服务工作的意见》从扶持农民工群体的角度分解政策目标，以跨领域跨部门政策协同的方式关注农民工融入城市目标的达成，为构建农民工随迁子女生态式城市社会融入政策框架提供了思路。

第三章　在学校中成长：新兴学校的"青娃们"。这是对项目负责人在新兴学校一个学期教学实践的总结。通过在农民工随迁子女集中的这所中学的亲身生活体验，与威利斯的"小子们"、周潇的"子弟们"和李涛的"少年们"相较，描述随迁子女作为"青娃们"的表现。他们因为畏惧"拼爹"而陷入迷惘，母爱的缺失又导致他们家庭庇护力的瓦解，最后描述了群体镜像下的排斥和越轨，提出对校园暴力的预防。在自我应验预言的规避与突围中，描述了教师眼中的儿童虐待和忽视、教师同情促成消极期待、同伴帮助自我应验预言突围和从亲社会的角度看待随迁子女的学校融入。

第四章　给教师的建议。教师与孩子相处的时间事实上超过了家长与孩子相处的时间，教师在农民工随迁子女城市融入过程中的作用不言而喻。在以招收农民工随迁子女为主的公办中小学任教的教师,会比在优质学校任教的教师承担更多教学之外的服务工作。随迁子女带着多种多样的生活经历、阶层特点、社会经济和语言背景来到他们的课堂,他们的学生在能力、先前成就和动机水平方面存在差异,甚至有些学生存在智力、学习、情绪、社交或行为方面的障碍和生理障碍,教师需要给予其特殊关注。农民工随迁子女的教师需要理解学生的发展和差异,关注他们的情绪体验与动机水平,以学校同群文化提升随迁子女的心理资本,运用优势视角理论帮助学生消除他们的弱势,提升学生的抗逆力,借助"登门槛"效应促进学生社会能力的发展。"善教者使人继其志",和谐的师生关系符合"人们喜欢喜欢自己的人"的认知规律,通过家访了解学生的日常生活,成为喜欢学生并且被学生喜欢的教师。

  第五章　家庭综合实力是随迁子女城市社会发展的关键变量。家庭的经济实力决定了子女的教育投入水平,但是农民工从事的仍是脆弱职业,这导致农民工家庭出现消费困局,不能应对课外补习等额外的教育负担,使得子女跟上城市学校的教育进度很困难,同时,他们只能就近选择在薄弱学校就学,即便可以享受"配额",但依然改变不了升学的窘境。家庭教养模式是家庭文化实力的重要表现形式,家庭文化资本差距导致城市融入的阶层区隔,子女的"反学校文化"表现出对家庭文化的继承。消费方式和行为方式的不同,使得农民工家庭无法融入城市家庭的"朋友圈"。要想改变这一状况,需要关注"不够亲密的熟人"的意义,获得"圈外人"的支持,打破儿童的寄居和隔离状态,从提升家庭效能感开始支持家庭。

  第六章　职业教育促进农民工随迁子女城市社会发展。在实地调查中,有些学生反映,他们对科学和逻辑不感兴趣,对面点、机修等"手艺活"更感兴趣,他们认为自己通过学习专业技能可以获得经济上的改观,并认为自己所从事的劳动与家长缺乏智慧和资本的劳动不同,他们是"创一代"。这一章从"增权与来自职业的自我控制点"入手,简单梳理了职业教育价值目标,即"使无业者有业,使有业者乐业""以人为本,使人人都有人生出彩的机会"。为实现这一目标,职业学校需提升自身贡献力,形成专业自信。通过对"职业续谱排列说"的解读,分析提升"蓝领"的社会地位是促进农民工随迁子女接受职业教育的保障。

　　第七章　打破利益固化的藩篱和阶层的"卷入化"。随迁子女的城市社会发展是一个"嵌入"过程，因此，自强与随迁子女的主动融入是一切努力的基础，具体表现在以"积习"的改造促进友谊的发生。家校合作促进了随迁子女嵌入城市社会，同时，不能忽视社会作为"弱连接"载体的作用。农民工随迁子女城市社会发展必须打破以户籍制为核心的利益固化的藩篱，当下，回归户籍制度本来的功能仍是重点，在此基础上，以"不确定性规避"政策支持农民工家庭"团圆"。关于社会支持，需要以"修补破窗"的思维来修补舆论，防止过度关注成为农民工随迁子女社会发展的负累，福利政策也由"补缺型"儿童福利迈向"普惠型"儿童福利。

第一章

举家迁徙：农民工随迁子女城市社会发展的起点

2015年儿童节过后，贵州毕节留守4兄妹结束了自己稚嫩、孤苦的生命。留守儿童以自杀这样极端的形式来反抗父母的缺位的事件，这已经不是第一例。6300万名留守儿童正在经历着不同缺憾的童年。他们的父母为生计离开家庭，他们的基本吃穿无人照顾，人身安全得不到保障，甚至遭受临时监护人的侵害，他们得不到家庭的温暖和爱，或忍受，或逃避，或选择流浪和暴力反抗。他们的父母通常在他乡勤苦劳作，把收入积攒下来供养他们，但由于亲情的疏离，让父母既流汗又流泪。

从2001年到2015年，关于留守儿童生存状况的社会学研究取得了较为丰硕的成果，留守儿童形成的原因和现实困境逐渐被政府和社会公众认知。叶敬忠的《别样童年：中国农村留守儿童》，王谊的《农村留守儿童教育研究：基于陕西省的实地调研》，江立华、符平的《转型期留守儿童问题研究》分别对全国各地的留守儿童的生活进行实地走访和调查研究，提出农村社区中的赌博、无聊、斗殴和拜金等社会不安定因素对留守儿童生命健康权的侵害、父母外出务工监护权的虚设，家庭、学校、同辈群体和大众文化也对留守儿童受教育权的侵害等问题进行了讨论。如何改变留守儿童的生存状态？不断完善留守儿童法律保障体系，使法律保障落到实处是关键。在日本、美国等国家及中国台湾地区儿童福利法层出不穷之时，中国大陆从事"儿童法"领域研究的学者却不多。高维俭等学者指出，关乎儿童权益保护的儿童法律制度，并非"旁枝末节"的几个简单问题，而是一个涉及社会方方面面、各种法律关系的复杂而重大的系统问题，中国相关领域的突出问题已经比比皆是，留守儿童问题所反映出来的儿童监护法律制度的不完善就是其中之一。2013年4月，司法部印发《关于进一步推进法律援助工作的意见》，要求重点做好农民工、未成年人、残疾人等困难群众的法律援助工作，依法维护其合法权益。遗憾的是，"儿童"在中国法学界没有成为研究的主体，也没有进入研究的主流，留守儿童的法律保障问题更没有引起关注，这与认同"留守儿童问题是社会学研究的视域"有关。2016年2月14日，国务院印发《关于加强农村留守儿童关爱保护工作的意见》，提出到2020年，未成年人保护法律法规和制度体系将更加健全，全社会关爱、保护儿童的意识普遍增强，儿童成长环境更为改善，安全更有保障，儿童留守现象明显减少。

随迁是解决农村留守儿童问题的最现实路径，农民工的身份与职业等因素对他们的选择过程起着很大的作用，是否选择子女随迁是农民工综合自身经济状况、家庭状况及社会交往状况等因素而做出的理性决策。政府和社会应积极鼓励和支持农民工子女随迁，提升其成功概率。事实上，农民工把子女带在身边，农民工随迁子女在城市接受教育的过程，也是其家庭分梯度融入城市、市民化的过程。"团圆"是家庭幸福的基点，如何支持家庭，激励外出务工的父母坚定和孩子一起迁移的信念，在他们理性选择的过程中增加成功的概率和价值，不仅是儿童发展、家庭稳定和谐的需求，也是新型城镇化建设和解决"三农"问题的重要内容之一。

第一节 儿童最初的愿望是和父母在一起

马斯洛的需要层次理论揭示了在人的"需要塔"中最基本的需求是生理的需求、安全的需求和归属与爱的需求，它们是尊重的需求和自我实现需求的基础。精神医学领域提出的依附理论，强调早期关系，特别是儿童与父母的关系的重要性。这种依附关系后来被实证研究证实，并提出了工具性支持和情绪性支持的概念。子女随迁对于家庭功能的发挥和儿童的健康成长有着不可替代的意义。家庭功能的实现受到空间距离的限制，进城务工农民与其子女的地域分离，尤其是长期的分离，将影响家庭功能的正常发挥，不利于家庭成员生理、心理、社会性等方面的健康发展。留守子女由于缺少父母的日常陪伴和关爱以及有效监护和沟通，不仅容易产生孤独、焦虑、自卑等心理问题，而且容易引起学习成绩下降，甚至产生厌学情绪，自愿放弃受教育机会。长期的地域分离，还使父辈与子辈之间无法在面对面的亲密交往中产生感情和思想上的交流，将可能导致代际间的亲情疏离、价值观对立，乃至家庭内部的严重撕裂。研究显示，子女留守在老家的农民工对生活感到非常幸福的概率比子女随迁的农民工低，前者对生活感到不太幸福的概率比后者高。因此，以人为核心的新型城镇化建设，就需要把劳动力从农村向城市转移、城市人口数量简单增长的模式提升为农民工举家迁入城市、农业转移人口和城镇居民共建共享城市现代文明的增长模式。

一 亲子强连接的断裂

林南（Lin, N）对社会支持的定义受到比较广泛的认可：社会支持是由社区、社会网络和亲密伙伴所提供的感知的和实际的工具性或表达性支持。社会网络只是个人可以直接接触的一些人，包括亲戚、同事、朋友。亲密伙伴是个人生活中的一种紧密关系，关系中的认同和期待彼此负有责任。工具性支持包括引导协助、有形支持与解决问题的行动等；表达性支持包括心理支持、情绪支持、自尊支持、情感支持和认可等。显见《关于加强义务教育阶段农村留守儿童关爱和教育工作的意见》等政策和教师一对一等措施，充其量只能提供工具性支持，父母的表达性支持是不能被替代的，和父母在一起是所有留守儿童最大的愿望。格兰诺维特提出的人际连接的"强度"概念，可以由互动时间多寡，对彼此的情绪强度、亲密度和相互援助表现出来。他指出，"强连接"对自我的社会心理活动有重要作用，互动的目的是维持既有的连接。"弱连接"则是连接个人更广泛的社会圈，互动的目的在于拓展连接的多样性。个人从"强连接"中更容易获得表达性支持，从"弱连接"中则更容易获得工具性支持，而在童年期，孩子需要获得更多的表达性支持。

二 生理需要和安全需要的满足是儿童生存的基础

人类需要的层次可能有不同的划分，但对于儿童的生理需要和安全需要是最基本和最重要的需要的认定是不容置疑的。只要共同生活仍旧难以实现，留守儿童的问题就仍难以解决。春节刚过，农民工与家人短暂地相聚之后，又要启程返城，媒体记录下了那一幕幕撕心裂肺的告别。"大年初九了，许多在城里打工的农民工开始陆续返城，在成都邛崃临济镇瑞林村，40岁的植大姐今天也要回成都上班了，7岁多的儿子峰峰吵着要一起，爷爷奶奶在一旁拉都拉不住，峰峰一直喊着'你们不能这样对我'"。留守儿童对亲情的渴望是不能用任何物质来替代的。留守儿童最缺的不是吃饭穿衣，也不是文具玩具，即不是金钱物质方面的东西，而是心灵的关爱，即亲人的陪伴。尤其是父母的陪伴，是其他人不能取代的。不少父母认为，定期给孩子寄钱，不缺他们吃的、穿的和用的，孩子的成长就不会有什么问题了。殊不知，在孩子的内心，他们要的不是这些东西，而是与爸爸妈妈在一起。哪怕是只有妈妈或爸爸，他们的成长也会不一样。对于留守儿童问题，政府、学校、企业、公益组织的帮助是必要的，但这些都解决不了孩子成长的根本问题。有关部门还是要对乡村父母开展这方面的教育，让父母意识到留守儿童问题的严重性。孩子是每个家庭的未来和希望，乡村年轻的父母也要意识到陪伴孩子的重要意义，至少等孩子上了小学高年级再出门打工。在每个人的成长过程中，亲情都是不可缺失的，尤其是父母的陪伴是其他人不能代替的。孩子最需要的就是父母能够在身边，陪伴自己度过童年。童年时期是孩子的情感模式、思维模式、价值模式形成的最重要阶段，父母的影响至关重要。孩子童年时期快乐健康，那么其性格、心理、思想基本形成，一般不会出现大的问题。度过童年期之后，孩子一般会在学校住读，父母再出去打工就没有多大问题了。

三 童年期的人际需要满足情况决定成年后的人际关系

"想念是相处的利息""牵挂是牵手的利息"，过去的相处等于是感情的存款，存款越多，感情的利息就越多。父母子女爱之真切，其中缘故，大概是投入时间之爱，而非金钱之爱吧。心理学家舒茨提出人有3种基本的人际需要，即包容需要、支配需要和情感需要。童年期的人际需要是否得到满足以及由此形成的行为方式，对个体成年后的人际关系起决定性的作用。包容需要是指如果儿童与双亲交往少，那么就会出现低社会行为，如倾向内部言语，与他人保持距离，不愿参加群体活动等；如果儿童与父母适宜地沟通、融合，那么就会形成理想的社会行为，无论群居还是独处都会有满足感，并能根据情境选择合适的行为方式，人际关系良好。支配需要是指如果双亲对儿童既有要求，又给他们一定的自由，使之有一定的自主权，那么就会使儿童形成民主式的行为方式。双亲如果过分控制，那么就容易形成专制式的行为方式，如儿童倾向于控制他人，易独断专行；或者形成拒绝支配式的行为方式，表现出顺从，不愿负责，拒绝支配他人；或者焦虑过重，防御倾向明显。情感需要是指如果儿童在小时候得不到双亲的爱，经常面对冷淡与训斥，那么长大后就会出现低个人行为，如表面友好，但情感距离大，常常担心不受欢迎、不被喜爱，从而避免有亲密关系；城市儿童通常是在父母的溺爱中长大的，长大后会表现出超个人行为，希望与人建立亲密的情感联系，这两类孩子在人际关系中就会出现不畅，随迁子女出现不信任和闪躲，城市孩子觉得其疏离和不真诚、心眼多。如果儿童能获得适当的关心、爱护，就会形成理想的个人行为，长大后既不会受宠若惊，也不会有爱的缺失感，能恰当地对待自己。

第二节　农民工选择子女随迁的影响因素分析

留守儿童的生活和学习状况堪忧、身体和心理健康难以得到保障，已经被社会所重视，随迁是解决留守问题最直接也是最有效的途径。如何促进农民工家庭举家迁移？为他们的迁移提供住房、医疗和教育保障，以"团聚"提升农民工家庭的幸福感，遏制农民工因离家导致的精神空虚和对婚姻忠诚度的降低，以"补缺型"和"普惠型"政策共同作用，提高子女随迁率，降低家庭离婚率和留守率。事实上，随迁是家长经过审慎选择的结果。和父母在一起是所有留守儿童的愿望，面对亲情的缺失，如何激励和扶持父母做出子女随迁的决策，是进一步提升家庭、社会的共同作用，提升关爱农民工子女的起点。个人的无力感是由于环境的压迫而产生的。农民工之所以处在弱势地位，并非他们自身有缺陷，而是由于他们长期生活在经济不安全又缺乏参与政治机会的环境之中，不利的环境使他们感受到比其他人更强烈的压力。根据芭芭拉·所罗门（Barbara Soloman）的总结，造成无力感的根源有三个：一是自我负向评价；二是在接受并形成自我负向评价的基础上，农民工群体在其参与社会事务的过程中，社会环境给予的反馈常常是负向的，而他们的行为结果常常失败，从而形成负向经验；三是宏观环境的障碍使他们难以有效地在社会中行动。与此相关的家庭综合实力是随迁子女城市社会发展的关键变量，农民工家庭的权能不是社会工作者给予的。外界的作用在于通过共同的活动帮助农民工家庭消除环境的压制和他们的无力感，从"助人自助"的角度进行分析和支持策略选择。

一 社会学理性选择理论的分析路径

"理性选择理论假设人们是理性的，他们将自己的行为建立在这样的基础之上：哪种手段对于实现他们目标而言是最有效的。"[①] "在资源相对稀缺的社会环境下，这意味着要不断权衡可选择的手段与目标之间的关系并从中进行选择，这就是所谓的理性选择。"[②] 农民工为了实现个人和家庭经济的整体好转选择背井离乡，他们的目标是"过上好日子"。外出打工比守在家里会获得更多的收入，"外出"就成为实现"过上好日子"这一目标的唯一手段。农民工由于缺乏不可替代的技能，只能从事高强度、高危险性而收入低微的劳动，所以外出务工之路也很艰辛。特别是农民工的经济和社会资源稀缺，"把孩子带在身边，还是放在家里"成为"两难问题"。独自外出，可以节省开支，但离开年幼的孩子，担心和愧疚时时折磨着他们。他们的"理性"是进行痛苦的权衡，这种权衡不是追求更好，而是做把不利后果降到最低的选择。面对微薄的收入，留守儿童出现了。"人们在权衡行为所涉及的成本和收益并选取最具吸引力的行动方案之后才会选择是否参与某个交换活动。"[③] 农民工选择用亲情的疏离换取对财富的追求，"用齐美尔的话就是'人们之间的所有契约都依赖于将付出与收获进行均衡的计划'"。城市接纳农民工，依据社会心理学，人们是否与他人建立联系取决于他们能否从这种关系中得到收获或报酬，而这些收获或报酬要大于通过其他途径所获得的收获或报酬。冲突论理论家所要强调的是，目标指向的个人或群体通过行为来保证目标的实现，这一点也体现在理性选择理论家的研究之中。人们在权衡选择行为所涉及的成本

---

① [美] 鲁思·华莱士、[英] 艾莉森·沃尔夫：《当代社会学理论：对古典理论的扩展》，中国人民大学出版社 2008 年版，第 270 页。

② 同上。

③ 同上书，第 271 页。

和收益并选取最具吸引力的行动方案之后才会选择是否参与某个交换活动。农民工家庭是否选择子女随迁就是在亲情和收入之间所做的权衡。

（一）社会行动取决于行动价值与成功概率的乘积

霍曼斯（George Casper Homans）认为，所有人类行为都是由某种原因所引起的，因此从原则上看，完全可以对这些行为进行解释。霍曼斯强调个人的选择和决策所起的作用。彼得·布劳（Peter M. Blau）试图将个人的决定和选择与社会的结构特征（比如社会的合法性、迁移的合法性、流动的合法性，进行的合法性）结合起来。理性选择理论家明确地讨论社会价值观和个人体验（比如社会接纳或社会地位）的重要性，因为二者决定了人们的偏好。依据"理性命题"，农民工在选择做出各种行为时，将会选择当时他们所认识到的结果的价值乘以获得这种结果的概率较大的一种行为。人们重复进行着有报酬的行动，对与这些报酬相关的刺激做出回应，并根据他们赋予事物的价值开展行动。人们经常处于不确定或者危险的情境中，在这些情境中，他们不知道自己行动的后果是什么，因此也不知道最好的选择是什么，正如农民工不清楚是否应当选择子女随迁一样。初次外出的农民工无法通过自己的实践对行动价值进行估计并做出选择，但他们可以参照群体的行动来估计他们所选择行为的可能性和价值。

（二）人们赋予地位以价值

在关于结构分析的讨论中，布劳强调了他对因劳动分工而引起的职业差异的关注，而这一关注将劳动分工比喻为特定个体的职业，并与"社会中反映工资不平等的工资分配"相比较，而不是与"个人的工资"相比较。布劳以"人们赋予地位以价值"为前提和假设，把地位定义为其他人对某人所获得的尊重和友谊的数量的普遍认同。这就意味着首先，社会交往和友谊通常是在社会地位相似的人们之间发生的；另外，当不平等关系清晰可见并标明时，地位不平等的人们之间的关系的紧张程度将有所缓解。城市中的贫困人口更排斥农民工，当代的社会科学家推断，那些社会地位最不稳固的白人中存在最强烈的、最明显的种族歧视。

（三）社会赞同与心理学上的依附理论

霍曼斯构建了关于"规则和看法如何发展起来"的理论，在这些理论中"社会赞同"发挥了关键性的作用。霍曼斯曾对韦斯特盖特楼群中居住在院子不同方位的夫妇的组织性态度进行观察，他发现，住在同一个院子的大多数夫妇持有相同的态度；然而，住在不同院子里的夫妇的态度却存在差异。与邻居结交朋友的夫妇的数量越多，违反群体规则的成员的数量就越少。在每个院子里，违反群体规则的人所结交的朋友相应地要少于遵守规则的人。最后，那些违反群体规则的人很可能居住在远离院子中心的角落里。农民工家庭和孩子也是一样的，他们拥有朋友的可能性会很小，因此，他们所拥有的群体性特征也会更少。地理位置催生了他们目前的社会接受度，如果社会接受度催生了他们对群体规则的认同程度，那么对群体规则的认同程度也催生了他们的社会接受度。

理性选择理论认为，理性人在做出是否参与某种社会制度的决策时，除了必须要考虑社会制度本身对其交往与交换行为所产生的影响之外，还要考虑社会结构变化及社会发展模式转型等对人们心理所产生的影响。依据这一理论，农民工在做出子女随迁选择的决策时，必然会受到一些社会性因素，如社会交往状况、生活与居住条件、城市化程度等的影响与制约。

二 家庭选择优于个人选择

农民工家庭的城市迁移符合经典人口迁移理论的判断，即人口迁移是由独立的人为达到预期收入的最大化而进行的选择。但农民工进城务工这一个人的自发自愿行为，是通过比较迁出地和迁入地的生活成本和收益的结果并权衡过种种选择后做出的决定。

（一）新迁移经济学的研究成果

20世纪80年代兴起的新迁移经济学与传统理论的假设个人为决策主体不同，它强调家庭作为决策主体的重要性，认为人们是根据家庭预期收入最大化和风险最小化的原则来决定家庭成员外出或迁移的。中国是不确定性规避性强文化的国家，"为了规避整个家庭在生产、收入方面的风险，或为了获得资本等稀缺资源，会将家庭的一个或多个成员送到外地的劳动力市场去"[1]。农民工家庭收入不稳定，为了规避风险而使收入多元化，家庭决定部分成员外出打工或迁移，以减少对当地传统的或单一收入来源的依赖，也即"风险转移"；推动大多数农民工离开家乡的因素是

---

[1] 盛来运：《国外劳动力迁移理论发展》，《统计研究》2005年第8期。

"经济的因素"。在"流出地",许多家庭受土地的束缚,靠天吃饭,贫瘠的土地和落后的农村文化成为他们生存和发展的瓶颈。为了突破发展的制约因素,家庭决定部分成员外出挣钱,以获得必要的资金和技术,若有可能,还可以举家迁入城市,获得除更好收入以外的教育、医疗卫生和社会福利等的便利;同时,先"外出务工"人员的收入和见识的变化,也会对后来者产生"相对剥夺",家庭在做迁移决策时,不仅考虑绝对预期收入水平,而且考虑相对于本地区或参照人群的收入水平,以减轻相对剥夺的压力,即使自家收入水平有很大提高,但只要提高的程度不及参照人群,其仍然有一种被相对剥夺的感觉,仍然决定迁移。在预期收入影响一定的情况下,迁移可以降低家庭面对的风险,减轻家庭生产中的资本限制瓶颈,而且它还能提高移民家庭在当地的社会地位。[①] 旧迁移理论却认为迁移是一种经济行为,要遵循预期收入最大化和风险最小化的原则。两者的主要区别之一是决策主体不同,迁移的决策主体是家庭,为此,我们将影响农民工子女随迁的行为因素分为个人特征和家庭因素。居留时间越长,拥有稳定工作的可能性越大,收入水平越高,从而携带家庭人口迁移的能力就越强。家庭人均耕地面积越小,家庭在"流出地"的经济收益越少,土地的保障功能也越有限,多个家庭人口外出打工的可能性就越大。反之,"迁入地"收入越高,"强关系"即亲戚、同乡在"迁入地"的人数越多,"社会网络"给新迁移者提供的各方面的便利越多,迁移成本也就越小,因此,"迁入地""社会网络"越大,发生家庭迁移的可能性就越大。

(二)农村推力大于城市引力造成农民工举家迁移的不确定性

中国人均耕地仅 0.1 公顷,农户户均土地经营规模约 0.6 公顷,远远够不到农业规模化经营的门槛。城镇化总体上有利于节约集约利用土地,为发展现代农业腾出宝贵空间。随着农村人口逐步向城镇的转移,农民人均资源占有量相应增加,可以促进农业生产规模化和机械化,提高农业现代化水平和农民生活水平。所以,农民工走出来,不仅富裕了自己,也富裕了留在土地上的人们。城市服务业的发展,也需要农民工的参与。

---

① 骆新华:《国际人口迁移的基本理论》,《理论月刊》2005年第1期。

1. 以住房为最的生存需求和以工作为最的安全需求得不到满足

随着中国工业化、城镇化进程的推进，作为中国流动人口主体的农业转移人口，其迁移的长期化、家庭化特征逐步显现。常年在外务工已经成为农民工迁移的主要模式，回流只是暂时的，部分回流的农民工会选择再迁移，留乡发展的概率并不高。但与此同时，大量的农业转移人口并未成为真正的市民。目前，中国城镇化的核心问题是如何使迁移者在迁入地居住下来，即实现人口的持久性迁移，实现农业转移人口的市民化，这也是"新型城镇化"的重要内涵。

持久性迁移或称永久性迁移、长期迁移，是指迁移人口在迁入地长期居住而不再返回原居住地的迁移行为。有学者以是否获得当地户籍为标准，将已经获得当地户籍者视为永久移民；也有学者以是否放弃农村土地为标准，将愿意放弃农村土地者视为具有永久迁移意愿（蔡禾、王进，2007）的人口。在现行的户籍制度和土地制度下，农业转移人口将迁出地的农业户籍转为迁入地的非农业户籍，就意味着放弃了农村的土地，因而这两种标准并无本质的区别，都属于户籍上的持久性迁移。然而，不转变户籍、不放弃农村土地的农业转移人口仍然可以长期居住在城市，形成事实上的持久性迁移。在户籍制度改革、公共服务均等化、城乡建设用地一体化的政策背景之下，事实上的持久性迁移更应成为研究的重点，农业转移人口持久性迁移的主观意愿更应受到重视。

作为马斯洛需要层次的基石，生理和安全的需要构成了生存需求的重要内容。充足的食品、整洁的穿着、属于自己的一间房和较为方便的公交车，是农民工家庭最基本的需求。从量力的角度看，子女随迁，众多农民工家庭是缺少条件的。尽管部分城市已经把农民工家庭列入城市保障性廉租住房规划中，但实际落实的份额却很低。国家统计局《2014年全国农民工监测调查报告》显示，外出农民工人均月收入864元，人均月生活消费支出944元，其中，人均月居住支出445元，占生活消费支出的47.1%。在外出农民工中，租房居住（与人合租及独立租赁）的农民工占36.7%，在单位宿舍居住的农民工所占比重最大。"要实现这一需求还要生活在安全的环境中，父母有一份带保险的工作，有一天的休息日，全家都能有医疗保险，父母工作的环境是安全的。父母能够不吵架，不分开，好好生活下去。回到家里，不管有多晚，父母总会一起回来。然后就反锁门,可以安心睡觉了。"然而,外出农民工月从业时间平均为25.2天,日从业时间平均为8.8个小时,超时工较为普遍。与雇主或单位签订了劳动合同的农民工的比重仅为41.3%。尽管外出农民工参加社会保障、养老保险、工伤保险、医疗保险和失业保险的比例继续上升,但占总数的比例仍不乐观。特别是缺少的城市居民缴纳的保险中单位承担的那一部分,使农民工保险负担过重。生存理性与经济理性是农民工选择子女随迁的根本原因。家庭规模较大、需要供养的人数较多的农民工比较倾向于选择独自外出;农民工收入水平对子女随迁有重要影响,而务工时间较短、工作职位不稳定的农民工比较倾向于独自外出;居住在工地集体宿舍或借宿于亲戚家的农民工倾向于单独外出,而已经在城市购买了房屋或长期在城市租住的农民工比较倾向于选择子女随迁;与城市居民联系较少、社会交往比较狭窄的农民工倾向于选择子女不随迁。

居住条件是影响农民工家庭子女随迁决策的重要因素。农民工受其人力资本积累的约束,大都在劳动强度相对大、工资水平相对低的行业和岗位就业,他们中的大部分人属于城市低收入阶层。他们的工资收入与就业城市的商品住房价格相比是如此之低,以至于他们难以按照市场价格租用可以让家人共同生活的具有基本面积的房屋,因此,相当多的农民工都愿意接受包吃包住的工作条件,以避免过高的城市生活成本。这些农民工尽管有让子女随迁的愿望,可没有实现这一愿望的基本居住条件。解决这一难题的方向,是把农民工家庭列入城市保障性廉租住房享受对象的范围之内。近年来,保障性廉租房建设已经列入了中国许多城市的财政支出和建设规划中,建设规模在逐年增大,让农民工住上廉租房的呼声也越来越高,但由于土地供给和建设资金筹措等障碍的存在,已经把农民工纳入廉租房供给对象范围的城市还不多。我们期待在以人为核心的新型城镇化建设中,通过各级政府的协力攻关,加快破解相关难题的速度,尽早把农民工家庭纳入廉租房保障体系内,满足他们在城市生活的基本住房要求,为农民工子女随迁创造最基本的条件。拥挤理论指出,高密集会产生压力,进而产生"撤出"的动机。社会心理学的"撤出论"强调,过度拥挤造成人们无法单独生活,因此,很多时候不得不撤出拥挤的环境。对于农民工子女而言,可"撤出"之处就是马路、街角、网吧等人员杂乱的公共场所。怀特在《街角社会》中描述的也是一幅"撤出地"的场景,这种边缘人群所特有的亚文化可能会产生相互之间的社会支持，但同样也会激发团体越轨和犯罪行为。"在拥挤的状态下，人们对周围刺激状态的感知会更加敏锐，对空间挤压感的承受能力会降低，长时间在拥挤环境下生存的人会产生一种极为主观的、消极的情感心理状态。"[①] 与城市商场、学校和其他学生宽敞的住房进行比较，较大的落差容易在他们心中产生挫折感。而当挫折感无法得到有效排解时，他们报复社会的心理就可能产生，在拥挤的丛林效应的遮蔽下，他们会借助小团体的"支持"危害社会。[②] 为了防止子女陷入这种"无人管"的状态，许多农民工宁愿把孩子留在"民风淳朴"的老家，也"不敢"把孩子带来城市。

2. 以信任和尊重为表现形式的归属感缺乏

父母的工作总是不稳定，一份工作总是做不长。因为在城市中没有熟人，没有人帮他们介绍工作。做家政工作，中介从中赚了不少钱，父母得到的很少，其实父母都很勤快和诚实，但城市中的人不相信他们，没有中介的介绍，他们是绝不肯雇用"黑工"的。在城市中缺乏信任和归属感。"生活弱势性就是生活需求的匮乏，生活需求主要包括情感和归属、尊重需求，情感和归属重要涉及友情、社会交往、社会认可、阶层归属（如前新媒体）""尊重需要涉及自尊、自信、信赖、威望、名声、美誉、尊重度"。访谈中，一个小女孩给笔者讲了她的一次经历："有一次，我和妈妈过马路，在车流中紧张极了，我摔倒了，一位司机叔叔下车后，大声喊：'别装啊！我车上有记录仪，到我这儿"碰瓷儿"来了！'我委屈极了，妈妈拉起我赶快走了，怕被人误会'碰瓷儿'挨揍！"

3. 在城市缺乏可预期的未来

自我评价中的理想生活、现实生活和应然生活的差距形成了抑郁和焦虑。由于导致中国农民工外出打工的主要原因集中在生存压力以及自然环境压力方面，所以农民工对任何社会制度的参与都是建立在自身及家庭成员的生存需求得到满足的基础之上的。子女在学龄前或小学阶段首次外出的机会比较大，对于经济收入能力较好、子女数目较少、家庭支出压力较

[①] 俞国良等：《环境心理学》，人民教育出版社2000年版，第183页。
[②] 林敬平：《在生存与失范之间——青年农民工越轨心理的二维路径分析》，《青少年犯罪问题》2007第3期。

小的农民工来说，他们比较倾向于选择子女随迁；对自己的城市生活能力较为自信，或者子女在农村没有可以信赖的亲属可以照顾的农工民会选择子女随迁。经济理性是农民工选择子女随迁的重要制约因素。子女的学业成就成本与收益之间的比例关系对农民工社会养老保险模式的选择会产生直接的影响。对于子女成绩好、父母对子女的期望值比较高、自己学业不足而向往城市生活的农民工而言，他们更趋向于选择子女随迁。

"我学习不好，我们学校好几年的省重点配额指标都浪费了，没有人够分。重点大学考不上，普通大学上了也白上，我爸爸说如果攒钱能兑个摊床就继续待下去，要不就让我学美发，农村我肯定不会回，但又不知怎么办。"因为自我实现需要和成就需要等发展需求的匮乏导致的发展弱势性，通过成就、地位、能力、晋升、适应能力和潜在能力的不足表现出来。异地升学是影响农民工家庭子女随迁决策的另一个重要因素。自2001年国务院明确规定打破户籍限制、以流入地政府和公办学校为农民工随迁子女义务教育的责任主体以来，各地政府相继采取各种积极的财政措施，有力地保障了本地外来人口的随迁子女的就学，使随迁子女异地公办学校就学的比例保持在80%以上。然而，基于有关制度的安排和不同地区的教育发展状况，异地中考和异地高考仍然无法实现，那些已经随迁的农民工子女在完成早期义务教育后，不得不返回家乡参加中考以继续高中教育并参加高考，从而使得子女已经随迁的家庭再次分裂为父辈与子辈两地居住的状态，家庭功能正常发挥的基础再次被动摇。

三 社会影响是农民工选择子女随迁的重要变量

西蒙进一步把理性选择的研究推向过程理性研究，也就是在过程中研究选择行为以及支配选择行为的意识活动过程。西蒙的过程理性不是对形式理性或逻辑理性的否定，而是要在特定的环境条件中研究选择行为的展开过程，这种研究不仅要承认选择者对信息获得的有限性，而且还要承认选择者理性计算和逻辑推论的有限性。卡尼曼把认知心理学应用到不确定条件下的选择行为研究中，得出这样的结论，人们的选择行为大多时候不是根据严格的理性计算和逻辑推论完成的，人们通常是根据未经计算的感觉、知觉或直觉做出选择的。特沃斯基明确提出了感性选择（perceptual choice）的概念。在名为《理性选择与感性选择的原理比较》的论文中指出："人们有时并没有明确的选择偏好，从而他们要借助前后关系去确定什么看起来是'最好的买卖'。"① 特沃斯基指出："比较效应在感知和判断中是无所不在的。例如一个圆形被一些小的圆形环绕的时候，会比被大的环形所环绕时显得大一些，类似地，一个产品在一群不怎么吸引人的产品中会显得很吸引人，而放在一群更有魅力的产品之中时就不那么吸引人了。比较效应不仅仅适用于单个属性，如大小、吸引力，也适用于多个属性的权衡。"② 这里，特沃斯基就是在论述以视觉效应为根据的感性选择，这是一种非计算的、基于视觉图像比较效应而做出的感性选择。

限制理性不是彻底否定它们，而是要求把它们置于特定的范围内，在有限的空间、有限的程度和有限的功能上承认它们的地位与意义。在当代的经济学者中，也有一些学者超越了传统理性选择理论的研究视角，高度重视感性行为在经济活动中的地位和作用。新制度主义经济学代表诺斯（D. C. North）曾经反复强调："我们必须关注那些非正式约束。我们都知道行为习惯、习俗和行为模式对一个社会的运转起到关键的作用。但是，我们却不了解它们是如何运作、又是怎样随时间的变化发生演进的，以及什么因素使它运作得好一些，或者糟一些。"③ 诺斯等人对习惯、习俗等感性因素的重视，与老制度主义经济学有承继关系。凡勃仑（Thorstein B. Veblen）和康芒斯（John R. Commons）等老制度主义经济学家，就是从习惯、习俗和惯例等感性行为或感性制度开始研究制度经济学的。新制度主义经济学明确地认为，习惯、习俗本身就在人们的经济行为中存在，也可以说习惯、习俗和惯例等感性行为也是重要的经济行为。

模仿也是一种经常发生的选择行为，无论在经济生活还是在政治生活中都存在。"模仿，特别是个人的模仿行为，主要是由感性意识支配的，模仿也具有目的、途径和程度的选择性。"刘少杰把模仿以及同类行为，

---

① [美]理查德、J. 济科豪瑟等：《决策、博弈与谈判》，詹正茂等译，机械工业出版社2004年版，第10页。
② 同上书，第7页。
③ [美]罗纳德·H. 科斯等著，[法]克劳德·梅纳尔编：《制度、契约与组织》，刘刚等译，经济科学出版社2003年版，第16页。

如从众、延续传统等行为，视为感性选择。在基层社会成员的社会行动中，或者在非专业化的日常生活领域，感性选择是比理性选择更具普遍性的选择方式。

社会影响是指在他人的作用下，个体的思想、情感和行为发生变化的现象。如果个体身边的他人都把孩子带在身边，个体会认为把孩子带在身边是理所应当的，这种态度和行为就是典型的"从众"。社会影响的积极的一面就在于提供正向的示范性，引发更多的"模仿"出现。法国社会心理学家加布里埃尔·塔尔德（G. Tarde）认为"一切事物不是发明，就是模仿"，并提出了3个模仿律，其中的"下降律"是说社会下层人士具有模仿社会上层人士的倾向，而向往城市生活的农民工常常把城市居民当作模仿的对象，包括城市居民对孩子的关注和教养方式。

张杰根据前人的压力理论提出了自杀的"扭力理论（Strain Theory）"，用以解释自杀行为发生的根源，也可以用来解释自暴自弃。扭力包括4种不协调的压力源，相互冲突的价值观指的是两种相互抵触的社会价值观或信念的冲突。当一个人把这两种相互抵触的观念看得同等重要，都内化进个人价值观系统时，就会感受到这种不协调的压力。比如说一个人既信仰宗教，又把非宗教的主流文化看得同等重要，那么他就会体验到这种"扭力"。又如，中国农村女性一方面接受儒家文化男性比女性重要的观念，另一方面又受到男女平等思想的教育，当她们把这两种观念看得同等重要时，也会体验到这种"扭力"。愿望和现实的冲突。当一个人的愿望和目标与其面对的现实间差距比较大的时候，就会体验到这种不协调的压力。这种愿望可能是个人的政治抱负、希望实现的经济目标、考入理想的学府、跟心爱的人结婚等，如果这种理想因为现实的制约而很难达到，人们就会体验到这种"扭力"。相对剥夺，当一个人发现跟自己出身或资质相似的人却过着比自己优越的生活的时候，他就会体验到相对剥夺扭力。比如，大学毕业时成绩跟自己差不多甚至还不如自己的同学却进了比自己更好的工作单位，自己就会体验到这种相对剥夺的"扭力"。危机和应对危机的技能的缺乏。当一个人面对人生中的危机同时又缺乏相应的应对该危机的技能时，就会体验到这种不协调的压力。对于不知道如何应对负性生活事件的人来说，像经济收入下降、失去地位、丢面子、失去爱人等事件都可能引起这种"扭力"。①

（一）农民工选择子女随迁的从众倾向的原因

寻求行为参照。在许多情境中，个体由于缺乏知识或不熟悉情况等必须从其他的途径获得自己行为合适性的信息。社会比较理论的分析认为，在情境不确定时，其他人的行为最有参照价值。个体从众，选择与多数人的行为一致，自然就找到了较为可靠的参照系统。对偏离的恐惧。偏离群体的个体会面临较大的群体压力，乃至制裁。对那些与群体保持一致的成员，群体的反应是接纳、喜欢和优待，而对偏离者，则倾向于厌恶、拒绝和制裁。在社会生活中，多数人实际上已有尽量不偏离群体的习惯。个体的从众性越强，其偏离群体时产生的焦虑感也越大，也就越不容易偏离群体。群体凝聚力。在凝聚力高的群体中，成员的群体认同感较强，与其他群体成员之间有密切的情感联系，有对群体做出贡献和履行义务的自我要求。

个体的自我评价越高，从众行为越少；个体的自我评价越低，从众行为就越容易发生。另外，个体依赖性较高的人，容易从众。政策明确而执行得力，如果情境很明确，判断事物的客观标准很清晰，从众行为就会减少；如果情境模糊，个体对自身判断的肯定程度降低，从众的可能性就会增加。社会感染是一种较大范围内的信息与情绪的传递过程，即通过语言、表情、动作及其他方式引起众人相同的情绪和行为。大众传媒对个体情绪的影响和感染力越来越巨大和深远，关于留守儿童的报道正是如此。模仿是在没有压力的条件下，个体受他人的影响，仿照他人，使自己与他人有相同或相似的现象。在农民工家庭适应城市社会的过程中，模仿在其中占有重要成分。没有模仿，个体很难适应他所面临的各种情境。农民工会模仿城市居民对待孩子的方式，进而在态度、情感和行为上与城市居民产生更多的一致，提升其融入城市的能力。

（二）亲情：克服困难的巨大动力

陪伴孩子长大是所有父母发自心底的渴望，有些父母不能实现承诺，多半是因为能力所限。大量的社会调查显示，大多数人认为亲密的人际关系是对自己最重要的；生活幸福取决于自己同配偶、子女、父母、朋友及同事之

---

① 周锐：《农村青年自杀行为的社会影响因素研究》，博士学位论文，山东大学，2014年，第4页。

间的良好关系,反之,则会感到生活缺乏目标、没有动力和不幸福。法国社会学家迪尔凯姆早在19世纪就指出,社会关系的丧失是自杀的主要原因之一。这是因为不良的人际关系可以使人产生焦虑、不安和抑郁等情绪,使人惊恐、痛苦、憎恨或愤怒,使人失去安全感,经常处于忧虑、担心、害怕的状态,精神上痛苦不堪。出现的问题不能得到有效的解决,就容易把心理问题积蓄起来放大产生心理障碍。最终这会导致厌世、犯罪或自杀。孤独、缺乏亲情的农民工缺少责任感,而背负亲情的农民工对生活有更多的向往,亲情成为他们克服一切困难也要把孩子带在身边的动力。

(三)自信内化:农民工选择子女随迁的最终动力

社会关系指的是在人类社会中人与人之间在相互交往、相互联系与作用的过程中形成的各种关系。融洽的社会关系可以缩短人与人心理上的距离,产生良好的心理和情绪反应;而不良的人际关系则会致使人们的心理距离增大,产生负面的情绪反应。人类的心理适应,最主要的就是对人际关系的适应。现代心理学研究表明,人类的心理病态大多是由于人际关系的失调所致。我们总是通过别人所从属的社会群体的性质来鉴别其身份。克里斯汀·卢克(Kristin Luker)将集体的、利他的行为与人们使自己所选择的身份得以肯定和认可的过程紧密结合起来。[①] 自信不是与生俱来的,要靠不断学习,不断在实践中经受磨炼,自信才能内化于心,外化为行。

"走出来,留下来,富起来"是解决农民工家庭立足城市问题的根本出路。尽管会在过程中遇到阻碍、体尝艰辛,但所有这些问题都是家庭在城市社会发展中的问题,必须通过努力和适应来解决。农民工已经从"在城市中图个温饱就行"的"外来人"定位转移到"在城市中有所作为"的"主人"的担当。在个体"增权"的过程中,自信内化是农民工选择子女随迁的最终动力。政府和社会唯有千方百计地激发农民工家庭的"团聚"的活力和实力,提升农民工群体在城市中的核心竞争力,鼓励他们加强自身修养积极融入城市生活,通过职业培训和自学钻研掌握高水平的技能,才能使他们对于家庭和社会都更有担当精神,历练自己的品格、意志和毅力。

---

① [美]鲁思·华莱士、[英]艾莉森·沃尔夫:《当代社会学理论——对古典理论的扩展(第六版)》,刘少杰译,中国人民大学出版社2008年版,第312页。

第二章

农民工随迁子女城市社会发展的政策演变

在农民工随迁子女社会政策的建构中，价值问题是诸多融入问题中最根本的问题。社会融入的价值就是为每个迁移人口实现自身价值的发展和幸福感的提升最大可能地提供基础，整个社会融入的过程实际上就是一个使人的价值不断升值或增值的过程。发展型社会政策作为当代社会政策的一个重要理论主张，它极力在社会政策与经济政策之间进行弥合。社会发展对于社会融入政策的构建，应基于一种"以人为本"的理念，把农民工随迁子女视为一种重要的人力资源和发展的中心，从科学发展的视角对其包括教育状况、生活状况、社会交往、身份定位等在内的社会融入状况进行全面的关注，从而实现农民工随迁子女这一社会群体的全面、协调、可持续发展。中国在一部分相关联的政策的牵引下，也已经实施了15年的"两为主"的相关教育政策，由此，初步解决了流动儿童的就学和升学的难题，而且随着国家相关教育政策的有效推行，以往被掩盖着的家庭整体融入的问题也日益暴露。为此，我们要着手解决眼前的流动儿童的城市融入这一大难题。要想解决这一难题，就要努力对其产生影响的宏观系统和外部系统进行全面剖析，对此，通过借鉴关于人的发展的生态系统理论，能让我们更了解政策的盲点。同时，我们需要发挥社会领域政策的协同效应，将流动儿童的城市社会融入问题作为一项政策议题，在中国构建生态式城市的政策中也是重要的一环。

第一节 "两为主"政策执行15年

农民工随迁子女城市社会融入的前提是平等接受教育。描述农民工随迁子女在城市中成为受教育主体和其不断融入的政策演进，我们可以用一个在扩大的"同心圆"来概述。

一 在城市接受义务教育是一项基本权利

受教育主体的划分在最开始的时候是和现在不同的。最开始，随迁子女是不被流入地政府划归到受教育主体之内的。由1986年颁布的《义务教育法》中对有关"在户籍所在地就近入学"的规章内容可知，流动儿童的身份在流入地的合法性使流入地产生了一定程度的质疑，进而遭到公立教育体系的排斥。1998年，原国家教委和公安部联合制定并颁布了《流动儿童少年就学暂行办法》，该办法依旧是以控制"盲流"为主要导向的。具体来讲，该办法强调，流出地政府对于义务教育阶段的流动儿童要严格控制，只要儿童的户籍所在地存在可以行使监护条件的任一人员，那么此时，儿童就没有跟随父母到流入地就学的机会。相反，流动儿童在流入地可以拥有就学机会，并且有多种形式可以就学。比如，流动儿童可以在公办中小学进行借读，可以去专门招收流动儿童的学校中的特设班级进行学习，或者在经济条件受限的情况下，流动儿童可去简易形式的学校就读，以实现"自力救济"。尽管流动儿童拥有了在流入地就学的机会，但是《流动儿童少年就学暂行办法》的颁布也表明，流入地政府在对流动儿童实施义务教育的同时，对城市中城乡儿童之间的"隔离"的状况的存在也是持支持态度的。在2001年颁布的《关于基础教育改革与发展的决定》中指出，"为依法保障随迁子女们可以平等接受义务教育的相关权利，政府要加强对以全日制公办中小学流入地区的管理"，"两为主"政策也已经在实施当中。在2003年9月颁布的《关于进一步做好进城务工就业农民子女义务教育工作的意见》中，相关"两为主"政策再一次被强调，而且指出在对随迁子女和当地城市的学生的收费和教育过程中要做到"一视同仁"。2006年9月，《义务教育法》也得到了正式的修订和实施。在该教育法中，义务教育的本质，即公益、强制、免费等得到再次的明确,而且在第十二条相关的规定中,有对随迁子女的义务教育的明确说明:"流入地政府对随迁子女的义务教育有明确的责任,对于流动儿童的接受义务教育的此项基本权利,在全国任意城市都会得到尊重和维护。"

输入是一种被主动要求和接纳的称呼,与不受欢迎的盲目流入在身份上有很大不同。"身份之所以必要,因为它是道德责任的基础"。依据2008年8月国务院出台的《关于做好免除城市义务教育阶段学生学杂费工作的通知》可知,农民工子女第一次被称作"随迁子女",把"流入地"称为"输入地",要求输入地政府将随迁子女义务教育纳入公共教育体系,就近入学。此间,社会学、教育学的研究者们开始从发现社会问题的研究转向对法律和政策执行中出现的新问题的研究,特别对影响政策的有效执行的因素进行了分析,学者们关注的重心渐渐从"流入"转向"融入",即从关注起点到关注过程和结果。进一步明确了"融入"与"流入"的实质性区别,即"社会融入是指随迁子女在'城市融入的关键期'通过接受城市文化进入原住民及其子女的社交圈,并最终成为市民的过程"。在随迁子女就学问题得到了初步解决、形式上的障碍基本扫除的当下,随迁子女如何克服"歧视知觉",如何在成就本位的学校中获得自尊,以及家庭社会资源的开发、社会工作者的参与等问题开始被学者们讨论。

中国2001年出台的《国务院关于基础教育改革与发展的决定》中,"两为主"政策被正式提出,这一新政策的提出不仅为随迁子女就学的难题带来了一线转机,也使随迁子女在城市流入地接受义务教育的难题得到了有效缓解。在2006年中国颁布的《国务院关于解决进城务工农民问题的若干意见》中,农民工随迁子女的受教育问题也从权利保障的角度得到了进一步的解决。根据2006年新修订实施的《中华人民共和国义务教育法》中的相关规定可知,对于流动儿童在流入地城市平等接受义务教育的相关问题有了法律上的依据和保障。在2010年有关中央1号文件中,提出"将解决新生代务工农民的难题提上日程",并且重心将会从农民工随迁子女教育问题向新生代农民工随迁子女发生转移。

二 从"两为主"到"两纳入"

随着以人为核心的新型城镇化建设如火如荼地进行,农民工随迁子女的城市社会融入也得到了政府的大力支持和帮助。在2008年8月国务院颁布出台的《关于做好免除城市义务教育阶段学生学杂费工作的通知》中,首次把流动儿童称为"随迁子女",这也被看作"两纳入"政策的开端,并且依据义务教育阶段免收学杂费的基础,将其划归为公共教育体系,为进一步加快实现农民工随迁子女在城市"就近入学"提供了相关政策支持。在2010年出台的《国家中长期教育改革和发展规划纲要(2010—2020年)》的相关政策中,提出要把关注教育公平作为一大关注点去解决农民工随迁子女平等接受义务教育的问题。关于"两纳入"政策,具体来讲,一是把常住人口纳入区域教育发展规划;二是把随迁子女教育纳入财政保障范围。在《国家人权行动计划(2012—2015年)》中,提到了关于"受教育权"的保障问题,流入地政府对农民工子女义务教育的责任的相关问题再次被强调。此外,教育的基本取向也应该转向"适应公办学校生源多样化",而且在教育上也要实现从"要求儿童适应所获得教育"到"要求教育适应每一个儿童的最大利益"的逐渐过渡,最后真正实现对农民工随迁子女的受教育权的认可和保护。

三 子女教育问题纳入父母的城市社会融入政策中

在2012年8月颁布实施了《关于做好进城务工人员随迁子女接受义务教育后在当地参加升学考试工作的意见》。该意见的颁布,意味着异地中、高考这一议题已经实现了政策层面的"破冰"。根据中国教育部的相关要求,在2012年年底前,各个省市、地方都要出台有关异地中、高考的具体可行性措施,在2013年和2014年,已经有很多城市发布了有关异地中、高考的政策,其中,大多数城市的参考指标是学生学籍,这一举措也大大便利了随迁子女的中考、高考。

2003年1月,国务院出台了《关于做好农民进城务工就业管理和服务工作的通知》,并且在2006年3月,国务院颁布了《关于解决农民工问题的若干意见》。由以上政策可知,作为流入地政府,应该把改善随迁子女的义务教育状况当作服务农民工的重大问题之一,对随迁子女的受教育权利的认识问题，也要从权利保障的角度来考虑，并且对提高随迁子女的教学质量问题，可以通过专项拨款等补缺性措施来加快其实现的进程。此后，对于农民工随迁子女城市社会融入政策的问题，实现了部门协同、措施协同和目标协同的优良状况。在政策制定上，也争取实现以教育部为主转向以多个部门联合为主，实现从依靠单一的教育措施转向综合利用各种政策措施等议题。

2013年6月，召开了撤销国务院农民工工作联席会议，国务院农民工工作领导小组也在此次大会上成立。领导小组的工作具体来讲有以下内容：对有关农民工工作的重大方针进行有序组织；进行拟订和审议，推动农民工工作有效安全进行；对各地区、各部门相关政策的实施进度进行督促和检查；对政策中的重、难点问题进行有序的统筹安排。以上会议和会议的相关政策内容的落实充分反映出国家对农民工工作的高度重视和实效管理。

2014年3月，中共中央、国务院印发的《国家新型城镇化规划（2014—2020年）》提出，要以人的城镇化为核心，合理引导人口流动，对相关农业转移人口的市民化进行有序、合理的推进，使城镇基本公共服务常住人口全覆盖的相关问题得到有序解决，不断提高人口素质；保障随迁子女平等享有受教育的权利。2014年7月，国务院出台了《关于进一步推进户籍制度改革的意见》。同年11月，国务院颁布了《关于农村土地流转的意见》由于以上两项政策的及时出台和有效推行，撕下了给广大农民的身份带来困扰的标签，职业的"农民"这一身份被大众认可、接受。2014年9月，《关于进一步做好为农民工服务工作的意见》出台，在"保障农民工随迁子女平等的接受教育权利"中指出，在义务教育均等和落实异地中、高考政策得以实现的同时，在学前教育领域中实施普惠性教育政策的目标也正式提出，由此，在中国有关农民工随迁子女学前教育的问题开始提上日程。《关于进一步做好为农民工服务工作的意见》的出台和落实，使政策结构性机制的创新得以实现，为提升对农民工服务质量的跨部门的政策行动网络得到了有效推进，并且对于每项政策都审慎、妥当地安排，使每一单位各司其职，把效用发挥到最高。

2015年1月，习近平总书记在昆明考察工作时指出，农民工已经是建设的生力军，要特别关心。2015年2月，中共中央、国务院出台了《关于加大改革创新力度加快农业现代化建设的若干意见》。在该政策中提出，同工同酬政策要尽快落实，对于农民工劳动报酬的权益要加强保障，推进农民工工资正常支付的长效机制建立的力度；对进城农民工及其家属的城镇基本公共服务要加强保障，充分实施有关农民工职业病防治和帮扶的政策，进一步加大城镇社会保险对农民工的覆盖率；对于有关随迁子女在当地接受义务教育和参加中、高考的政策进一步完善；对于外来务工人员享受保障性住房的具体措施加强进一步的研究和探索。2015年3月，国务院总理李克强在《政府工作报告》中指出，落实放宽户口迁移政策，合理分担农民工市民化成本；着力促进创业就业，实施农民工职业技能提升计划；全面治理拖欠农民工工资问题，健全劳动监察和争议处理机制；继续促进教育公平，对流动儿童在流入城市进行义务教育的政策加大实施力度，使后续升学政策也得以完善。

第二节　教育政策与社会政策走向协同

"政策框架又叫作政策性结构，它是对一些有共同主题的政策、服务的集合或总称，并且，所有有关特定政策议题和服务之间的关系类型是政策框架的核心。"综观现如今的农民工随迁子女城市社会融入政策，发现其依然是处于"碎片化"的组合状态。当前，我们所面临的难题是，要建构生态式的城市社会融入政策框架，其组成有三部分：第一部分是建构促进个人发展的微观系统，以教育政策为核心；第二部分是建构一个外部系统，以对随迁子女父母工作权利和收入的保障为核心；第三部分是建构一个宏观系统，以公共服务和社会保障政策为核心。

一　政策协同理论

最早的协同理论是由赫尔曼·哈肯（Hermann Haken）在自然科学领域内提出的，该理论认为，世界上无论哪一个研究对象，它都是繁杂的一个系统，并且在系统里的子系统会发挥各自不同的功能，功能的实现可以有物质交换、信息交换等形式，最终在各部分的联合作用下实现整体效能。对于由政策主体、政策客体及其政策环境相互作用而构成的政策系统,这一原理也同样适用。政策协同说的是不同部门为了实现共同的目标,在政策上、方案上和准则上通常本着相互兼容、相互协调、相互配合和相互支持的原则而达到的一种和谐共进的状态。

农民工随迁子女城市社会融入政策作为一项跨领域的政策议题,它来源于最弱势的人群,即农民工随迁子女的特殊需求。农民工随迁子女的生存、发展和进步需要教师、家长和同伴的共同呵护和关爱,他们有社会认同的渴望,需要充足的社会保障。农民工随迁子女不仅面临教育领域的问题,而且还面临社会方方面面的问题,其父母的工作和生活也在其中。所以,就农民工随迁子女的城市融入问题而言,它不仅超越了教育政策领域的边界,而且也超越了教育部指挥下的各个职能部门的权限,因此要切实解决农民工随迁子女的社会融入这一难题,需要各地方、各部门和各团体的协同合作与共同努力。由于跨领域政策议题往往和复杂的现实问题相关联,无法将其划归为某一特定的政策领域范围,因此也就没有相对应的机构为其承担相应的职责。世界上的大多数国家为解决此问题,通常实行"在核心部门设立跨领域政策议题工作小组"的方法。对于中国,为了切实推进农民工群体的城市社会融入问题的解决进程,国务院于2013年6月成立了农民工工作领导小组,组长一职由国务院副总理担任,农民工工作小组成员包括各相关部委的副部长。该小组作为国务院议事协调的机构,其功能主要是统筹、协调和解决农民工政策落实中的重点问题和难点问题。农民工工作领导小组作为国家层面的组织载体,它展现了为落实政策协作而筹划的结构性安排,这也表明,中国已经初步建立起农民工及其家庭城市社会融入政策的框架的结构性协调机制。但是,由于是初步建立,所以协同效果需要继续观摩、考察,尤其需要注意的是运作中技术的相关细节。对于政策协同理论,它对于3个维度的技术细节尤为关注:第一,在横向上,各组织部门之间在措施上的协同,保证各个具体政策的互相匹配;第二,在纵向上,需要政策上的对接性、连贯性,在政策实施中不走样,加大评估力度,充分调动各领导层次、各组织部门执行主体的能动性的有效发挥,最终实现政策目标;第三,在时间维度上,对于政策目标具有的前瞻性和灵活性特点,可以为政策执行提供恰当的时间,而且当环境发生变化时还能对其进行及时调整。

二 学前教育政策的配套问题

当前,农民工随迁子女在学前教育阶段存在的"入园难"和"入园贵"的问题,其产生的根本原因在于相关政策的缺失和模糊化。

从现有的政策体系来看,中国还缺乏关于农民工随迁子女学前教育的政策。在已有的政策中,勉强能与之联系起来的内容只有以下这些。在2003年的教育部等10部委联合颁布的《关于幼儿教育改革与发展的指导意见》中,第四条提到:"为保障低收入的家庭和流动儿童可以有平等接受幼儿教育的机会,各个省市、城镇都要努力实施有力方针解决此问题。"2012年11月21日,颁发了《国务院关于当前发展学前教育的若干意见》(国发〔2010〕41号),其中,明确提出"对于流入地,在建设城镇幼儿园之前,一定要谨慎全面考虑务工人员子女幼儿教育的需求,并且由当地政府来统筹规划有关普惠性民办幼儿园的建设问题、资源分配问题"。

从现有的有关农民工子女学前教育政策的内容来看,存在着明显的"碎片化"和"模糊性"特征。一方面,是仅仅提供了一些零碎的政策话语,缺乏系统的关于解决农民工随迁子女学前教育问题的政策思路;另一方面,又仅限于提出一些指导性的思想或原则,而缺乏可操作性的政策指导。农民工随迁子女的入园费用如何解决,对于因特殊经济困难而上不起幼儿园的农民工随迁子女如何对待,等等,这些问题从现有的政策中并不能找到答案。因此,可以这样认为,中国现有的政策文本中,关于农民工随迁子女学前教育的社会政策基本上还是缺失的,已有的政策也存在着模糊化的倾向。

正是由于政策的缺失,各地方政府和幼儿机构在对待农民工随迁子女的学前教育问题上不能像对待义务教育一样,明确地依据"两为主"政策来解决问题。而自新中国成立以来就确立的、沿袭了几十年的"依户籍所在地入学"的教育政策,自然而然成了许多地方政府解决这一问题的首要政策依据。根据这一政策,城市幼儿园理所当然地把农民工随迁子女排斥在了学前教育的大门外,从根本上造成了农民工随迁子女无法进入城市幼儿园的现象,此即"入园难"问题的成因。

民办幼儿园的市场运作机制原则在根本上决定了这类幼儿园的高收

费，他们出于规模效应就要多招收幼儿入园，而为了吸引更多的生源，民办幼儿园会以种种特色模式来举办，丰富幼儿的教育内容，而这些教育项目都是需要高成本作为支撑的。因此，为了收回办园成本并实现资本的盈利，民办幼儿园的必然选择就是高收费。而动辄每月几千元的高额费用对于那些月收入仅有一两千元的农民工家庭来说，往往是难以承担的，由此造成了农民工随迁子女的"入园贵"问题。

（一）建立学前教育义务化制度，弥补农民工家庭学前教育的不足

20世纪末，世界上许多国家在依据《儿童权利公约》中所体现的基本精神综合考虑本国的实际情况下，为了提高学前教育的地位，也为了促使社会处境不利的儿童可以有一个良好、公平的受教育机会，获得一个好的人生开端，纷纷采用加强立法的方式，而且向下延伸了义务教育的时间年限。为了使得义务教育的基础得到进一步的夯实，也为了让不同地域、不同层次、不同经济条件家庭的学前儿童在入学之前都能获得良好的发展机会和条件，中国也应主动追随国际发展趋势和发展潮流，并且在综合考虑中国当前的实际情况后，建立学前一年义务教育制度。这一制度倘若可以真正建立，它将会给更多的农民工家庭的学前儿童一个在学前教育机构进行早期教育的机会，将会使农民工家庭的学前儿童家庭教育的不足大大减少，使得农民工家庭儿童与城市儿童在各个方面的差距减小，最终会使每个儿童在入学前都做好准备，为其在以后的人生道路上实现全面的发展奠定基础。

（二）建立农民工子女教育补偿制度，确保其接受学前教育的权利

实现教育公平，联合国教科文组织发出一大倡议，即大力发展弱势补偿的措施。弱势补偿这一政策是针对当前学前教育不公平现象所提出的一项补救性措施，它的成功施行将会弥补那些没有机会接受学前教育的孩子一个缺憾，使其也能够拥有接受平等教育的机会，也会使一些原本有接受学前教育机会但教育处境不利的孩子可以获得一个更好的、更完善的、更全面的教育机会。对于中国，为了给予农民工家庭儿童一个切实可行的教育补偿，我们要加快立法，建立健全合理有效的法律执行机制和法律保障机制。为了使广大处境不利的农民工家庭的孩子拥有好的教育起点，中国政府可以采取相关可行性措施，比如实行给3—6岁农民工家庭的学前儿童发放教育券的政策，鼓励相关家庭的孩子尽早接受教育。

此外，对于学前儿童的择校问题，可以给予农民工家长以自由选择的机会和权利，以此确保农民工家庭的学前儿童最基本的入园机会和接受教育的权利，并可以针对相关经济困难的农民工家庭，防止其因经济困难而使学前儿童失去可以进入早教机构接受教育的机会和权利，从而使农民工家庭在学前教育方面的缺憾也得到一定程度的弥补。

（三）加强对为农民工家庭学前儿童服务的幼儿教育机构和学前班的资助与扶持

自 20 世纪 70 年代以来，为了给因家庭照顾缺失、教育不足、经济困难家庭而导致的发展缺失的学前儿童一些补偿，世界各国往往建立了一些途径广、多样化的幼教机构以弥补各种原因给教育带来的各种不足和缺憾。相应的，在中国，为大力扶持为广大农民工子女服务的幼儿教育机构，各级政府往往也增加财政拨款和进行各种政策扶持。而且，除此之外，中国政府还应该在资源上投入更多，以此可以给相关幼儿机构继续完善教学和管理工作带来便利和动力，有利于其进一步提升教师水平，有利于其改善办园条件，进而为这些学前教育机构自身独特优势的充分发挥创造良好的前提，从而为更多的农民工家庭带去便利和机会。政府在扶持的同时，还必须要提升对相应的学前教育机构的监督力度，制定各地区相应的创办幼儿园的标准、管理条例，加强对办园过程的管理与监督的力度，引导其成为正规、合法的教育机构。

（四）设立农民工家庭活动中心，充分发挥家长在家庭教育中的重要作用

对儿童来说，家长是其主要的教育者、抚养者和责任人。家长作用的发挥对儿童的发展将有着举足轻重的作用。考虑到中国当前的背景，对于广大农民工家庭的儿童应该予以补偿，并且这一政策要认真落实到每一个农民工家庭中。具体来讲，政府要加大资金投入力度，增设相关机构和相关配套的组织管理工作人员，加强与农民工家庭的孩子所在的幼儿园、住处、学前班级的联系，增设农民工家庭活动中心，增进相关的交流和合作。家庭活动中心的建立有很多好处，有利于农民工家庭家长的相关技术的培养，有利于家庭中相关问题和纠纷的顺利解决，有利于家长原有落后教育的转变和思想的进步，提高家长的教育能力和接受新事物的能力，增加养育孩子的相关技巧和知识，使家长充分了解不同年龄阶段孩子的不同

成长需求、教育需求和心理需求，使家长在家庭中的重要作用得到充分发挥。

三 异地中高考政策

2012年8月，国务院办公厅转发了教育部等4部委发布的《关于做好进城务工人员随迁子女接受义务教育后在当地参加升学考试工作的意见》，该政策指出，全国各地在2012年年底前需要发布相关异地高考的具体实施办法或条例，标志着异地高考从政策层面已经开始"破冰"。通过对一些早已制定异地高考政策的地方的研究来看，它们多数将学生考试的审核指标定在了学生的学籍上，这大大方便了随迁子女的中考、高考。

从2012年9月时任教育部部长袁贵仁的讲话中得知，通过调查数据得出，在所有农民工随迁子女中，在公办学校就读的人数占总数的79.4%。农民工随迁子女在城市接受义务教育这一相关问题已经得到了初步的解决。"从2003年相关文件的出台显示，随迁子女在当地进行义务教育是得到许可的。现在，我们面临的一个实实在在的必须要解决的现实性难题，那就是当年接受义务教育的孩子已经到了考高中、考大学的时刻"，教育部会同国家发改委、公安部、人社部经由国务院办公厅出台转发了文件，强调了"有条件准入"，就是说，对于以上面临的难题若想得到有效解决，首先，家长一方要满足相关政策规定的条件，此外，对于学生来说，也要经过相关条件的"筛选"。具体来讲，家长需要满足以下的基本条件：工作、收入和住所均稳定，各种相关保险按时上缴，属于子女即将报考城市的常住人口，户籍则不受限。另外，城市条件也被纳入总条件之中，对于农民工父母所谋求的职业和所在的群体，要看是否符合城市的长远发展和规划。与此同时，强调"因地制宜"，各个城市或地区，拥有自己制定相关办法的权力，不同地区可以根据相关人口流动的不同情况，制定不同的条件和治理政策。对于合法稳定住所，包括租赁，袁贵仁在国务院新闻办公室2012年9月6日举行的新闻发布会上强调，农民工子女在流入地升学考试的过程中将会面临很多问题，但总的要坚持三大原则：首先，要注重以人为本，切实把农民工子女的升学问题放到国计民生的重要位置上来；其次，坚持统筹考虑，对于各地方政府、学校和家长等要坚持多方全面协调，力争在稳妥中谋求问题的解决办法；最后，在实施的过程中坚持以地方为主，杜绝发生"一刀切"的现象，"因地制宜"地实现问题的解决，最终谋求地方的和谐发展。

袁贵仁在国务院新闻办公室2012年9月6日举行的新闻发布会上指出，切实按照"三个根据"的要求，即首先，根据城市功能定位、产业结构布局和城市资源承受力；其次，根据进城务工人员职业合法性问题、合法稳定住处（含租赁）和社会保险的合法性问题；最后，根据随迁子女在流入地连续就学的时间长短的问题，对准入条件再次制定新规，制定切实可行的操作办法。另外，要保证各地实施方案在2012年年底前必须出台（表明子女的受教育权除了国家保护以外，家庭和城市也要尽到保护的义务，要有所承担）。也有人说，随迁子女与农民工随迁子女不是一个概念，许多"北漂"的人生活富裕，这一政策可能为"绿卡族"（"北京市工作居住证"）开了方便之门，对于经济不富足的农民工随迁子女的意义不大。山东省实施的"凡在山东省高中段有完整学习经历的非户籍考生均可在山东就地（所就学的高中段学校所在地）报名参加高考，并与山东省考生享受同等的录取政策"方案较好，在2014年实施这一政策，相信绝大多数省份都应该能达到此目标的要求。

第三节　农民工市民化成为政策新目标

"实现农民工市民化首先是以人为本的要求，也因此，基本公共服务的均等化可以得到很大程度的提升，尤其是社会保障这一方面的包容性，它对于当前存在的收入差距的缩小具有重大帮助，而且从制度上来讲，对贫困的代际传递具有拦截作用。""相关统计资料显示，从2004年出现'民工荒'并且一直增加农民工工资以来，城乡收入的差距已经呈现出慢慢缩小的趋势。但是，如果基本的公共服务均等化问题得不到本质上的解决，也就是说，农民工子女的身份依然没有改变，同等质量的教育机会也不可能获得，农民工子女将会沦落成为新一代的环境不利人群。"在社会学中有对身份概念的强调，身份指的是在本质上为确认某人的正确的身份信息所呈现出的所有特点的集合，分别包括以下几点：如呈现社会的地位、资格、教育背景、受教育程度、从事的职业等。自我认同则是指个体在自我发展过程中形成的一种独特的感觉,具体来讲,是对自身和周围环境及周围世界所展现出来的关系的特殊认知。而自我身份认同则是一个把自我认同、身份认同结合在一起而生成的独特概念。自我身份认同在个体认同中的自我建构维度上有具体的体现,它对个体在身份的主动确认上十分关注,这实际上是个体对"我是谁""我从哪里来""我要到哪里去"等问题的理解。其中,对第一个"我是谁"问题的回答实质上是对自我身份认同所要回答的根本问题。个体在面对这一问题的时候,不能根据某个体的最鲜明、最独有的特征将自我与他人进行快速区分,对个体差异的自我进行强调,就是所谓的个体自我;而且需经过群体共享的特征把自我与群体中的他人进行一定的联系,此时,对拥有相同特征的集体自我予以关注,也就是社会自我。利科(P. Ricoeur)把个体自我叫作"作为个性的身份认同",把社会自我叫作"作为共性的身份认同"。可以说,自我身份认同主要是为了让处于某一群体中的个体积极主动地建立一个独属于自己的认知体系和表达体系,在自己是谁、自己的职业、自己所扮演的社会角色、遵循的社会规范等问题上,个体可以形成明确的主体意识并做出相对应的主体反应。

一 继续发挥教育政策的核心作用

农村很显然是农民工子女在融入城市社会前的起点,要想真正解决使城乡儿童差距缩小这一现实社会问题,缩小儿童发展的城乡差距是关键性一环。缩小城乡差距,就要为农村义务教育水平的提升提供切实可行的措施,尤其是农村学前教育的发展,要为实现"免费师范生"的政策目标加大实施力度,努力提高农村幼儿教师和义务教育阶段教师的综合素质。虽然"两为主"和"两纳入"政策早已在贯彻执行中,但是执行效果还有待进一步提高,目前的结果和输入地的基本公共教育服务均等化的实现相比还有很大的差距,农民工随迁子女目前享有的教育质量还有待进一步提升。此外,农民工随迁子女集中的城乡接合部的薄弱公办学校所暴露的种种问题也并没有得到真正的解决。综观各地实施的有关义务教育后异地升学考试的政策,它对"流动白领"的子女则是更为有利的,而对于农民工子女来说,对原本存在的学业困难和学业结果评估的不确定性等问题的解决,并没有得到所预期的效果。对于以上的问题，具体来讲，为了实现学籍跨省转接服务，可以建立全国中小学生学籍信息管理系统。此外，为提高职业教育在国民教育体系中的地位，需制定相关和义务教育后的升学相互配套的职业教育振兴政策和职业准入政策。对2014年6月国务院出台的《关于加快发展现代职业教育的决定》的精神加快落实力度，加大对教育的培养投入，为中等职业教育的人才培养质量的提升奠定相应的物质基础和提供保障，从而使越来越多的农民工随迁子女可以找到自己喜欢且适合自己的技术型职业，为他们日后找到一个满意的工作打下基础。

二 着力发挥外部系统的协同功能

农民工随迁子女城市社会融入的外部系统受很多因素的影响，如父母的工作状态和工作性质、生存压力和社会境遇、社会地位、社会背景等，以上的现存条件可以通过父母的言行和态度传递给自己的子女，子女可以据此间接认识到自己家庭在所在城市所处的位置。

从农民工比较集中的几个行业来看，农民工所从事的建筑业是被拖欠工资的一大领域，并且近年来，在批发和零售业中，农民工被拖欠工资的比重也逐年上升。

在马斯洛需要层次理论中，实现自我潜能的需要能激发个体的行为，称为"自我实现"。为了达到"自我实现"，个体必须首先满足"匮乏需要"，即生理需要、安全需要、归属需要和尊重需要。当这些需要满足后，个体将继续满足成长需要，即认知需要、审美需要和自我实现的需要。贫困始终是农民工家庭城市社会融入的最大障碍。在欧盟委员会提出的"积极融入建议"中指出，对于各国，都需要有一个相关的促进社会融入政策的相关框架，此框架具体包括社会保护、收入支持、劳动力市场建设等政策。农民工家庭的劳动力集中的领域主要是建筑行业、加工制造业、家政服务及零活劳力等，由于农民工工作的性质，其劳作更加辛苦，另外还有不稳定且相对较低的收入等，给他们原本不太富裕的家庭又加重了负担，使其进入了消费节俭的生活之中，他们的主要支出是购买如食物之类等生活必需品，对于他们来讲，文化消费和社会交往变成了生活中的"奢侈品"。与此同时，假如某农民工所从事的是相关的服务行业，有时他们会面临着某些道德低下的服务对象的指责、谩骂，有时甚至还会面临发生肢体冲突的境遇，对于此，农民工们的态度通常是回避的，有如此的态度，并不是农民工们已经在内心排解开，而是把社会不公和社会歧视给自己带来的不平等遭遇和随之而来的怒气回家发泄给自己无辜的孩子。也正因为如此，关于农民工随迁子女的社会融入问题，本就不是单独的某个个体的社会融入问题，它需要的是整个家庭实现集体社会融入，这样，才会充分带动随迁子女的社会融入。对于"家庭支持"的社会学意义先予以忽略，在此，暂且以"异地中高考"政策为例。在异地的随迁子女若想得到相关中高考政策的支持，首先必须要满足两点要求：第一，父母在城市有稳定的职业和稳定的住所；第二，父母从业经历的时间较长。由此可见，若想使随迁子女的生态式城市社会融入政策的框架得以稳定实现，需要对农民工的就业制度和创业政策继续加以完善，稳步推进农民工培训专项计划，对其工作环境安全加以重视，为农民工的失业保险提供相关的参照政策。

三 以保障型住房政策改善随迁子女发展的中间系统

安居才能乐业。"家"对于任何一个家庭来讲都是生存的基础，对于随迁子女来说，有一个稳定温馨的"家"，也是实现其社会融入的物质基础之一。农民工中，大部分人属于城市低收入阶层，根据国家统计局出台的《2014年全国农民工监测调查报告》可知，在中国，农民工的总数是2.74亿人，人均月收入为2864元。他们没有足够的能力去支付一个家庭所需的基本面积房屋的价钱，所以面对过高的生活成本的现实，大多数农民工选择从事提供包吃包住条件的工作。尽管农民工希望自己的孩子可以跟着自己迁移，但是考虑到现实条件，仅在居住这一问题上，就无法满足自己和孩子的愿望。要想解决这一难题，相关政府可以做到将农民工划归为城市保障性廉租住房的享受对象中，利用此政策，给农民工进入城市与城市居民实现杂居创造条件。此外还有一个不可忽略的事实，"城中村"的建设不能从真正意义上实现农民工随迁子女和城市伙伴们的交往，它的存在具有的仅是象征性意义，当然，也更不可能利用城乡孩子的交往促进随迁子女的城市社会融入。由此可见，若想实现城乡孩子地位的真正融合，必须加快真正的"杂居"建设。

四 营造有利于农民工随迁子女顺畅融入的宏观系统

如前所述,宏观系统描述的是影响个体的社会特点,比如,在不同城市生活的农民工随迁子女,在日常生活中可能会面临着许多城市儿童所没有的应激源——如住房和医疗达不到最低相关标准、学业出现不同程度的困难、家庭教育的缺失、社区暴力的频繁发生等。正如特拉维斯·赫希(Travis Hirschi)在分析少年犯罪原因的时候说道:"个体和社会的联系的加强作用很大,尤其是对于阻止个人进行违反社会准则的越轨与犯罪的行为来讲作用更是明显,而当个体和社会的联系日渐薄弱甚至是冷漠的时候,个人的犯罪概率也会大大地增加。"个体建立与社会的紧密联系,这也将成为对农民工随迁子女成长中的宏观系统时刻关注的目的。当然,在紧密的社会关系里面,分别包括个体对父母的依恋、个体对老师的敬仰、个体与同伴间的信赖等,也就是说,有了如此的紧密关系,个体在做决定之前,或者说参与某活动的时候,会站在父母、老师和同伴的角度去考虑问题,会尊重他们的意见,会充分在乎他们的感受,最后再做出对依恋人群有利的行为活动。除此以外,对于依恋,也可用归属感来做出解释。在随迁子女的宏观系统中,存在很多针对不同对象的不同的表现行为的依恋,这也将会对个体做出亲社会行为产生有利影响。对于亲社会行为,还表现为在学习上更为用功,在处事态度上更加端正,对于父母则是更加的尊重和孝顺,对同伴更友好和爱护,更加认可和接受并维护所在学校承载的主流价值观和道德观。显然,这样的行为特征对于社会来讲是受欢迎和被提倡的,也正因为如此,参与活动的机会也会越来越多,并形成积极向上的业余爱好,从而为自己的生活添上美妙的一笔,这也将对个体积极地融入城市社会产生推动作用。

农民工随迁子女有多重身份。首先,他们还是一名学生;其次,他们还是家庭中的孩子;最后,他们还是所在城市市民中的一员。当他们生病了,他们也需要医疗保障,但是面对高昂的费用的现实,他们的健康没有相关的保障。为此,在计划免疫和社区医疗的政策中,政府及相关部门需要再一次提升对随迁子女的关注程度,并将相关政策落到实处,加快城乡儿童的基本医疗卫生制度的覆盖率,努力关注儿童的心理健康状况,提升儿童的身体健康水平,这将会对随迁子女以积极的心态、健康的体魄和良好的卫生习惯融入新的集体中产生良好的带动作用。同时，出台相关易于实施的家庭教育支援办法，把家庭教育指导服务纳入公共服务体系，对相关媒体的正确导向加以指导和规范，并且加强舆论的引领作用，采取通俗易懂的方式对促进农民工随迁子女城市社会融入的政策进行准确解读。另外，最大限度地发挥社区的功能，对于所存在的相关家庭虐待和家庭暴力的倾向实施正确的引导和恰当的教育，将家庭的关爱与呵护设为起点，加快农民工随迁子女积极地融入城市社会的进程。

第三章

在学校中成长:新兴学校的"青娃们"

乔治·米德和库利在学校情境下研究社会互动中的"自我发展",开启了建立在"互动与解释"基础上的"再生产"研究。"该理论强调在日常学校生活中发现再生产的隐性逻辑,揭示在学校微观场域内学生同辈间、师生间的多元主体内部互动的复杂关系。"① 进而将微观观察与宏大的社会结构相结合,寻找再生产的真实状态与深层逻辑。

从 20 世纪 90 年代初,农民工随迁子女进入研究者的视野,近 30 年的研究包括调查和经验已经比较全面地反映了农民工随迁子女的实际情况。国家卫生和计划生育委员会流动人口司和全国妇联等组织的大规模调查,通过大数据的分析对农民工随迁子女的就学状态、生活状态进行了描述和分析。以大数据为依据的宏观分析已经很充分了,但微观的、在学校情境下的研究成果还不多。学者对农民工随迁子女的学业状态缺乏真正深入课堂的了解,而一线教师虽然能够发现问题,但他们缺乏研究能力和反映渠道,不能有效地解决问题。已有研究主要来自问卷及统计分析,进行大数据处理,有产生统计性歧视的可能,无法把随迁子女进行更细致的分类,常常把他们看作一个高同质性的整体,而且一个典型的前提是"贫困",但事实并非如此。"家庭庇护"薄弱,学校对政策支持的承接无力,"学校家庭冲突",这些最接近儿童融入的事实的研究应该得到关注。

---

① 李涛:《底层的"少年们":中国西部乡校阶层再生产的隐性预演》,《社会科学》2016 年第 1 期。

第一节 "青娃们"的初中生活

笔者在哈尔滨市 X 区新兴学校①八年级深入课堂主讲"思想品德"课。笔者把初中部的孩子们称为"青娃"。其一，是因为他们自认为已经是青年，然而思维和行动都透着"娃娃"般的稚气；其二，是谐音自"青蛙"，坐在井底或浸于温水中，只看到头上的那一小片天，或者迷迷糊糊地被"温水"煮熟，却还不知跳跃。他们与威利斯的"小子们"、周潇的"子弟们"、李涛的"少年们"都不同，他们是"青娃"。

一 "小子们""子弟们""少年们"与"青娃们"

本书发现，进入非一线城市的随迁子女，既没有"小子们"的骄傲，也不同于"少年们"的土豪与屌丝的挣扎，更缺乏"子弟们"对自己身份的焦虑。像哈尔滨这样的二线城市，由于比较好的落实了国家的"两为主"政策，而且创造性地实现了"全口径"的中考配额，他们在中考中与当地学生完全一致，所以个体的因素和学业的落后完全无政策可以遮蔽。"无歧视"相反使他们觉得在城市中"活着"很容易，就像温水中的"青蛙"，同时又自诩为青年，而实际上还是幼稚的娃娃。这里的随迁子女是"青娃"，他们在学校中"幸福"地实现着代际遗传和阶层再生产。

（一）保罗·威利斯的"小子们"

在保罗·威利斯（Paul Willis）的《学做工——工人阶级子弟为何继承父业》出版之前，再生产理论家们没能区分在"再生产"的过程中，底层与社会中间阶层和权力精英之间的差别。② 因而，惯用的调查问卷和数据统计的方法对"社会底层再生产"研究的意义不明显。威利斯深入工业小镇"汉默"，运用了实地观察描写的方法，描述了 12 个工人家庭

---

① 遵循学术伦理，本书所提及的地名、学校名、教师与学生名均为化名。
② 吕鹏：《生产底层与底层的再生产——从保罗·威利斯的〈学做工〉谈起》，《社会学研究》2006 年第 2 期。

的男孩从毕业前18个月到工作6个月这两年期间的学习生活经历。同时，运用参照群体对比的手法，描述了与"小子们"不同的、顺应学校要求努力读书的好学生是如何为获得中产阶级以上的社会地位而对学校规范进行内化的。在他接触这些孩子并开始观察他们以后，他发现这些"小子们"在学校生活中会习惯性地旷课、抽烟、喝酒、着奇装异服。有时，他们也参加一些蛮行、斗殴与盗窃等越轨活动。他们被贴上"反学校文化"（counter-school culture）团伙的标签，他们本身也认同这样的称谓。威利斯观察到，这些"小子们"在学校的反抗主要表现在对学校权威和秩序的反抗上，老师教学生做的事情他们少做或者不做，这样的结果会使他们与学校正常的活动和态度相隔离，使他们产生越来越多的怨恨学校的情绪，怨恨顺从学校和学习良好的学生。在一次又一次的反抗行动中，老师对他们无可奈何，只好睁一只眼闭一只眼，学生们对他们恐惧，他们自己会认为反抗的团伙是那样的受人们尊敬，也就更加凝聚了"小子们"的认同价值。

在《学做工——工人阶级子弟为何继承父业》里，这12个男孩是工人阶级家庭孩子的代表，他们抽烟喝酒、逃学旷课、挑战教师权威、厌倦学习；他们只对打工挣零花钱感兴趣，他们崇拜父辈工人阶级的男子汉气质，看不起"耳油"们充当婆娘样的好学生，他们接受被人称为"小子"；他们了解自己与学校和教师抗衡最终的结果是重走父辈的工人阶级之路，但由于20世纪七八十年代英国工人福利比较好，尽管不是中上层阶级但温饱没有问题，"小子们"又"敏锐"地发现自己在学习上不可能获得成功，不会成为学校中的"佼佼者"，于是他们决定走另类的获得"尊严"之路。正如威利斯所言："解释工人阶级的孩子们如何获得工人阶级的工作的困难在于解释为何他们自己要那样。"他通过对"文化生产"的讨论来回答他提出的"工人阶级的孩子们是如何获得工人阶级的工作的？"这一问题。威利斯认为，每个阶级都有属于自己阶级的文化范式，但遗憾的是，不是每一个阶级的文化范式都可以成为这个社会的主流文化范式的。学校遵守和传播的是中产阶级的社会主流文化范式，教师们依据对主流文化范式的接受和表现程度，把学生划分为"好学生"和"坏学生"。这种评价标准以及教师在课堂上对"小子们"的挖苦和惩罚并不是有意的，但对处于叛逆期的"小子们"而言，这只会把他们推向反面，他们不得不生产出一套"反学校文化"来凸显个性、恢复自信并以此建构自己的身份认同。

"小子们"在打零工的过程中发现，中学文凭对他们找工作没有实质的帮助，因为对他们这些没有技术的体力劳动者来说，任何的工作都是一样的，只要愿意把自己当作商品一样卖出去，在哪里都可以找到工作。他们接受了体力和脑力分工以及性别分工的合法性，并将其作为自身文化最重要的标志。他们认为，只有从事体力劳动的工人才可以称为真正的工人，只有富有阳刚之气的男人才是真正的男人。"文绉绉的"脑力劳动者和"女里女气的"男孩都会受到"歧视"并被排斥在他们的群体之外。他们之所以有这样的独立的"文化"和"自信"，是因为威利斯在"汉默"调查时正值英国工人阶级可以充分就业的黄金时期的尾巴时期，如他所言，那12个"小子"都找到了工作，但在失业率激增的今天，这种情况再也没有了。

威利斯的《学做工——工人阶级子弟为何继承父业》，没有因为工人阶级就业状况的变化而失去研究意义。相反，学校所宣传的美好图景和学生切身感受到的恶劣的就业、生活环境之间的差距加剧了而不是减弱了他们对学校的抵制。农民工随迁子女从父母那里获知他们仅有的中等教育文凭是不能在就业时使他们占据优势的，甚至接受高等教育也徒劳无益，是时间的浪费，不如尽早进入社会，哪怕是打零工赚钱也是积极的。这一"洞察"进一步助长了农民工随迁子女反抗学校的以"升学"为目标的主流文化，而践行"玩乐型文化"，以欺凌和其他方式抵制"好学生"，借助暴力和制造混乱来体现他们的"价值"。进而，在义务教育后，顺畅地走入"次级劳动力市场"。

(二) 周潇的"子弟们"

周潇对北京一些打工子弟学校、农民工社区及农民工家庭进行了实地调查，他发现，在打工子弟中间盛行着与威利斯笔下的"小子们"类似的"反学校文化"，九年级的学生几乎完全抛弃学业，七、八年级的学生除了基本完成语、数、外3门主课的作业外，对其他课程的作业往往置之不理。但二者在实质上是不同的。"子弟们"并不是因为要表现工人阶级的"男子气"而去反抗，他们本身看不起父辈的体力劳动者身份，他们

"更多是一种自我放弃的表达形式而非对支配秩序的洞察与抗争"①。"子弟们"对文凭与社会地位的正相关深信不疑,他们厌倦父母所从事的"累得要死,赚不到钱"的体力劳动,向往"不累人又能拿钱"的脑力工作。他们羡慕名牌大学的学生,尽管在访谈中部分学生故意表现出对"上大学"的不屑态度,实质上这只是看到自己与大学无缘后而产生的防御心理而已。此时,"子弟们"的老师并没能维护他们脆弱的自尊心,而是经常斥责和挖苦他们,"你爸爸是卖菜的,你将来也得卖菜""你爸爸是农民工,你也得是农民工"……而学生们也没有尊重他们的老师,学生们认为这些"代课"老师无非是因为没有找到合适的工作,或者干脆是出于"研究他们"的目的而来教书,并不会像城市"真正的"学校教师那样为了学生的升学可以呕心沥血。所以,在农民工子弟学校,教师充其量是比在"烈日和暴雨下"劳作的农民工好一点的"有文凭的农民工"。因此,除了学习成绩比较优秀、有可能在北京继续升高中的学生以外,更多的孩子会以要求"朋友"的标准要求他们的老师。他们要求老师对他们和气,不要对他们的学习行为和成绩有过高的要求,上课可以更随意。"子弟们"开发了一系列的"找乐子"技术,逗同学、气老师、拿自己取笑,花样百出。"每逢这些玩笑时刻,课堂气氛就变得活跃起来,甚至一些本来在睡觉的学生也打起精神来。面对他们的嬉皮笑脸,教师们大多哭笑不得。"周潇在做思想品德课教师的过程中,不得不以求助主课老师"压阵"的方式来"把课上完"。

高度边缘化的生存状态使得打工子弟难以通过教育实现"向上流动",虽然他们清楚城市孩子是通过学业进步而获得更高的社会地位的,但他们仍然基于对自己阶层命运的"预知"而放弃学业,以"反抗学校文化"的形式完成了作为底层的阶级地位的再生产。这些"预知"了学业不能改变命运的孩子在初中就逃学、游荡、无所事事,结束义务教育以后就直接进入与父兄一样的"次级劳动力市场",从事低收入、低技能、不稳定的工作。一些初中毕业之后进入中职学习的孩子,也没能改变他们在劳动力市场中的劣势处境。

---

① 周潇:《反学校文化与阶级再生产:"小子"与"子弟"之比较》,《社会》2011年第5期。

周潇最后强调,"如果农民工劳动力再生产的低成本组织模式不加以改变,农民工子弟在知性和心性上的软弱状态将会持续地在自身和下一代身上复制",这会给中国经济社会发展带来深刻的危机。

(三) 李涛的"少年们"

李涛将理论触角深入中国西部最为底层的农村学校之中,去发现基于制度安排和社会条件差异因素下,四川乡校的"少年们"与英国"小子们"、北京"子弟们"在学校场域中完成底层再生产、阶层循环的内部真实异同。李涛在对四川乡校的"少年们"的考察中遇到了纸笔与话语的矛盾。问卷调查显示,学校八、九年级 54 个有效样本中,没有一个孩子表达对文凭和知识的明显反对。认为"读书有用"的有 47 人,认为"无所谓"和"不知道"的总共有 4 人。但是,当研究者走入田野对他们做深度观察时,他们中的绝大多数人表达了对文凭的深度怀疑,对知识有用性也发出了严峻挑战。"少年们"反问研究者:"如果文凭和知识有效,那为什么我们的老师们每天的收入还不如那些没有文凭和知识的父辈和邻里呢?""少年们"与"小子们"一样,意识到了文凭和知识能偶尔促进社会阶层上升流动的有限性,也认识到了即时性直接报酬的重要性,但"少年们"并不像"小子们"一样崇拜作为农民阶层和农民工阶层的父辈们,因为他们的父辈总是具有明确的自我身份认同感和归宿感。无论父辈们是外出务工抑或留守村落,始终无法摆脱农民的身份,而农民的身份又总是受到社会公开的话语歧视。

村落中,大家公认的榜样不是读书好而考上大学的孩子,反而是那些没有考上大学甚至没有读高中就早早在外边赚钱的孩子。"少年们"不想成为农民,他们的梦想是能进入城市赚大钱,只要能达成此目的,则无所谓体力劳动或脑力劳动。因而,他们对以"上大学"为目的的学校教育不屑,甚至公然挑衅和对抗学校的权威,并制造反学校文化而再生产底层自我。[1]

---

[1] 李涛:《底层的"少年们":中国西部乡校阶层再生产的隐性预演》,《社会科学》2016 年第 1 期。

二　新兴学校的"青娃们"

在呼吁"两为主"政策的过程中,学者们展现给我们的是农民工随迁子女一双双渴求知识的眼睛,他们热爱读书,勤奋学习,一心希望通过知识改变自己和家庭的命运。只要城市公办学校向他们打开大门,他们就会和城市中层家庭的孩子一样,在学校实现受教育的过程平等和结果平等。"两为主"政策的落实,让被制度遮蔽下的家庭的差距暴露无遗,来自不同家庭的孩子在学校的表现是不同的,农民工随迁子女通过对抗学校的主流文化而顺畅地进入父辈的城市社会次级劳动力市场。威利斯笔下的"小子们"是城镇上的工人阶级子弟;周潇笔下的"子弟们"是聚居在打工子弟学校的农民工子女;李涛笔下的"少年们"是没有走出山村的农民子弟。笔者研究的是从农村走来、在城市的公办学校学习的农民工随迁子女,只是有一点需要说明,这些公办学校的确是城市中的薄弱学校。"青娃们"身上同时拥有"小子们""子弟们"和"少年们"的反学校文化的影子,同时,事实情况又赋予了他们"流入城市社区""融入城市人群"的不同特点。他们对学业不抱希望,在学校中是"另类精英",他们常常团结起来反抗学校权威,并以违反纪律、旷课、不交作业、吸烟、打架等方式表现他们的反抗精神。这种"反学校文化"在表层上使他们得以免受自尊的伤害,别人不敢欺负他们。当然,他们像《学做工——工人阶级子弟为何继承父业》中的"小子们"一样,更顺利地过渡到他们父辈的地位和职业中去,实现了弱势群体和次级劳动力市场劳动力的再生产。

(一) 身处薄弱社区的薄弱学校

在新城中学为期 3 个月的实际教学生活中,笔者真切地感受到了"反学校文化"的存在。在这所农民工子女占主体的综合学校的初中部,笔者的教学对象是八年级的 3 个班。他们中的绝大多数孩子都意识到自己所在学校是薄弱学校,师资力量及学校环境都是不尽如人意的。"农民工居住社区使得子弟们在学校教育和家庭教育上的弱势地位被进一步强化了。"[1] 农

---

[1] 周潇:《反学校文化与阶级再生产:"小子"与"子弟"之比较》,《社会》2011 年第 5 期。

民工家庭通常受收入和社群隔离的影响,他们没有户口进而不能购买经济适用房,收入低又买不起商品房,只有聚居在价格低廉、空间狭窄、设施简陋的城中村或城乡接合部。大多数的农民工随迁子女按照"就近入学"的原则接受免费的义务教育。比如,笔者所生活的小区内有两所质量迥异的小学,卖菜的、开复印社的都知道自己的孩子会进入那个较差的小学,因为好的小学入学一定是"费劲的""要花钱的"。从某种程度上来说,农民工随迁子女学习的学校,又构成了农民工子女社区,虽然在"两为主"的政策之下,他们进入了城市的公共教育体系之中,靠近了主流文化,但相对主流学校文化来说,农民工随迁子女和作为他们同学的城市低收入家庭子女以及城市残障儿童是整个义务教育学生群体中贫困的一群,由相似的家庭组成了农民工社区,由来自相似家庭背景的孩子构成了城市薄弱公立中小学的学生群体。在这里,强烈地生产和再生产了文化上的贫困状态,薄弱学校成为传递文化资本劣势的重要力量。

笔者所在学校的八年级,笔者没有看出谁家特别贫困,至少在小食品的消费上和女孩的小饰品消费上没有看出来。他们居住在出租房中,但外表衣着是光鲜的,尽管学校要求穿统一的校服,但由于是冬天,还是有学生展示自己漂亮的毛衣。消费中有"挥金如土"的意思。这与之前研究的定位——"农民工子女有很强的被歧视感和漂泊感,他们体贴父母的劳苦,珍惜来之不易的读书的机会,人生观中有极强的个人奋斗感"的结论是不符合的。笔者在课上,曾经试图讨论"初中毕业后,我在哪里?"这一话题。笔者以为他们会谈上什么样的高中或者就业,在八年级的3个班,竟然有多半的学生回答"不知道!"而且还满不在乎地嬉笑,其他同学还附和着。所以"个人奋斗"的人生观在动摇,不得不说,新媒体的出现、网络的普及、城市社会中的青年亚文化越来越凸显出反抗性,这种反抗性并不仅仅存在于城市有闲阶层的子弟中间,农民工随迁子女也被潜移默化的影响并被同化,甚至成为一种"时髦"。处于边缘的社会底层少年,不再关心读书和成绩,也不再追求学业精进,他们拒绝学校所传递和教导的知识,以上网、嬉笑打闹为乐,没有目标,虚度时光。

(二)选择科目,拒绝学习

"青娃们"对班主任是很依赖的。在新城学校的八年级的3个班级中,一班班主任是语文老师,二班班主任是数学老师,三班班主任也是语文老师。必须说明的是，三班是"特殊班级"，是被前两个班分离出来的"特殊学生"，学习成绩极差，所以三班的任课老师都是学校的行政领导。他们是领导们承担教学任务的承载者，没有考评的压力。事实上，八年级只有一位数学老师和一位语文老师，而他们分别是一班和二班的班主任，同时兼任对班的语文、数学老师。学业不良的学生在班主任的课堂上即使忍不住睡觉，也不会大声吵闹。但在科任课上，情况就不同了，他们和周潇笔下的"子弟们"并无二致，上课和下课的时间并没有区别，"他们全然不理会讲台上的教师，径自抽烟、打牌、看小说。无论何时走进教室，都能看到有七八个男生边抽烟边打扑克赌钱。不参与玩牌的男生或在手机上玩游戏、看小说，或趴在座位上无所事事，5 个女生有时围着牌桌观战，有时看小说，总之，没有一个人听教师讲课"。"八年级和七年级学生的情况比较相近，由于班主任的严格管教，学生还不敢公然在教室抽烟和赌博。但八年级学生较为吵闹，仗着人多势众，学生的胆子也较大。除了班主任的课堂比较有秩序，其余均乱成一锅粥。从孩子们的眼睛里看不到渴求知识的眼神，能专注地听完一节课的人寥寥无几，多数人都在闹腾"。这时，我们不禁要问"老师在哪里？"在《学做工——工人阶级子弟为何继承父业》中，威利斯特别提到"小子"们对时间的态度，他们不是把时间看作是需要仔细地计划和使用以便"为未来生活做准备"的，而是以"混"的方式对待作为制度的时间。周潇的经历告诉我们，作为思想品德课教师的他，"两个星期之后，由于无力维持课堂纪律，不得不把八年级和九年级的课程退掉"。在新城学校中，同样作为思想品德课教师的笔者，遭遇要好得多。一方面，是由于笔者来自大学，最初孩子们对笔者还是比较好奇的；另一方面，是由于被抢课的次数比较多，学校大大小小的活动都可以让笔者停课，比如，学校队列比赛的训练也是可以占用思想品德课的。后来，随着新奇劲儿的渐渐褪去，一堂课中用于组织课堂纪律的时间远远大于讲授课程的时间。原本笔者以为是因为某些老师上课缺乏吸引力而导致学生兴趣不高，那么自恃讲课有趣的周潇和拥有近 20 年教龄的笔者，依然没能改变混乱的课堂秩序，更没能引起学生听课的兴趣。

（三）快乐掩饰不了空虚

自尊是对自己是好是坏的主观评价。人们为什么会以现在的观点看待自己，在一定程度上取决于最初的看护人的养育方式。农民工随迁子女少有权威型父母和权力型父母,他们的父母通常是放任型父母,甚至是忽视型父母。父母虽然把他们带在身边,但与子女的交流很少,且都停留在浅层次上。他们也时常询问孩子的功课情况,但仅仅停留在"考了多少分"和"考了多少名"上。如果确认孩子成绩不理想则很少再关注这一"话题"了。至于学校中的师生关系、生生关系,以及自己的孩子是否欺负了同学或被同学欺负,都不在他们的关注范围之中。

相比小学中的调查结果,我们发现,城市初中学校中,家庭破裂的情况比较多。在新兴学校,学生家长或无业,或从事脆弱性职业,生计的压力使得他们无力关注孩子的成长。反过来,"孩子学习不好"又成为他们不关心的理由。孩子们谈到家长时都会显露出无奈,他们清楚父母的不容易,同时,他们又无法崇拜或者发自内心地尊重自己的父母。"我爸在外面是个软柿子,喝点酒就回家收拾我和我妈,没啥出息!""我妈和我爸不到20岁就生了我,现在还天天说我早恋,好笑吧?""我们学习不好,还不是因为上不起补课班,家里人又都不会,还有这破学校,有些题老师也不一定会呢!"多数孩子的家庭保持着形式上的完整,但家庭气氛并不和谐,孩子们活泼开朗的外表背后却是强烈的孤独感。他们大多不清楚自己将来要做什么。甚至被问及一年后的中考时,他们都无所适从,不愿谈,回避谈这个问题,因为他们更清楚地预见了现实与期待之间的距离。新兴学校初中部八年级3个班的30名学生中竟然有13名是来自单亲家庭,而这13个单亲家庭的子女无一学业优异。与双亲或母亲生活的家庭中,母亲全部外出做全职工作,在下午放学回家后家里没人来照顾他们。这些孩子貌似活泼快乐,这种表象掩饰不了他们内心的恐惧和空虚。

他们和老师"没大没小",故意在回答问题时出糗,引发哄堂大笑,老师批评也不在意,还做出怪动作应对。这些看起来的快乐和不羁,掩饰着他们的无望和悲哀。学生们互相取乐,人人都有难听的外号,有些外号极富侮辱性,但当事人却不在意或者已经习惯了。与先前研究报告的学生常常去网吧上网而不上课有所不同,新兴学校八年级的学生在笔者授课的期间没有出现旷课上网的情况,但他们玩手机游戏近乎"疯狂"。在这个问题上,男生与女生差别不大,这也是笔者始料不及的。笔者甚至感到,女生比男生更爱玩,更会玩,也更难教导。一个让笔者记忆最深的女孩,就是上课什么也不听却不停地吃东西、喝饮料的女孩。笔者已经很难回忆起她的脸，因为一上课她就埋头看"书"，入迷时能笑出声来，对笔者的"呵斥"置之不理。课下跟她聊天，她出奇的冷漠，"老师你不会把我当试验品吧？我学习不好，也不觉得学习好有什么用！""考不上重点校怎么了？活着本来也没什么劲！"学生们"听话"，对老师们是否备课、怎样上课，甚至上不上课都不计较，所以老师们并没有备课的压力。笔者的同事，毕业于华东师范大学的免费师范生，为了获得教师编制落户到新兴学校，他就兼任地理老师、历史老师，在笔者没来之前他也教思想品德课。

第二节 在"工厂—地板文化"中徘徊

薄弱学校的学生通常通过中考之后以较低的分数进入普通高中或者职业中学学习。他们清楚"学历"的意义和价值，但是他们也清楚职业学校的学历不会使他们摆脱"身份贫困"。学校教育的结果使得他们在比自己受到的学校教育更好的人面前感到自卑。职业教育学校并没有为义务教育阶段学业不利的儿童提供向上流动的可能性，相反，成为控制他们进入社会流动的工具，于是他们对学校权威的反抗，形成了反学校文化的"工厂—地板文化"。

一 陷入"透明度错觉"中的随迁儿童

学校教育必须把促进学生自我分析智慧的获得作为过程目标，这样可以帮助他们正确进行自我分析和环境分析，不为错觉所干扰，特别是不被弱势错觉所干扰。社会心理学中的"透明度错觉"（illusion of transparency）是指人们以为自己的表情会清楚地表现出自己的情绪，并会被在场的其他人注意。随迁子女常常会有许多负向情绪也有青春期特有的心理波动，他们常常会以为别人注意到了他们的怯懦，进而更加的焦虑。这种以自己为中心的错觉，常常高估了别人对自己的注意力，比如，知识的欠缺、对城市生活知识的缺乏、阅历和见闻、经验的缺乏及贫困等。许多调查研究显示，农民工随迁子女人际交往中出现怯懦，其根本原因就是"透明度错觉"，他们会高估自己在与老师和同学交往中的失误，并且深受折磨。事实是，老师和同学们并没有那么在意他当时的表现，即使当时注意到了，过后也忘记了，老师和同学们并没有像他们自己想得那样注意他们。

（一）为了模糊自我依赖新媒体

物质消费和文化消费方式是农民工随迁子女对城市同学最先模仿的内容。当前，随着智能手机的普及，移动阅读已经成为青少年获取信息的最重要方式，微博、微信朋友圈、电子书等正在悄然改变着他们的阅读习惯和阅读方式，进而影响着他们的价值观和行为。在城市学校的教师和家长正在为网络上良莠不齐的内容和学生的手机依赖和网瘾忧虑的时候，农民工随迁子女正通过这一途径"了解"和"认识"自己的同学。他们必须对最流行的网络游戏和电子书了若指掌，以及用朋友圈的大小来证明自己的融入度。他们为了模糊自己的非城市身份而依赖新媒体。

（二）特别关注自己的外表

少年期属于青春期前期，指的是11—16岁的少男少女生理心理的快速发展期。这个年龄段正处于学业中的初中阶段，其生理、心理和社会性发展都出现显著的变化，身心发展迅速而不平衡，是充满矛盾的时期，因此在发展心理学中也被称为人的发展的困难期或危机期。处于这一阶段的孩子特别关注自己的外表。在新兴学校，一半以上的女孩带小镜子，有老师打趣说："书可以不带，小镜子忘带了一定回家取！"的确，校门口小摊上应景地出售各种款式的小镜子，就像在其他学校门前叫卖的各式书皮和笔记本一样。她们喜欢在镜中研究自己的相貌、体态，喜欢在自己年轻的脸上画出成熟的妆容。她们更在意别人对自己打扮的反应，对他人的良好反应，体现着自我欣赏的满足感；对某些不甚令人满意的外貌特点而产生极度的焦虑。

（三）心理断乳与精神依托之间的矛盾

农民工家庭常常被冲突氛围所困扰，缺乏民主，争执不断。生活在冲突型家庭氛围下的孩子容易形成缺乏安全感、意志力薄弱、撒谎等心理特征。民主型家庭成员间相互尊重、平等交流，对子女既有约束，又有鼓励。这种家庭教养下的孩子容易形成自尊、自信、自律性强、具有创造性、社交能力强、具有成就动机等良好社会适应性的个性特征。显而易见，只有民主型的家庭教养模式有利于家庭成员的正常发展。遗憾的是，由于农民工生存的压力，家庭氛围经常是冲突式的。随迁子女很希望自己是成年人，因为成年人就可以不受父母的制约，甚至可以反抗他们的"压迫"和"无礼"。这种自诩的成人感和事实上成长的半成熟状态造成了他们青春期心理活动的种种矛盾。由于生理的逐渐成熟,他们从心理上过高地评价自己的成熟度,认为自己的思想和行为属于成人水平,要求父母和老师应当尊重他们的主张,渴望社会给予他们成人式的信任和尊重。而事实上,他们的认知水平、思维方式和社会经验都处于半成熟状态,他们离不开老师和家长的指导,但他们把关心和指导评价为羁绊,认为是对自己的独立自主的决定权的否定。在冲突的最后,父母和老师放弃了最初的管教和帮助,而他们却在面对复杂的矛盾和困惑时,希望在精神上得到成年人的理解、支持和保护,但可能是又一次的错位。

(四)同群效应明显

薄弱学校中的学生家庭的同质性非常明显,他们大多来自低收入阶层,拥有相似的底层文化,他们的孩子很少接受过正规的学前教育,卫生习惯和文明行为的养成都较为缺乏,这些孩子聚集在一起很难有新文化的生成,往往再生产着家庭的"工厂—地板文化"。

走进新兴学校,笔者被网络文化对中学生的影响所"折服",这不是一般的学校教育可以比拟的。在网络话语中,"屌丝"主要用来描述从人力及经济等资源上相比参照群体不足的男性青年。"屌丝"用"穷、臭、矮、矬"来描绘自己,在未来发展上"永无翻身之日"。"屌丝"作为网络青年的群体性话语,展现了年轻人对自身不利的发展状况或居于弱势地位的相对剥夺感的不满。他们渴望"逆袭",通过"一夜成名"或某个"天上掉下来的馅饼"实现自身弱势的转变。正如保罗·威利斯在《学做工——工人阶级子弟为何继承父业》中描述的那样,来自非正规就业劳力家庭的孩子从学校过渡到工厂工作比较容易,他们也容易选择进入"工厂—地板"的世界,并因此接受他们在现存制度中的"下层角色",并把这个过程称为"宿命"。他们总是以各种方式反对教师和学校的权威,违反学校的纪律、旷课、抽烟、喝酒以及着奇装异服、打仗滋事。在学校时,他们蔑视学习优秀、服从学校规则的"好学生"。他们不学习,并以此为傲。他们以另一套非主流的评价标准来评价自己的"成功",试图将自己与"中学生"的日常和态度相隔离。他们被贴上"反学校文化"团伙的标签,他们本身也认同这样的称谓。老师对他们无可奈何,只能睁一只眼闭一只眼,学生们对他们恐惧,他们自己会认为反抗的团伙是那样的受人们尊重,也就更加凝聚在一起。他们明白自己是正规教育的失败者，他们知道即使通过中考，考上高中也进入不了上层社会，因为他们永远考不上北大、清华，一般的学业水平是不能改变自己和家庭的社会地位的。因此，他们与其向老师和学校妥协，还不如保持自己的"男子汉"气魄，在自己的"亚文化"之中找寻自己的存在。当然，他们不能逃避考试的筛选，顺理成章地"选择"了"工厂—地板文化"。父兄是他们的参照群体，尽管他们反对权威，但是他们最终还是认同经济结构中的"学历至上"的权力关系，他们平静地接受了被劳工阶层再生产。威利斯的研究受到"次级文化理论"（sub-cultural theory）的支持，将人们的研究瞄向了学校的生活和劳工阶级家庭的孩子。

（五）认为自己在人们目光的中央

成就感来源于需要的实现和满足。农民工及其家庭成员的城市社会融入，不仅是从农村到城镇空间上的迁移，更是他们实现角色转变的过程，是对乡村文化和城市文化的整合过程。早期的社会学家对交换的观点不感兴趣，唯一的例外是乔治·齐美尔。他认为，虽然人们不能得到相同的回报，但是他们之间的互动具有一定的互惠性特征，因此应当把这种行为看作是一种交换行为。布劳采纳了齐美尔的这一观点。布劳的4种摆脱从属地位的途径，其中一个鲜明的观点就是教师报告显示学生不良行为是他们职业压力的首要来源，常常引起诸如嗜睡、精疲力竭、紧张、沮丧和高血压等系列症状。教师们常常把学生的不良行为作为他们辞职的首要原因。有经验的老师也经常设法调离那些不良行为频发的学校，使学校落在那些经验更为缺乏还未发展起有力的纪律技能的教师手中。

不良行为是指任何的破坏课堂学习环境的学生行为。包括干扰教学、妨碍他人学习、构成心理或身体上的威胁、损坏财物。不良行为的破坏性程度从轻度到重度不等。教师时常将不良行为分成3种主要类型：轻度不良行为，一般与学生太过吵闹或者分心有关，未经允许擅自离座、没有从事指定的任务、懒散、做白日梦、课堂上打瞌睡、偶尔迟到；中度不良行为，像争吵或者扮小丑，比前者要稍微严重一些，并且更有可能妨碍他人学习，没有做教师要求的事情、大声讲话、高声叫喊、在教室中四处走动、抛掷物品、扮小丑、制造噪声、争吵、不听从、取笑；无法容忍的行为，涉及那些在任何情况下都绝对不能容忍的危险行为或者不道德行为，作弊、撒谎、偷窃、故意破坏公物，攻击或者暴力行为（言语或身体攻击)、欺凌行为、滥用药物、骚扰教师或学生、公然违抗行为、防抗教师权威、未经许可擅自离校。如果一个学生在课堂独立作业期间发呆、做白日梦,但是没有影响到其他人,教师通常不会管。一些单独的分心行为看起来似乎无害,但是如果不管任其发展,则有可能出现一个干扰学习的无序低效的课堂环境。

学生在校不良行为的引发因素,至少包括厌烦、无力感、限制不明确,缺乏发泄情感的适当途径,自尊受到打击。那些无法以其他方式获得成功感和支持的学生,可能会转向那些贬低学校成就与亲社会行为的同伴群体。没有太多经验的教师常常关注学生所做的错事,有经验的教师更有可能考虑自己能做什么特别的事来更好地理解和满足学生的需要,即他们确信当学生的基本需要得到满足时,他们的不良行为是可以避免的。富有成效的教师知道纪律问题会破坏学习氛围,因此他们主动采取课堂管理的方法,它在本质上是预防的,而非反应性的;它把行为管理方法和有效的教学结合起来,从而提高学业成绩;聚焦于课堂管理的群体而非个别学生的行为。教师应建立明确、积极的行为期望,并示范和强化所期望的行为。

二 因畏惧"拼爹"而陷入迷惘

电视剧《好先生》中,有这样一个经典的桥段:失去亲生父亲、外表坚强的女孩"嘉禾",在18岁生日这天,依然不舍养父的离去,她说:"父亲是什么?对女孩来说,父亲就是最大的靠山,他可以帮你摆平一切。"父亲是孩子最大的靠山。群体心理学强调,从身边相似身份的人的发展看自己未来和努力的方向。农民工随迁子女的命运与城市低收入家庭儿童的命运是一致的,有关这一方面的研究对期待依靠学习能力改变命运的他们来讲非常重要。尽管社会各界增加了对农民工的关注和支持的力度,然而,这些关注和支持依然是"自上而下"的。农民工成为"被服务者",某种程度上,其边缘地位正在被不断强化。基于社会比较的身份认同危机,洛克(John Locke)说过"身份之所以必要,因为它是道德责任的基础"。"农民"和"市民"是中国城乡二元户籍制度下的不对等人群。"看你的吃相像个农民!"这个常被"城里人"挂在嘴边的、不经大脑的"玩笑话",其实反映了根深蒂固的偏见和歧视。现行户籍制度把包括农民工随迁子女在内的"农村人"划到城市市民之外,使得"我群"与"他群"的族群边界越来越清晰。

"我家没有钱,我爸是农民工,在城市没有地位,将来我也好不到哪儿去!""考上大学,家里没人也找不到工作,出生那会儿就注定我们没有好前途了!""我是屌丝!"在走访中,初中孩子的早熟让笔者震惊,他们的迷惘也让人无奈。由于社会资源分配的差异,来自不同阶层的孩子在代际上升流动中获得成功的可能性存在明显差异。父辈成就和累积的人力资源及社会资源维持着代际继承的再生产,加剧了社会阶层的封闭性。这种事实上的不公平,阻碍了通过个人努力进行的社会流动,降低了个体通过自我奋斗实现价值的能动性,并引发群体心理上的相对剥夺感。青年一代对"官二代""富二代"和"屌丝"的描述正是其对机会公平的质疑。学校鼓励困境家庭儿童通过个人的努力成为"创一代",然而孩子们没有什么信心。他们觉得自己不能逃离"出身"的宿命,处于社会最底层,他们既不能改变社会又难以改善自身。而教师的任务就是帮助他们"逆袭",提高他们的教育水平、职业技能发展以及情绪控制能力等;转变污名化的言语和叙事系统,树立"正能量";拆掉农民工随迁子女身上的"惰性、谎言、逆反"的负面标签,宣传他们中间"勤奋、坚韧、成功"的事迹;增强社会示范效应,激发农民工随迁子女实现上升流动的主体能动性,通过学校教育使广大青年学生树立正确的价值观与人生观。

通过西方教育社会学家的研究成果可以看到,劳工阶级的孩子为什么会像他们的父辈一样,遭受着学业失败并适应"工厂—地板文化"。另外,学校中为什么存在着一种"反学校文化"现象,这种现象是劳工阶级权力的一种延伸吗?还是他们对学校教育的失望或不安于被安排呢?如果说农民工随迁子女义务教育后选择辍学是他们学习能力有问题而遭遇分流,这无可厚非。然而,他们脑海中是这样的思想,即使在学业上取得与其他阶级子女一样的成绩,他们受教育的机会仍不及其他阶级子女那样平等并最后还是不被社会选择。在自我概念中,有一个自我评价的部分就是自尊。自尊涉及个体是否对自己有积极的态度,是否感到自己有许多值得骄傲的地方,是否感到自己是成功的和有价值的。自尊是个体对其社会角色进行自我评价的结果。自尊水平是个体对其扮演的每一个角色进行单独评价的总和。自尊需要的满足会导致自信,个体就会觉得自己有价值、有力量、有地位。如果自尊受到挫伤,个体可能会感到无能与弱小,产生自卑,以致丧失自信。詹姆士在《心理学原理》(1890)一书中提出了一个有关自尊的经典公式:自尊 = 成功/抱负。这个公式的意思是说,自尊取决于成功,还取决于获得的成功对个体的意义。根据这个公式,增大成功和减小抱负都可以获得高的自尊。我们可以降低对工作和生活的期望值,一个小的成功就可以使我们欣喜不已。什么是我们真正珍视的值得努力的东西?当我们重视能力的增长而提出以努力实现教育的目时,什么是我们真正试图获得的东西?从实践上看,答案不是太难。我们所追求的是活动的持久性和连贯性;克服阻力和通过障碍的连贯性。只是增加能量耗费的紧张程度的努力本身不是我们所重视的东西,为努力而努力是我们所要避免的事。儿童试着举起他力所不及的重物,要他举得高些,再高些,所花的努力就不断增加,包括增加越来越费力的紧张程度。明智的家长力图保护儿童,使之免于单纯的紧张、免于过度疲惫的危险、免于身体组织的伤残、免于碰伤。单纯是紧张活动的努力不是我们所珍视的努力。另外,一个有见识的家长不喜欢看到一个孩子在遇到障碍时过于轻易地失去勇气。如果孩子的身体是健康的,放弃行动的过程,或把精力转向行动的某一容易的方面,如果是以反抗的苗头表现出来,这就是一个坏的征兆。

我们对哈尔滨市香坊区农民工子女聚集的学校进行调研的结果显示,以往关于随迁子女处境不利状况的报道,有片面夸大随迁子女不愉快心境的情况,而这种观点形成了对随迁子女状况的刻板印象,进而影响教师、家长及随迁子女群体本身对自己的认知偏差和期望过低,产生负向的自我实现预言。刻板印象是对特定社会群体及其成员的特质、品性和行为的固定或模式化的看法和信念。应打破先前研究仅限于发现事实的局限,尝试改变这一刻板印象对目标群体的社会心理机制产生的影响。在这一点上,哈尔滨市教育局关于随迁子女享受"配额"进而考入哈尔滨市最优质的高中——哈尔滨三中的报道,对学生们的激励作用更强。对哈尔滨市第129中学、向阳中学、星光中学进行调查和访谈,老师们说在小环境下,学生们的心态正常,老师们也没有被剥夺感,与其他学校一样也有升学的压力,仅此而已。而事实上,留在哈尔滨的随迁子女的家庭生活状况与城市工人的家庭差不多，只是住房比较贵，一般是租房居住，但没有受户籍的重要影响。家庭对学生学习的支持力度不足是真实存在的，但这属于"群体差距"而不是"城乡差距"。

有学者把刻板印象分为纯粹型刻板印象和混合型刻板印象。社会群体在两个或多个评价维度，比如能力和德行上处于相同的位置。群体评价具有跨维度的一致性，是纯粹型的刻板印象，比如，认为没有能力的群体也没有道德，认为农民工家庭及子女是扰乱社会及学校的重要因素；混合型刻板印象是指社会群体在两个维度上被给予相反的评价，群体在能力和道德上不具有正相关的特征。像农民工随迁子女这样能力较低的群体，通常具有良好的德行，这些群体可以因其品德的高尚而弥补他们在能力上的不利地位，认为农民工子女比城市儿童更懂事、朴实和更容易驯服。事实上，这两种印象都是偏颇的。不同社会经济地位和对学习认识不同的农民工及其子女，作为主流群体的老师和其他同学对他们的才能和社会性有不同的评价，即随迁子女的形象不是整齐划一的，刻板印象是可以被打破的，而学校是打破刻板印象的重要场域，所以从教育领域促进随迁子女的社群融合是关键所在。

在与相关教师的交谈中，尽管我们在"指导语"中强调了"要求他们推断社会中大多数人对随迁子女这一群体的评价，但是样本单一性所固有的缺陷并不会因此而被完全校正"。问卷的统一模式是"您推测社会其他人的看法"和"您的看法"，另一组仅仅是"您的看法"，结论符合社会心理学关于态度转变的归因。由于熟悉，即教师在平等的生活中与处于外群的成员进行了接触和合作，所以对他们有更积极的评价，甚至认为他们的成长与自己相关，他们的成绩与自己的教学效能相关，给他们做出更积极的评价。这也让我们打消了先前有的公办学校老师厌恶、排斥随迁子女的顾虑，事实上，笔者先前的调查研究也已经证实了这一点。香坊区的119中的校训是节俭、朴实，哈南新区的99中只有4个学年的办公室，共有8个班级。学生的职业预期，在对才能的预测方面，教育和经济成功对才能的预测都比较高；在群体层次中，教育的预测力比经济成功稍高一点。对于从事受尊重职业的群体，人们对其道德的评价会更高一些。

三　家庭庇护：母爱缺失导致家庭庇护力瓦解

良好的家庭教育对于培养孩子的道德观念、卫生习惯、语言能力以及观察自然及人、事的能力起着基础性作用。不同阶级地位造就了不同的家庭教养方式，塑造了孩子在社会中的行为方式和社会结构中的不同位置。有学者指出，"'下等家庭'父母因为缺乏教育能力，缺少余暇时间，往往忽视孩子的成长"[1]。尽管在所有的调查中，农民工家庭都表示"砸锅卖铁也要供孩子上大学"，但紧接着就是"我看他也不是那块料"的转折。忙碌繁重的生计和偏低的文化水平，使作为家长的农民工缺乏见识和承载力，无法对孩子的学业提供帮助，有时甚至适得其反。频繁的流动，则是影响孩子学业的另一个重要原因。孩子总是处在适应不同的学习进度和不同的学校规则、不同的老师和同学的过程中，这时，他们特别需要家庭特别是母亲的支持，而母爱的缺失是常态，母爱的缺失又导致家庭庇护力的瓦解。

研究发现，单亲本身并没有问题，真正影响孩子的是父母的关系。相对于在冲突家庭长大的孩子，父母双方关系健康的孩子更容易成功。父母的缺位，形象却还美好，他们把放弃婚姻归于各种环境条件所限。美国宾夕法尼亚州立大学及杜克大学追踪研究了超过700个学生，发现一个人儿时的社交技巧和其成年后的成就正相关。研究显示，儿时更能与他人合作、乐于助人、有同情心的孩子在25岁时，其学历、收入均更为优秀。父母期望越高，孩子越优秀，那些期望更大的父母会朝着他们期望的目标去培养孩子，而且父母的期望对孩子来说很可能是一个自我实现的预言。对孩子有更高的期望，不但能让孩子对自己的人生充满信心和希望，还能让他记住那些爱他、支持他的人。父母的受教育程度，尤其是妈妈的受教育程度对孩子的成长至关重要。美国斯坦福大学的朱莉·莱考海姆（Julie Lythcotthaimus）研究发现，让孩子做家务不但能锻炼他的生活自理能力，还能让孩子明白脚踏实地地工作是生活的一部分，每个人都应该为更好的整体（比如家庭）做出贡献。他认为，儿时做家务的孩子长大后能更好地跟同事合作，更热心，也更独立。妈妈情绪稳定，不在于陪孩子的时间

---

[1] 雷通群：《教育社会学》，福建教育出版社2008年版，第47页。

多少。美国家庭研究学术杂志《婚姻与家庭》发表的研究成果显示，家长陪伴孩子的时间的长短和孩子未来的成就没有关系。和数量相比，陪伴的质量更重要。研究团队认为，母亲的压力，尤其是既想奋战职场又想陪伴孩子而导致的压力，将对孩子造成负面影响。因为情感是会传染的，母亲的沮丧会感染孩子。妈妈上班：榜样的力量是无穷的。来自哈佛商业学院的研究显示，职业女性的子女更优秀。调查发现，职业女性的女儿学历更好，职业表现更突出，收入比家庭主妇的女儿平均高23%。职业女性的儿子则更愿意承担家务、照顾小孩，更具有性别平等意识。家长的心智：不相信成功天注定。美国斯坦福大学的心理学家卡罗·戴克（Carol Dweck）发现，孩子（包括成年人）对成功的看法大致分为两种：一种是"固定型心智模式"（fixed mindset），认为人的性格、天赋、创造力都是天生的、静态不变的；另一种是"成长型心智模式（growth mindset）"，认为失败并不是愚蠢的证据，只是成长的阶段过程。一次考试定终身的思想是可怕的。戴克认为，这两种心智模式决定了一个人会怎样看待自己的意志和能力，对孩子的影响尤其巨大。父母的经济地位：经济条件影响孩子的潜能，父母社会经济地位较高，孩子的潜能更不受限。斯坦福大学的研究员肖恩·里尔登（Sean Reardon）研究发现，1/5 的美国儿童是在贫困中长大的，这种状况限制了他们的潜能。

　　新兴学校中的单亲孩子很多，笔者教的一个班只有 24 名学生，其中 9 名来自单亲家庭，一个特殊的境遇是他们都是和父亲在一起生活的。班主任老师反映，冬天穿绒裤上学，老师给买的一条棉裤不过几天就棉絮横飞。父亲不是没钱，而是一个小老板，但他无心照顾孩子，给孩子钱，但不照顾。笔者上思想品德课，一个女孩上课时喝"红牛"，屡教不改，斥责她还依然嬉皮笑脸，男孩侧脸趴在桌上看着喝，笔者很"无奈"。

　　缺乏母亲温柔的照顾，只有父亲粗犷的养育，孩子们常常缺乏"感情依恋"。父亲们要工作，同时需要尽母亲之责照顾孩子，他们的压力很大，所以被父亲体罚的孩子很多。他们在家里受父亲的"气"，在学校就欺负比他们更弱小的同学，于是他们有的成了校园中的"小霸王"，有的继续在学校"受气"，心理和身体受到不同程度的伤害。

　　母亲的陪伴对农民工随迁子女的城市社会适应有积极的意义，是影响他们心理发展的重要变量之一。已有的研究证实，母亲是家庭成员关系亲密的纽带，家庭亲密度和适应性对青少年问题行为的产生起了关键作用，抑郁症儿童的家庭亲密度显著低于对照组。国内学者方晓义等考察家庭诸因素与初中生吸烟行为的关系，结果发现，家庭亲密度对青少年吸烟行为有显著的影响，这与父亲的独处、父亲的嗜好以及母亲的劝阻缺位直接相关。与失去母亲不同，大多数随迁子女是和母亲生活在一起的，但是由于他们的父母为生活奔波，无暇顾及子女的学习和生活，家里缺乏有温度的交流，孩子们没有机会向父母表达自己的感受，也无法得到足够的情感支持，父母时常叹息孩子"不听话"，其实是缺乏沟通造成的。另外，女性相较于男性更乐于与老师沟通，母亲逝去或者缺失的孩子更难获得学业上的支持。随迁子女的父亲很少过问孩子的学习成绩，也不会经常与学校班主任和任课老师沟通，即使会督促孩子取得好成绩，也不会提供现实的帮助，更不会顾及孩子的思想道德状况、诚信和纪律，也不会有意识地去对其进行培养。农民工随迁子女常出现的自卑、怯懦和过激情绪与家长自身的心理状态有关。罗敏等人对建筑工地农民工群体的心理卫生状况调查的结果显示，农民工群体心理健康状况不容乐观。生存、生计、机会、权利等困境交织在一起，导致他们情绪暴躁；被怀疑、被歧视、被排斥、被侮辱的经历和见闻，使他们产生仇视城里人的极端不良情绪，这些都会对子女的人格发展产生不利的影响。当子女出现问题行为时，他们往往认为这是因为城市孩子欺负了自己的孩子后自己孩子的"正当自卫"，不但不给予批评，相反还积极纵容，认为这样才算"有出息"。农民工子女普遍存在的缺乏自信、敏感、遇事忧虑不安、烦恼自扰、抑郁压抑甚至暴力倾向，有深刻的家庭原因。近几年，对于留守孩子的心理特征有较多的研究，在《心理科学》《中国心理卫生杂志》等学术期刊上发表了多篇研究论文，如黄爱玲等人的《"留守孩"心理健康水平分析》《影响中学留守孩心理健康的家庭因素研究》等。研究结果显示，父母进城务工对留守儿童的负面影响较多，他们的思想道德发展的轨迹很不正常，道德素质的缺陷也非常明显地暴露出来，情感冷漠化，团结协作精神缺乏，个性倔强、易认"死道理"，意志趋于弱化，责任感淡化，荣辱观不强，犯罪和暴力倾向严重。农民工随迁子女在家庭或者寄居的社区经常看到暴力事件的发生，所以在认知上他们比城市儿童更感到司空见惯。当前媒体的以暴制暴的场景也使得他们认可暴力是解决问题的一种手段。更让问题儿童加深对暴力认可的经历就是，曾经排斥和歧视他们的伙伴，可能因为他们的"强大"而变得趋炎附势。所有这些都为他们选择"另类"提供了依据。

第三节　自我应验预言的规避与突围

东北农民家庭对孩子的亲缘关系要比云贵高原农民家庭更强烈，具体表现在当他们决定外出务工的时候，孩子随迁就成为当然的选择。我们在黑龙江省最大的农业城市齐齐哈尔市调研中发现，这个所辖9县的行政区中有8个是贫苦县且6个县是国家级贫困县，农村中的空置，留守的是老人，父母双方都外出务工而孩子留守在家的情况极少。所以，在这个外出务工人数多的行政区，留守儿童问题就没有成为重大的农村社会问题。由于东北的气候原因，在哈尔滨城区务工的外来人口多半从事建筑、服务业、小商品加工和销售等行业，与城市市民的接触比较紧密，交融性比较强，对城市人口的生活方式和习惯也熟悉得比较快。生活的艰辛和城市生活的诱惑，使得外出家庭的稳定性遭遇冲击，冲突型家庭和离婚再婚家庭增多，对孩子各种形式的虐待也就呈现了，这使学生在学校中表现出一些行为，而老师了解到这些情况以后，基于同情施以低的社会期待，导致他们"自我应验预言"。

一　教师眼中的儿童虐待和忽视

戴安娜·鲍姆林德（Diana Baumrind）认为，典型的父母教养方式可以划分为控制型和反应型两种。"控制型"指的是父母给予儿童限制与约束的方式和严厉性。"反应型"包括教养中的情感、接受和关心。总之，控制描述的是教养的行为方面，而反应则描述教养的情绪方面。据此，鲍姆林德提出了4种教养风格。在农民工随迁子女占多数的公办学校的教师眼中，权威型和专制型的家长凤毛麟角，而放任型和忽视型居多且忽视型最普遍。

（一）权威型教养缺乏

权威型教养（authoritative parenting）是指父母给儿童设定权限或规则让他们执行，亲子之间表现出高水平的情感联系，在必要时，父母也是很灵活的。例如，当父母知道孩子在学校里与同伴相处出现困难或正为没当成啦啦队队长而伤心时,他们的严厉程度或许就比平时小。拥有权威型父母的学生倾向于拥有较高的学业成就以及对学校持有更好的态度,他们在家庭作业上花更多的时间,更愿意接触老师、学习,课堂上的适应不良行为水平更低。

(二) 基于家长自身的不足专制型教养不典型

专制型教养 (authoritarian parenting) 是指父母对孩子高控制水平的设置权限,要求执行规则,但却缺少情感联系。这种父母被认为是"独裁者",很不灵活,不能按照特殊情况通融。农民工家庭常常会出现"教育致贫",学生学习的额外费用较高,以及餐费等都给家庭带来不小的负担。家长时常进行"成本"和"收益"的比较,他们对子女的学业期望值较高,但不能接受子女学习落后的现实,一旦出现这种状况,他们就会对子女进行身体虐待或情绪虐待。身体虐待,学生感觉明显,父母经常因为他们"不听话""不争气"而拳打脚踢,更有甚者还会鞭打,轻者是推搡。教师们发现,经常遭受身体虐待的学生在学校经常会欺负比自己更弱小的同学,常常是"校园欺侮"的制造者,但一旦遭遇反抗,又马上示弱求饶。部分学生对新老师、新同学、新的学习项目都表现出夸张的惊吓反应。他们经常无故旷课,对自己的各方面情况评价都低。除了身体虐待外,父母经常无意识地对孩子进行情绪虐待,有时,孩子都感觉不到是虐待,都已经成为生活的一种常态,当众叫喊辱骂,让子女觉得羞愧,在人前揭发子女的隐私,不给予情感和支持,不加以关注,缺乏赞扬。情绪虐待对儿童自尊系统的破坏不亚于身体虐待。长期遭遇情绪虐待的孩子,表现为低自尊、难以建立积极的关系,不信任老师和同学,缺乏同情心、移情能力差,倔强执拗、违抗纪律。更有甚者出现言语障碍,从伤害他人中获得快乐,有明显的自杀企图。

(三) 基于比较放任型教养普遍

放任型教养 (permissive parenting) 是指父母对孩子无控制力,既不给孩子设定权限,也不要他们执行规则,但父母却与孩子有亲密的联系,以致观察者认为这样的父母比其他父母都更像孩子的"朋友"。例如,父母会向在杂货柜台前发脾气的孩子妥协,给他们买糖果,或是通过不管正处于青春期的孩子是否在家都不监控他们的方式来表达情感。放任型家长既缺少爱心、耐心,也缺乏责任感,对孩子放任自流。在放任型家庭教养模式下，孩子们盲目地"自由"，缺乏来自父母的指导和约束。他们对自己的发展会形成缺乏自信、自制力差、不负责任、情绪不稳定、待人处事具有攻击性、易受诱惑等心理倾向。

威利斯在《学做工——工人阶级子弟为何继承父业》中分析了这些学业一塌糊涂的反抗群体，他们的家庭背景和劳工阶级的阶级意识自然会形成一种反抗的文化，正是这种文化背景让他们有准备地进入工厂的世界。另外，在工厂世界中，有许多非技术性不需要有太多的识字水平就能胜任的工作，于是学校反抗群体在学校已经发展出来的态度、价值和头脑迅速地被这些工作所接受。再说，在工厂的世界里，他们的文化与劳工阶级的文化相一致，这促进了劳工阶级文化的再制以及西方资本主义社会的再制。

（四）冲突型家庭衍生忽视型教养

冲突型家庭中成员间的人际关系紧张、不和谐，家庭氛围失调，价值导向不一致。对于农民工家庭而言，放任型教养和忽视型教养（uninvolved parenting）的方式比较明显，即父母对孩子既缺少控制力也缺乏情感。父母通常没有意识到孩子的行为、朋友、困难或成绩中出现的问题。在学校，我们可以比较容易识别忽视型教养家庭中的孩子。他们通常卫生条件差，穿着破损、肮脏、与季节不符的衣服，他们矮小瘦弱。在学校的学习和活动中，他们无精打采，总显得疲惫不堪。

二 成长中的自我应验

阶层是如何在学校中实现再生产的？乔治·米德（Mead George Herbert）和库利（C. H. Conley）对学校或其他情境下社会互动中的自我发展进行了研究，更强调在日常学校生活中去发现再生产的隐性逻辑，揭示了在学校微观场域内学生同辈间、师生间等多元主体内部互动的复杂关系，从而在普遍性和平常性的日常生活中去发现阶层再生产的真实内在状态。布迪厄的《区隔》、保罗·威利斯的《学做工——工人阶级子弟为何继承父业》等文化社会学的著作，描述的阶层再生产图景，为我们在文化与阶层范畴下理解青少年文化的依附性提供了很好的文本资源。

（一）迥异的假期生活

出国参加国家交流和夏令营，孩子天真地问，他是我们班学习最不好的学生，怎么代表我们去参加了夏令营？孩子，因为没有太多的家庭可以负担十几天近4万元的花销。有的家长选择去韩国、新加坡，或是去中国台湾、香港，有的走内地名校，有的家长卧薪尝胆把4万元积攒下来请名师一对一辅导，在考试中见分晓。而有的家庭的家长什么也不会想，甚至没有时间陪孩子，让孩子在电脑或电视或街头，或摊床前度过自己漫长的假期，或被送回老家。

可想而知，新学期，孩子们有的汇报出国见闻，有的展示假期充电的成果，当然更多的是不可逾越的成绩鸿沟和心理距离。了解的会失落，不知道的还蒙在鼓里，而在未来残酷的升学和就业压力面前，胜负已见端倪。所以，有一位胸有成竹的家长说："就放开了让农民工子女来竞争，他们也不是对手，何必不放开，还生出这么多事来呢？"他们不能接受的是"配额"，也就是硬性的把省市重点学校中的50%的生源分给了普通中学中比分数线低20分以内的学生，他们认为这是精英教育被"稀释"的结果，是不公平的。在学校里，并非所有不同的选择都出自学生天然的兴趣差异，家庭经济条件更像是一个幕后推手，决定着不同出身学生的异样的假期生活。

（二）午餐味道不同

学校的配餐对于每个学生都是一样的，但家长可以分为两类，一类是嫌饭菜不合胃口、营养不全面；另一类嫌太贵。群体心理学强调，从身边相似身份的人的发展看自己的未来和努力的方向。随迁子女的命运与城市低收入家庭儿童的命运是一致的，对于这一方面的研究对期待依靠学习能力改变命运的他们来讲非常重要。尽管社会各界增加了对农民工的关注和支持的力度，然而这些关注和支持依然是"自上而下"的。农民工成为"被服务者"，某种程度上，其边缘地位正在不断被强化。需要仅仅靠呼吁是没有太多实效的，最重要的是通过实实在在的行动，通过务实努力和扎根基层的探索，自下而上地为农民工赋权增能。社会工作专业服务对解决农民工难以获得均等化的公共服务、权益保障缺失、社区融入困难等问题的作用是不言而喻的。

（三）"狭小的房间容不下太大的梦想"

拥挤产生密集现象，农民工的密集居住产生一定的边界效应，导致与城市其他地方形成空间外观上的对比和差别，这种对比和差别增加了农民工作为一个群体在城市中的显著性,而恰恰是这种群体显著性增加了市民对农民工形成了一个群体镜像。也就是说,脏、乱、差的媒体镜像通常是通过市民对农民工群体显著性的外在观察而产生的。当市民对农民工的这种群体镜像排斥反馈到农民工群体中去时,在农民工群体中有一部分人会产生羞耻感,但也有一部分人会产生逆反和抗争的心理,发生针对市民和同学的越轨行为。社会控制论强调"常规参与"的重要性,即农民工及其子女花费时间和精力越多,参加日常活动的机会越多,比如人际交往、各种文体活动等,合法行为占用的时间和精力越多,就会减少非法行为的机会,对犯罪就会有阻止作用。这可以解释群体镜像排斥对越轨行为的催化作用。游离于社会控制之外的青少年,社会化程度很低。正如涂尔干所言,人们的道德化程度和社会化程度是一致的。

缺乏足够的空间,生活就会受到阻碍,健康就会受损,预期生命就会缩短,而人的攻击性行为也会因此而增多。20 世纪 60 年代以来,美国心理学家、社会学家、人类学家对拥挤问题进行了集中的研究,对涉及高犯罪率等社会问题进行了分析。对拥挤的解释,学者普遍认为包括两个方面:一是一定空间范围内的绝对在场人数;二是人均空间使用面积。拥挤理论可以在随迁子女的生活中找到现实的描述。

在笔者教学的八年级某班,在这个只有 24 个后进生的班级里,小 L 是一个很有想法的男孩,他不羁,但你总会发现他在听你说。在一节思想品德课进行到一半的时候,同学们已经出现倦怠情绪了,他们开始交头接耳,笔者很生气,刚刚调整的课堂气氛又要归零了,笔者想用理想来激励他们,于是说:"书中自有颜如玉,书中自有黄金屋,大家要努力呀,不能懈怠,八年级了,马上就要中考,要有梦想呀……你们的父母还等着你们实现梦想呢!""狭小的房间容不下太大的梦想!"是小 L,小 L 出人意料的"接话"没有像往常一样引发同学们的哄笑,教室异乎寻常的安静,过了"漫长的"两三秒钟,笔者清楚地听到了几个孩子的叹息声,接着他们又开始漫无目的地"嗡嗡"起来。还没来得及等笔者说话,下课铃响起,同学们起立"老师再见",等不及笔者说"同学们再见",小 L 他们几个已经冲出教室的门。

笔者知道自己的提问的确是出现了问题,后来才知道他们的家多数都是狭小拥挤的,而他们的妈妈在整日的忙碌和贫困的压力下,已经没有了美丽的容颜。经济上的贫穷使他们生活在贫穷的边缘，发展对他们来说太遥远和陌生了。而这一刻的"轻松"和不羁，就决定了他们未来将重复着父辈的"工厂—地板文化"。对于拥挤导致的越轨和犯罪率上升的解释，美国学者费舍尔综合拥挤理论指出，高密集会产生压力，即拥挤导致对人们"私人生活领域"的频繁侵犯。除了费舍尔的解释外，肯特的"撤出论"也颇具说服力。他强调，过度拥挤造成人们无法单独生活，因此很多时候不得不撤出拥挤的环境。"孩子不能到楼上自己的住房去，因为他与其他几个兄妹甚至父母同住一室。"在这种情况下，可"撤出"之处就是马路、街角、广场等公共场所，即罪犯和闲散人员集中的地方。不仅如此，在路边、街角、网吧等人员杂乱的公共场所，农民工随迁子女集中"撤出"到这些地方后，虽然增加了其社会交往发生的频率，但同时，由于相同的身份，也可能在这部分"撤出"青年农民工之间出现某种小团体和帮派现象。怀特在《街角社会》中描述的也是这样一幅"撤出地"的场景，这种小团体和帮派所特有的亚文化可能会产生相互之间的社会支持，但发生团体越轨和犯罪行为的可能性也同样存在。拥挤除了使个人无法获得想要的隐私权利外，还导致个人无法控制同他人之间的社会互动状态。在拥挤的状态下，人们对周围刺激状态的感知会更加敏锐，对空间挤压感的承受能力会降低，长时间在拥挤环境下生存的人会产生一种极为主观的、消极的情感心理状态。与城市商场、学校和其他学生宽敞的住房相比，强大的落差容易在他们心中产生挫折感。而当挫折感无法得到有效排解时，"破罐子破摔"的心理就可能应运而生，并转而寻求一种另类的"充满刺激"的生活——越轨和犯罪，这些都是农民工子女乃至青年农民工发生越轨犯罪行为的潜在动因。

（四）"小食品把我养育"

有一天午休，笔者在操场晒太阳，3月末的哈尔滨中午的阳光分外温暖可爱。校园广播中播放的歌曲是《我的父老乡亲》，充满乡土气息和感恩情怀的歌词，在歌唱家彭丽媛饱含深情的演唱下流淌出动人的旋律。笔者禁不住跟着哼唱"小米饭把我养育……""不，老师，是小食品把我养育，哈哈……"GMR和GMY这一对孪生姐妹又是在校门口的小食品摊上解决了自己的午饭。"怎么又没带饭呀？""我们每天都不带呀，我爸妈早上起得早，自己饭都吃不上，哪还顾得了我们。""那咋不上食堂？""老师，今天你吃食堂了吗？总吃那几样你不腻呀？"还没等笔者反应过来，小姐俩儿就一溜烟地跑了。"还是年轻好呀，跑得真快！"笔者讪讪地对自己说。

（五）笨是怎样形成的

相对于中等收入以上的市民家庭来说，农民工家庭无法实现对孩子学业的全面关注和支持。在我们调查的学校中，教师和城市学生总会反映农民工子女"笨"，对新知识获得的速度慢、效果差。事实上，这里的"新知识"并不是完全意义上的新知识，城市中等经济条件以上的家庭，孩子在假期里都会上以预习下学期新知识为目的的辅导班，所以"新知识"在学校被讲授时，对他们而言已不再"新"。起点不同，获得新知识的速度自然不同。在学校的教学进程中，教师常常布置课外作业，比如社会实践、知识延伸等，这些都需要家长的协助和支持来完成，农民工家长自身文化底蕴不足、资源有限，所以很难帮助孩子完成"作业"。而正是这种事实上的不同，为随迁子女打上了"笨""学困生"的标签。而"学困生"又是被班级主流文化所排斥的，这导致农民工随迁子女被边缘化。一些学校开展的"午休一刻钟"等课间活动，通常是由学生推荐并提供新歌、新电影等进行赏析。农民工随迁子女没有更多的机会接触新歌和新电影，贡献率就有限，做观众也不能给予有价值的评价，进而被嘲笑"土"甚至被嘲笑"不是地球人"。

（六）形成不同的学生和家长圈子

差距很早就拉开了。"当金钱可以取代天资和勤奋的时候，中下层家庭的孩子就失去机会了，所谓竞争的规则就只有表面的公平。"家庭文化的差异，导致农民工随迁子女难以选择异质群体的伙伴。到什么样的同学家做客，是需要家长进行选择的。一般会是自驾游或者在家里举行聚会，各家都要出力，而农民工家庭是没有时间和精力的。孩子们选择能和自己"说到一起"的伙伴是自然的，不同阶层家庭的生活方式和文化消费类型和层次迥异，为此，在学校和班级内部基于家庭文化资本的伙伴选择的概率大于基于家庭经济资本的伙伴的选择。因此，即便是衣着、用品被"包装"得富裕的农民工子女，也很难融入城市文化阶层的孩子中间。自尊是对自己是好是坏的主观评价。人们为什么会以现在的观点看待自己，一定程度上取决于最初的看护人的养育方式。权威型父母、权力型父母、放任型父母和忽视型父母对于子女的养育方式是截然不同的。农民工随迁子女的父母中，积极的权威型父母不多，传递给孩子维护心理弹性的能力就有限，他们克服逆境、承担急性或慢性生活压力、修复创伤损害的技能就更弱。结果是，农民工家长更愿意与自身同质的、有共同话题的成员接触，孩子也在这个群体内获得积极的评价，更愿意留在这个群体中而不愿意尝试融入新的群体中去。

学生家庭背景影响学生学习成绩的结论在科尔曼的报告中得到了阐述。这样的家庭更依赖社会，他们唯一能做的就是坚守在城市。哪怕孩子在公办学校中成绩不理想，他们依然期盼孩子能早些懂事，奋发图强。中考、高考制度的破冰，使他们坚信辛苦自己这代，孩子会更好，会过上更加幸福、更有尊严的生活。

三 教师同情促成消极期待

教师在教学的过程中，总是不自觉地给学生贴上标签，并给予学生不同的期望和关注。教师对学生的期望无疑会成为一种心理暗示，在学生的行为养成中产生积极或消极的影响。罗森塔尔（Robert Rosenthal）和雅各布森（Lenore Jacobson）通过控制课堂情境的方法研究了教师期望与学生学习态度和学业变化的相互关系。结论与后来研究者们的结论是一致的，优秀的学生是教师的高期望和标签的结果，差生也是教师低期望与标签的结果，这是一个涉及教育过程公平的问题。学困生被拒斥或放任。农民工家庭的困境如何在中间系统中与学校产生相互作用？既然了解了家庭功能可能是这些困难的原因，这就使得教育者要提供必要的支持来帮助这些处在家庭变迁中的孩子。儿童若拥有家庭以外的成人关系的支持，比如与某位教师关系良好，他们经历困难的可能性就更小。另外，教师也可能基于学生个体的特点和家庭环境不知不觉地对其形成消极期待，这会导致自我应验预言（self-fulfilling prophecy），一个无事实根据的期待会变成现实，仅仅是因为它被期待了。这一期待引发学生在学校中较少成就的行为。然而，家庭环境不应该只是被用于形成对某些学生的低期待，相反它会提供关于谁最可能在学校的微观系统中需要额外帮助的信息。无论在119中还是在新兴中学，抑或是在第一职业高中，我们都可以看到教师与学生之间的"亲情"远远高于其他学校教师与学生之间的亲密关系。"赵妈""李爸"是学生们私下对班主任老师的称呼。班主任对学生生活的关心远远高于对其学业的要求。教师们对"升学率"不看重,对孩子们"别学坏"更上心。问到对学生们毕业后的规划,教师们通常会帮学生选择适合自己的"手艺",对于升学的预期不具有普遍性。在布朗芬·布伦纳的生态系统理论中,家庭和学校是儿童发展的最重要的两个微观系统,它们的互动形成中间系统,影响着孩子的发展。离异和重组家庭在家庭结构上的变化,作为影响微观系统作用的"第三方",在中间系统中发挥着影响。遭遇家庭变故的儿童更可能出现学业成就低的问题和更多的学校问题行为。学校的教师,特别是班主任常常给予这些孩子更多的生活上的关爱,支持和帮助这些处在家庭变迁中的孩子。教师对孩子的关爱很大程度上缓解了他们的精神压力,教师的作用是很大的。教师了解到家庭变故和学业成就之间的关系,可能就会对离异家庭的儿童产生较低期待,这可能引发学生在学校中较少成就的行为。

四 从亲社会的角度看待随迁子女的学校融入

当前,社会舆论有两种声音:其一,外来务工人员及其子女是城市新增不安定因素的主要制造者;其二,这种不安定因素是存在的,由于身份不平等导致物质条件差,导致农民工及其子女受教育水平低,最终导致其行为失范。表面看来,后者显然对农民工及其子女的问题行为表示同情,但实际上仍然认为他们的"输入"给城市的安定带来了负面影响。这就好似美国白人中一部分人是激进的种族主义者而另一部分人采取了柔和的规避态度一样,总之,农民工及其子女的城市融入还没有真正地得到社会舆论的支持。对于儿童来讲,舆论告诉他自己是一个"问题",那么最简单容易的生存方式就是"听命",于是自己学业失败、行为不文明以及被视为另类就没有什么不自在的了。

处境不利儿童群体可能会以侵犯行为回应其社会地位,但他们是否一定会这么做,则取决于他们的相对剥夺感。如果一个个体或群体在与其他个体或群体比较时,感到自己正在被不公正地弱势化,并认为自己不能通过合法途径改善这种弱势地位,他们就可能会代之以侵犯行为,从破坏公物到袭击他人。疏离和被剥夺的社会舆论助长了农民工子女与城市儿童之间的身份差别,这种身份差别使他们的父母不能进入主流的劳动力市场工作,只能在次级劳动力市场谋生,薪酬低、待遇差,没有基本的医疗保险；而他们自己也不能选择优质的学校，更不可能参加兴趣小组和课外辅导机构，在学校更跟不上进度，或者没有办法在学习成绩上证明自己的实力从而获得老师和同学的尊重，这些境遇都成为孩子心中挥之不去的阴影。而人还是要有尊严地活下去的，在主流找不到尊严，那么他们就会另辟蹊径找寻"尊严"。"暴力"就成为部分处境不利人群的一种"荣誉文化"，深植于人心。他们会认为小偷小摸、出卖肉体和人格获得金钱是一种合理、合法的生活方式选择，这一选择能帮助他们提高在更广泛社会中的地位和权力，对问题行为的认同最终使底层融入成为可能。

问题儿童是指因思想与行为不符合社会规范而与正常儿童区分开来的"危机儿童"，他们成为家长和老师头痛的对象，也被其他学生和家长视为危险人物，被视作应该隔离的对象。正是这种非主流、被孤立的境遇，使得部分游离在问题行为边缘的儿童陷入犯罪及反社会的泥潭，从而真正成为社会上的问题人群。

在学校、家庭和社会三重社会的跨界过程中出现的冲突和挫折，会在一定程度上动摇农民工随迁子女在城市生活下去的信心。在追求生活的过程中受挫时，儿童心理会受到深深的伤害，进而产生报复社会的心理和破坏活动。人人都有自尊心，尊严甚至比生命更宝贵。当儿童因为学业失败、出身贫寒等因素被弱化而得不到成人的支持时，为了克服自卑带来的心灵不适，他们往往会采取补偿行为与"底层精英"联合，但是，这种超越常规的补偿行为，被法纪和道德不容，于是被边缘化就成为"宿命"。这一切都可以成为比较心理落差产生的原因。农民工随迁子女正处于自我意识发展的关键时期，他们会将自己的学校环境和家庭条件与城市同龄人进行比较，这种比较的心理落差引起的强烈的失望和"被剥夺"的感觉，正是他们出现"问题"的重要原因之一。很多心理学家认为，人是通过比较形成自我感知的，我们如何定义自己以及这种定义随后如何影响我们的行为，在很大程度上有赖于自我与具体的比较对象之间如何进行比较。这种比较可以分为两类，第一类是自己和自己比较，希金斯（Higgins）的自我偏离论不仅关注对现实认同与理想认同之间偏离的觉知，也关注人们对这种偏离的情绪反应。在他看来，人有3种自我图示：现实我（actual self）反映了我们当下是什么样的；理想我（ideal self）是一个参照点，反映了自己真正想要成为什么样（这一理想我是由个体盼望和希望自己拥有的品质、性格和才华构成的）的；相反，应然我（ought self）代表着个体基于一种使命感、责任感、义务感而认为自己应该具有的品质和性格。根据该理论，人具有确保自己的现实我符合理想我和应然我的动机；现实我和自我导向（理想的或应然的）间的偏差越大，个体所体验到的心理不适就越强烈。现实我与理想我之间的偏差会产生与忧郁相关的情绪；现实我与应然我之间的偏差，则会产生与焦虑相关的情绪。自我偏差论暗示，偏离通过产生消极唤醒，驱使人们减少偏离的改变，以减轻自己体验到的不适感。但情况也不总是如此。负面情绪经常会阻碍成功的自我调节，因为如果人感到悲伤，他就更容易屈服于能够使自己感觉好受一些的即刻冲动，而不太容易为一个相对较长远的目标而努力。当我们发觉现实我与理想我之间仍存在差距时，我们就可能在自己的冲动前让步，给自己一个即时安慰。这在短期内可以减少不愉快和不舒适感，却也会使我们的整个目标成为更加遥远的期望。儿童特别是在学习成绩落后的情况下，他们会试图寻找其他方式进行替代。而这种替代方式很可能是非主流的，也就为问题行为的产生埋下了种子。

问题行为（problem behavior）是指个体表现出的妨碍其社会适应的异常行为。在我们身边，关于青少年打架斗殴、辍学、离家出走乃至自杀、杀人等恶性事件的发生频率增加，对行为发生者的进一步了解发现，孩子们的问题行为大多来源于不良的同学或朋友关系、师生关系以及亲子关系。由于不能有效地解决同学或朋友冲突、师生冲突、亲子冲突，他们采取了简单和粗暴的极端行为来宣泄。Achenbach 把儿童问题行为分为两类：内化问题行为与外化问题行为。前者指焦虑、抑郁、孤僻、退缩等情绪问题，后者指攻击反抗、违纪越轨、过度活动等行为问题。问题行为阻碍儿童的个性、社会性的发展，对其身心健康十分不利，其严重程度可以产生普通的不良行为，也可以发展为反社会行为。在儿童发展的时期，城乡儿童一样会出现问题行为，但因为流动儿童更多的是从农村到城市的移民，使得一些儿童不能较好地融入城市生活，容易出现问题行为。这和我们在上面提到的"向上比较"的消极后果是直接相关的。儿童出现学业或文化适应困难时，如果没有教师和家长的正面引导和同学、朋友的支持，他们就可能夸大在自己失败领域的他人的能力，比如"城市的孩子就是比我们农村的孩子学习好""他的家长都有文化,而我父母大字不识"。于是把自己归于与先进分子不同的范畴,淡化自己与比较对象之间的相似性,也就是不去分析我们是同一年龄层,在同一所学校、同一个班级学习的客观相似性,而刻意使自己在身体和情绪上疏远他们。更为极端的表现是通过贬低学业优异、遵守法纪的重要性来维持自己"表现差"的自尊。比如,通过破坏课堂纪律、与社会不良人员欺侮同学来叫嚣学业成功对自己来说是不重要的,"顶天立地"让别人畏惧三分才是"真男人"。问题学生多半因为学业失败,这一点应当引起学校和家庭的重视。学校给予学生主流文化的教育,但学生不止生活在学校里,他们每一天都在践行着学校、家庭和社区间的三重跨越,在他们还年幼的时候,顺应家庭和听命舆论就成为当然。

布莱福德·布朗(B. Bradford Browm)等人关于青春期形成的同伴团体的研究显示,中学时期,同伴团体开始形成小帮派和同伴群体。小帮派从其同伴选择的过程看是青少年竭力找到与自己相似的人;从社会化过程看,原本不相似的青少年随着对小帮派依赖的加深而变得更相似。

根据儿童和青少年在同伴关系中表现出的社会适宜行为或攻击行为,可以将他们的同伴地位分为几类,包括"受欢迎的""受争议的""被拒绝的""受忽视的"。受欢迎与受争议的差别主要表现为是否表现出攻击行为。社会人际的受欢迎性与攻击行为无关。以前,我们常常低估学校中的欺负行为,事实上,不在少数的学生报告曾在初中时因恃强凌弱而烦忧,而学校教师却认为只有极少数的学生曾经被欺负过。

心理学家将人们旨在通过帮助或分享使他人受益的自愿行动倾向称为"亲社会行为"。我们发现,随迁子女常常陷入"攻击行为误区"。首先,表现在其"责任外部化",即将自己看成受害者,而不是将他们伤害的人看成受害者。他们总是将他们对同伴的攻击解释成同伴总是虐待他。其次,是"错贴标签或最小化",他们通过将自己的行为看得比社会习俗判定的严重程度小来逃脱自己的责任。他们做了错事,不以为然,宣称攻击行为并不那么坏或攻击行为不会真正伤害其他人。心理学家约翰·C. 吉伯斯(John C. Gibbs)称这两种表现为社会道德发展延迟(sociomoral developmental delay)。个体采用这些歪曲认知来降低他们以移情为基础的内疚感或为他们造成的痛苦感和后悔。为了降低他们的内疚和痛苦,个体也许会使他们的攻击行为合理化。攻击性个体有敌意归因偏见或有将他人的意图理解为敌意的倾向。一名有攻击性的学生会将他人在门厅碰了自己解释成故意的,而实际上这次碰撞是偶然发生的。敌意的归因偏见使攻击性儿童不能正确地加工社会信息,所以经常让身处困境的薄弱学校中的孩子做他们力所能及的、对他人有积极意义的事情,他们会感到自己更有力量和价值,会体验到自己的"正能量"并且得到激励,这是对他们最有力量的帮助。

第四章

给农民工随迁子女学校教师的建议

"凡是任何事物在生长的地方,一个塑造者胜过一千个再造者。"① 教师的教学过程是农民工随迁子女城市社会融入的重要过程。作为一名小学教师(特别是班主任),每天平均与孩子相处的时间约为 7 小时,一学年会超过 1400 小时;初中教师(特别是班主任)与学生相处的时间就更长一些。可以说,教师与孩子相处的时间事实上超过了家长与孩子相处的时间,教师在农民工随迁子女城市融入过程中的作用不言而喻。杜威曾以别具风格的视角来描述教师在教育过程中至关重要的作用。他说,教师不是简单地从事训练一个人,而是从事于适当的社会生活的形成;每个教师应当认识到他的职业的尊严,他是社会的公仆,专门从事于维持正常的社会秩序并谋求正确的社会生长,这样,教师是真正的上帝的代言者,真正的天国引路人。② 在以招收农民工随迁子女为主的公办中小学任教的教师,会比在优质学校任教的教师承担更多教学之外的服务工作。随迁子女带着多种多样的生活经历、阶层特点、社会经济和语言背景来到他们的课堂,他们的学生在能力、先前成就和动机水平方面存在差异,甚至有些学生存在智力、学习、情绪、社交或行为方面的障碍和生理障碍,教师需要给予其特殊关注。城市的中小学课堂为个人的成长和学习提供了许多特有的机会。当农民工随迁子女经历生理、社会、情绪和认知上的改变时,教师可

---

① [美]杜威:《学校与社会:明日之学校》,赵祥麟等译,人民教育出版社 2005 年版,第 25 页。

② 同上书,第 4—5 页。

以利用这个机会帮助他们战胜所面临的挑战。通过教会他们评价自己的思维过程，规避低自尊，识别自己的优缺点，同时，学会如何与同伴沟通合作，从而使之充分地了解自己。通过向他们介绍不同的思想见解，帮助他们找到新的兴趣，重构以往的知识，甚至挑战自我成见——这些不仅停留在课堂上，也包括与同伴交往的过程。教师更可贵的方面是作为榜样和召集人，引导城市学生学会正确地对待那些有障碍的同伴，也包括那些与他们有着不同学术和文化背景的同伴，教师的教学任务还有适应来自不同的文化和社会经济背景的学生。地方教育行政部门和学校领导应当关心教师的日常工作，并且给予其鼓励和帮助。福禄培尔提出："学校的首要职责是在合作的和互助的生活中培养儿童，在他们身上培养相互依存的自觉性；实际上帮助他们调整自己，把这种精神贯彻到公开的行动中去。"[1] 对于这方面的观点，杜威引证贺拉斯·曼的一句话："公共学校是人类的最大发现，其他社会机关是医疗的和社会补救的，这个机关是预防和解毒的。"杜威本人就是坚持"学校是作为政治民主的安全工具"这个信念的。

学校和教师在农民工随迁子女面前，不应该扮演"施恩者"的角色，尽管这的确会给他们带来更多的关怀和帮助。"抗逆力"是指个人面对生活逆境时，能够理性地做出正向的、建设性的选择和应对策略的能力。学校和教师重要的工作之一是帮助农民工随迁子女消除环境的障碍，鼓励他们确定自己的学习和生活目标，帮助他们确立自信，增强"抗逆力"。帮助儿童融入学校。学校是农民工随迁子女城市社会融入的主要载体，是否在学校获得认同是考量儿童融入度的重要指标。问题的关键是学校和教师如何依据教育心理学的研究成果促进他们获得学习效能、取得成绩，进而对自己的学业和能力有足够的认可。罗伯特·罗森塔尔和勒诺·雅各布森通过控制课堂情境的方法研究了教师的期望与学生的学习态度和学业变化之间的关系，结果揭示了教师的期望是如何影响学生的自我认知和评价以及学生的自我期望水平。在实际生活中，学习中的期望水平与实际的学业成就有很大关系。学生的学业好坏与教师的期望高低和标签直接相关。

---

[1] ［美］杜威：《学校与社会：明日之学校》，赵祥麟等译，人民教育出版社2005年版，第81页。

第一节　理解学生的发展和差异

美国人权运动领袖马丁·路德·金曾说："一个国家的繁荣，不取决于她的国库之殷实，不取决于她的城堡之坚固，也不取决于她的公共设施之华丽；而取决于她的公民的文明素养，即人民所受的教育，人们的远见卓识和品格的高下。这才是真正的厉害所在，真正的力量所在。"正如马丁·路德·金所说，教育不仅关乎个人的成长与发展，甚至关乎社会和全人类的进步与繁荣。教师，作为人类文明的传递者，通过学校教育对于学生的身心发展实施着重要的影响。随迁子女来自不同的地域，他们具有不同的乡土文化背景，不论在语言和习惯方面，还是在性格和思维方面，他们都表现出明显的差异，甚至有一些随迁子女会跟随父母频繁流动，他们上课内容的连续性不停地被打断，同时，曾经的师生关系和同伴关系也随之中断。流动性不断地破坏随迁子女的社会关系网——儿童学习和成长的重要支持性资源之一，这对于儿童成长所造成的负面影响自然不言而喻。随迁子女来到陌生的大城市，周围的一切都不同于以往的居住地。由于父母长期忙于从事高强度劳动力的工作，他们甚至感受不到家庭的温暖。在学校中遇到学习难以适应、跟不上等困难时，容易衍生出情绪困扰、行为偏差和社会适应不良等问题。学业不良有学生自身的原因，比如学习动力不足、学习能力低等，但学校中教师的教学因素也是造成他们学业不良的重要原因。"教师的主要工作内容就是帮助学生学习，帮助他们成为更具有生产力的社会成员。"[①]许多调查研究都表明，大多数随迁子女不重视自己的学习，学习态度不端正，而且没有良好的学习习惯。许多教师也反映，农民工随迁子女最大的问题就是"不爱学习"。学生为什么不学习呢？教育心理学是这样回答的。

一　他们不相信自己能学会你所教的东西

1977 年，美国心理学家班杜拉提出了自我效能感理论，该理论在 20

---

① ［美］Jeanne Ellis Ormrod：《教育心理学（第四版）》，彭运石等译，陕西师范大学出版社 2006 年版，第 2 页。

世纪 80 年代得到了进一步的丰富和发展。班杜拉认为，人的行为受两个因素影响：一个因素是行为的结果因素，即强化；另一个因素是行为的先行因素，即期待。与传统的行为主义观点不同，班杜拉认为，行为的出现不是由于随后的强化，而是由于个体认知到行为与强化之间的依随关系之后，对下一步强化的期待。他认为，期待分为两种：一种是结果的期待，是人对自己某一行为会导致某一结果的推测，如果个体意识到某一行为会导致某一良好的结果，如奖励、进步等，这种行为就有可能被激活；另一种是效能期待，是个体对自己能否实施某种行为的能力判断，当人判断自己有能力进行某一活动时，这种行为就有可能被激活。因此，班杜拉用"自我效能感"这一概念来指个人对自己能否成功地进行某一行为的主观判断。他认为，当个体意识到某一行为可能会带来良好的结果时，他不一定做出该种行为，只有当他意识到自己有能力做出这种行为时，才会真正地去做。因此，自我效能感是个体行为的重要决定性因素。之后，一些理论家也称之为"胜任感"。自我效能感理论目前已经成为一种业已证实的动机原则，即如果人们相信他们能够学会和掌握某个东西，那么他们就更可能努力去学习它。自我效能感对于激发个体的内在动机尤为重要，研究普遍证实，自我效能感高的学生对于学习的自我监控能力较强，并对其目标定向及学习成绩具有积极的影响。

随迁子女长期的情感缺失，而且父母工作场所的不确定性给他们的生活、学习和心理都带来了新的适应和挑战。新的环境、新的成员、新的内容、新的方法都让随迁子女难以很快适应和融入。与本土的城市儿童相比，他们的内心更加孤独，更加敏感，更加脆弱。在随迁子女个性形成的关键时期，这些很容易导致他们养成自卑的心理，他们不敢也不愿意跟别人交流。在学习过程中，他们常常受挫，学习信心下降，学习的兴趣也随之减弱。他们一般不会把失败归因于"运气"这一不稳定因素，而常常会归因于"能力"这一稳定因素。这些都会导致随迁子女产生低自我效能感，甚至产生无自我效能感。自我效能感会对个体行为产生直接的影响。低自我效能感会让随迁子女更多地考虑到个人的不足，夸大潜在的困难，更多地考虑到可能产生的失败的后果，不能有效地使用和发挥自己的潜力。从情绪体验的角度而言，随迁子女更多的时候会感觉到他们对需要自己应付的事情准备不足，常常会有一定程度的焦虑感。当人们感到自己没有能力完成重要的任务时，会产生无用感和失望感，导致抑郁情绪。另外，自我效能感也是影响个体对行为选择的重要因素。高自我效能感的人会选择与自己能力水平相匹配的工作，而低自我效能感的人则会选择低于自己能力水平或者超过自己能力水平的任务而回避失败感。因此，引导随迁子女进行正确的自我预期，提高他们的自我效能感，对于随迁子女的学习和成长尤为重要。

二 他们还缺乏你预期的知识储备

美国著名心理学家温迪·M. 威廉姆斯（Wendy M. Williams）通过研究发现，儿童家庭中的学习资源，包括书籍、有教育价值的玩具、电脑等辅助学习的电子产品的使用与儿童入学能力准备呈显著的正相关关系。儿童在家庭中越多地使用这类学习工具，他们的入学准备发展得越好。农民工家庭从农村来到城市，虽然各方面都有所改观，但是相对而言，他们的经济条件都比较差，而且大多数随迁子女都不是独生子女，他们的父母微薄的经济收入除补贴家用外，对于子女更大的教育投入往往力不从心。在大多数农民工家庭，他们唯一获取信息的渠道就是电视，而手机仅仅作为通信设备。对于城市儿童而言，他们大多是家中的独生子女，他们的父母有能力进行教育投入，他们家中有充足的教育资源。此外，他们的父母还会利用假期带孩子进行教育实践，参观博物馆、纪念馆等，还会带他们去旅游。而随迁子女到过最大的地方或许就是目前所在的城市，脑海里所存的知识都是从课本上或者电视上了解到的。所以，与在城市长大的孩子相比，随迁子女的知识领域有些狭窄。有研究者说"孩子之间的竞争，归根结底是家长综合素质和付出心力的竞争"。父母是孩子的第一任老师，孩子的素养和成长与他们的父母有着直接的关系。大多数农民工由于自身文化程度的限制，对于子女的教育常常爱莫能助，甚至有些随迁子女的父母没有意识到家庭教育的重要性。在他们看来，父母的责任就是照顾子女的生活，让孩子吃饱穿暖，而教育的事情由学校和老师来负责。他们不懂得培养孩子的兴趣，也不懂得锻炼孩子多方面的能力。他们很少或从不检查孩子的家庭作业，也没能督促孩子养成爱读书、爱学习的良好习惯。当孩子学习上出现问题时，农民工家长大都会将其原因归咎于孩子的努力程度和老师的教学方面，很少会意识到自身的问题。家庭教育资源匮乏，缺少教育实践，再加上他们父母的知识水平有限，这些都造成了随迁子女学习中的一大短板——知识储备单薄。

建构主义学习观强调，学习意义的获得是每个学习者以自己原有的知识经验为基础，对新信息重新认识和编码，建构自己的理解。在这一过程中，学习者原有的知识经验因为新知识经验的进入而发生调整和改变。这一理论充分强调了学生原有的知识经验对于新知识学习的重要作用。建构主义还强调，学习者并不是空着脑袋进入学习环境的。在日常生活和以往各种形式的学习中，他们已经形成了有关的知识经验，他们对任何事物都有自己的看法。即使有些问题是他们从来都没有接触过的，没有现成的经验可以借鉴，但是当问题呈现在他们面前时，他们还是会基于以往的经验，依靠他们的认知能力，形成对问题的解释，提出问题的假设。随迁子女与城市儿童在现成的知识经验丰富程度方面的差距，无疑会是他们学习过程中的一个无形的阻力，因此随迁子女没有足够的背景知识来理解老师在课堂上所传授的知识。然而，正如以上所论述的，在学生学习和认知发展的过程中，其中一个基本的原则就是学生已有的知识经验对他们获得新信息和技能有重要的影响。也就是说，学生对某个话题了解得越多，他们就越更容易、更迅速地了解和拓展有关这个话题的其他问题。

据一位政治老师描述："我在给农民工子女上政治课的时候，运用的方法是，我发现他们不相信自己能学会我所讲的知识或技能（自我效能低），我就从相对简单的材料——他们能轻易掌握的东西——入手。随着时间的推移，逐渐增加难度。倘若他们的抽象思维有限，（关于公民权利）就通过提供图片、熟悉的例子、实际经验或练习某些行为来使材料变得更具体。假若学生的背景知识不够，就找出他们对这个话题了解什么、不了解什么，然后，根据其现有知识进行教学。要特别了解学生生活的社区的其他成员的情况。定期与家长沟通，你就能更充分地认识到学生文化群体的种种信念和惯常做法。"总之，作为教师，我们要充分考虑农民工随迁子女自身以及家庭的特殊性，不能对他们的知识储备预期太高，还有尽可能地实现教学方法的变通，以提高随迁子女的教育成效。

三 他们还没有形成足够的心智技能

苏联心理学家加里培林最早对心智技能进行了系统的研究。他认为，心智技能是由一系列的心智动作构成的，而心智动作是外部实践动作的反映，心智动作是通过实践动作的"内化"而实现的。他还提出，心智动作的形成要经过一系列的阶段，在每一阶段，心智活动的性质和水平都发生相应的变化。他认为，心智动作的形成要经历5个阶段。第一个阶段是活动定向阶段，这是一个准备阶段，学生在这个阶段要了解和熟悉任务，知道做什么和怎么做，从而在头脑中建立起活动的定向映像。第二个阶段是物质活动或物质化活动阶段，在这个阶段，学生借助实物或实物的模型、图表、标本等进行学习。第三个阶段是出声的外部语言活动阶段，这一阶段是以出声的外部语言形式来完成实在的活动的，这是智力技能内化的第二步。第四个阶段是无声的"外部"言语阶段，这一阶段，智力活动是以不出声的外部言语来进行的，它要求对言语活动机制进行很大的改造。加里培林认为，不出声的外部言语形式的活动的形成，是活动向智力水平转化的开始。第五个阶段是内部言语活动阶段，这个阶段，智力活动简化，甚至实现自动化，似乎是不需要意识的参与而进行智力活动的阶段，是名副其实的智力技能形成阶段。心智技能对于知识的学习和能力的发展具有重要意义，它是获得理性经验必不可少的条件和手段。随迁子女家庭教育资源缺乏，而且大多数农村学校的早期教育也不具备促进儿童心智技能形成的条件。此外，随迁子女处在陌生的环境中，语言沟通不畅也极有可能成为阻碍他们心智技能形成的重要因素。

中国的学者也对心智技能的形成进行了相关研究，北京师范大学心理系著名的冯忠良教授，经过长期的"结构—定向"实验，提出了智力技能形成的阶段论。他认为，智力技能形成的第一个阶段是原型定向阶段，这个阶段，学生要了解智力活动的实践方式和操作程序，明确活动的方向。第二个阶段是原型操作阶段，这个阶段的活动执行在物质或物质化水平，学生会依据智力技能的实践模式进行实际操作。第五个阶段是原型内化阶段，学生离开原型中的物质客体与外观形式而转向头脑内部，借助于言语作用于观念性的对象，从而对对象进行加工改造，使原型在学生头脑中转化为心理结构内容，达到内化水平。心智技能的形成需要经历一个比较长的过程，但是一旦形成以后，就会大幅度地提高学习者解决问题的能力。随迁子女的早期教育不受重视，他们大多时候都是机械式的接受学习。相反，城市儿童由于父母文化层次的许可，他们的思维能力、抽象能力从小就在各种亲子互动中得到了锻炼。正如人们常说的"见多才会识广"一样，随迁子女所储备的知识面较为狭窄、阅历较少，不能很好地扩散思维，实现知识迁移，举一反三。由于随迁子女与同龄的城市儿童存在知识鸿沟，面对同样的问题，他们常常会表现的"慢半拍"。久而久之，也就出现了这样的现状：流动学生的成绩相对较差，流动学生的辍学率较高。心智技能对于个体日常生活和学习中的问题的解决非常重要，个体心智技能水平直接关系他们智力活动的成效。但是，个体的心智技能不是一成不变的，学生可以在教学活动中形成和提高自身的心智技能。因此，在教学活动中，教师要有意识地进行引导和培养，尽可能地使随迁子女的心智技能达到理想的水平。

四 习得性无助的形成与矫正

帕森斯在论述学校的"社会化"和"选择"功能时，强调学生在学校中是否能学习成功，一定程度上取决于个体的不可控因素——遗传智商，但更多地依赖学生内化学校普遍化价值的能力。对于学校价值成功内化的一个决定性威胁是"同伙群体"。一旦内化失败，它就成了一个可依赖的群体。在学校，儿童竭力寻找同伙群体，部分地是为了逃避学校的价值。[1] 帕森斯认为，走入社会的人进入哪个阶层与他在学校时最初的认同选择直接相关。通常，下层阶级出身的学生更容易认同同伙群体，从而导致低成就；中产阶级出身的孩子容易培养学校要求的成功的价值观念，从而获得高成就。而这种区分的前提是对"高分"这一"符号性奖赏"的获得数量。高分是获得有利地位和巨大财富的工具性手段，中国自古就有"书中自有颜如玉，书中自有黄金屋"的论断。进而，如同人们用符号来表示普遍性的成就一样，分数就演变成一种人们用文化价值的方式表现出来的符号性奖赏。分数分配逐渐被有效地合法化为个人能力与地位的标志而被接受。这样，人们对于成功与失败的评价只能从个人身上检讨，而不

---

[1] 钱民辉：《教育社会学概论》，北京大学出版社2010年版，第75页。

能对学校的价值和标准产生怀疑。儿童在成功和失败方面的体验，影响着其自尊和动机的发展。儿童虽然并不总是以相同的速度来发展技能和能力，但却是以多少能预见的顺序来发展技能和能力的。儿童的发展取决于环境和遗传，其中，环境包括家庭环境、学校环境和社会环境，同伴群体是学校环境的重要组成部分。

社会交往在维果茨基和皮亚杰的理论中都是一个关键的要素。维果茨基强调儿童和成人之间的对话的重要性，并将这种对话作为帮助儿童获得思考和解释物体和事件的更成熟方式的一种途径。皮亚杰和维果茨基都指出，当儿童意见不合、相互争论时，他们开始意识到任何情形往往都可以从多个角度去看待（社群融合）。语言发展也在很大程度上取决于社会交往。儿童只有在遇到其他人的语言时，才能学会去理解和创造语言。儿童的社会世界不仅在其认知和语言发展这一范畴有影响，而且对个人、社会和道德发展也能产生影响。随迁子女跟随父母由老家转入新的城市，在新的学校中，他们面临着"外地人"的身份标签。与城市儿童相对优越的家庭资本所带来的种种优越感相比，随迁子女会感到自己不论是穿着还是日常用品和学习用具都比不上出生于城里的儿童。再加上课堂上，城市儿童与老师踊跃地互动，他们多才多艺，学习成绩优异。日积月累，随迁子女的学习体验感不断下降，感觉自己与城市学校的氛围格格不入，如同自己被遗忘了一样。这样很容易导致随迁子女形成物质上和教育上的"仇富心理"。在团队协作的活动中，他们只能做一个听话的服从者，而很少能自告奋勇地承担领导的职责。他们的社交能力有限，难以建立牢固的社交关系网络。随迁子女在人际交往方面的困境，也应该引起教育工作者的足够重视。在教学实践中，教师要注意正确引导、帮助随迁子女融入集体生活，让他们感受到集体的温暖，感受到同伴群体的力量。

第二节　社会联结理论与随迁子女品德养成

杜威在《教育中的道德原理》一书中详细阐述了社会道德与学校道德的统一性。"不能有两种伦理原则，一套是为校内生活的，一套是为校外生活的。"他认为，社会是一个民主的、进步的社会，儿童要成为其中一个成员，首先必须教育儿童能领导也能服从，他必须具有自我指导的能力、管理能力、承担负责工作的能力。1897年，应《学校日报》的要求，杜威发表了著名的《我的教育信条》，他在第一个信条中说明了什么是教育。杜威认为，一切教育都是在个人参与人类的社会意识的过程中进行的，而这个过程几乎是从个体出生时无意识地就开始了的。这样的无意识教育，不断提升个人的能力，锻炼个人思想，熏染个人意识，形成个人习惯，并不断激发个人的感情和情绪。在这种不知不觉的教育中，个人便渐渐分享人类积累下来的智慧和道德的财富，成为一个固有文化资本的继承者。由此可知，"教育即生活"，教育应该是经验的继续改造，教育的目的和过程是完全相同的东西。学校课程的内容应当注意到要从社会生活的最初不自觉的统一体中逐渐分化出来。

绝大多数的道德发展理论都是基于家庭、同伴和学校背景进行研究的，他们为我们提供了如何促进儿童和青少年道德发展的建议。而农民工家庭给予子女的道德教育有时是不尽如人意的，为削减这种弱势性，学校必须适当地承担家庭环境的教育责任。教师对学生应给予情感支持，为学生建立"强连接"，通过接纳、尊重、理解等工作技巧，帮助学生增强自信，发现自己的能力和资源，实现自身发展。比如，采用"引导"的方式，教师通过讲述每种选择的结果以及让儿童思考他人的情绪来解释纪律。再比如，通过"移情"的视角，这种体验和理解他人情感、情境或动机的能力，对于亲社会道德的发展是最根本的。而这些策略也可以由母亲转移到教师身上。

一　家庭环境责任的学校承担

在研究随迁子女居于未成年人犯罪高位问题之前，应当分析哪些因素可能是越轨行为产生的刺激物和温床。中国预防青少年研究会主持进行的"全国未成年犯抽样调查"结果显示，未成年犯在犯罪前有不良行为的比例远远高于普通中学生将近20倍；调查呈现了未成年犯的6种不良行为。它们按比例由高到低排列分别是"吸烟""夜不归宿""和社会不良青少年交往""逃学、旷课""喝酒""打架斗殴"。而且研究还显示，有八成左右的未成年犯都有过这些不良行为。对于未成年犯发生率较高的不良行为，如"夜不归宿""逃学、旷课""和社会不良青少年交往""打架斗殴""玩网络暴力游戏"等,在普通中学生中的发生率也是相对较高的。这种趋势上的共性也充分说明了这类不良行为矫治对预防未成年人犯罪至关重要。这就不能不提及"拥挤理论"以及由它衍生的"撤出论",它们很好地解释了青少年产生越轨行为的初始原因,为家庭、学校和社会敲响了警钟。

家庭是对儿童实施道德教育的重要场所,但是基于前文所阐释的农民工家庭的种种限制,我们认为,应该把家庭承担的道德教育工作转移到学校。随迁子女常常陷入人际关系困境,主要表现为几种类型:沉默寡言型,他们通常自我封闭,自信心不足,不爱说话,也不喜欢与人打交道;遭人排挤型,通常自我意识强烈,对人、对事坚持己见,容易与人产生误会和发生争执;行为偏激型,态度傲慢,一意孤行,不服管教,经常与同学、老师和家长发生冲突;专横霸道型,凭借自己健壮的身体、优越的家世、出格的言行或特有的技能欺负弱小,拉帮结派,与人为敌,以此达到扩大影响、彰显个性、抵制权威、表达自我的内在目的。

学校应该重视思想品德课程的开设和实施,应当让思想品德课以"专业课的姿态帮助他们克服与同学和老师、家长沟通中的困难,促进随迁子女的品德养成这一目标的真正落实"。思想品德课的目标在于培育学生的 5 个核心能力和 3 个方面的积极行为,包括辨别是非的能力、有效处理人际关系的社交能力、促进学业发展的认知能力、理智情绪表达和情绪控制的能力和理性采取行动的能力;以及与健康成年人和益友的关系、自我效能感和亲社会规范的积极行为。我们认为,教育工作者应在学校领域内帮助随迁子女掌握和灵活运用社会技能,提升社会能力,提高情绪智力,更好地适应城市学习和生活。具体从以下几方面进行引导。

(一)建立公民意识——融入的显性指标

促进社交能力的第一步是帮助学生建立公民意识,鼓励学生多了解发生在祖国大地上的事情。引导学生了解中国的文化传统对日常生活的影响,借此增强与国家的亲密感,增强对国家的归属感。引导随迁子女欣赏居住城市的事物,帮助他们认识自己所生活的城市,从而增强他们的"乡土情怀"和主人翁意识。另外,教师要帮助城市学生增加对随迁子女的了解,引导他们明白在日常生活中不应该歧视来自不同地区的学生，要增进学生的集体荣誉感，互帮互助，立志共同建立和谐美好的社会。

（二）尊重父母，远离损友

和学生一起分析子女与父母发生冲突的原因，通过鼓励学生分享自己与父母相处时的真实情况，使其学会面对和处理与父母的争执。让学生明白从不同角度所看到的事实会有所不同，因为不同角色有不同的责任，学会多与父母沟通，鼓励大家坦诚对话，尽量不用争吵的方法解决问题。巩固学生与父母的关系，帮助学生反思一直以来在家庭所获得的照顾，尊重、理解和孝顺父母。教导学生理解父母含辛茹苦的真挚的爱，可能由于不会表达而没有被学生所接受，角色模拟敞开学生心扉，提供更多的理解。

（三）提升学生分辨是非的能力

分辨是非能力是指个人做出利他行为表现的倾向，以及对道德议题做出合理、公平、符合公众利益的判断能力。随迁子女从闭塞的农村来到较为繁华的城市，他们的视觉感受发生了很大的变化。特别是在如今的网络时代，路边、街角、网吧充斥着许多闲散人员，他们容易诱导学生误入歧途。教师要防患于未然，引导学生分辨益友和损友，学习拒绝诱惑的方法，并向学生提供一些拒绝诱惑的小锦囊。引导学生掌握公平的内涵及其重要性，鼓励学生在日常生活中要坚持公平原则。鼓励学生在公共场所时刻保持自律，并为他人设想；引导学生学会在追求公平时懂得尊重别人并顾及他人的需要和感受，引导学生懂得反省自私的行为，从而学会顾及他人的需要，帮助他人。引导学生探讨与朋友发生矛盾时应有的态度，使学生明白必须认真、严肃地对待朋友之间的矛盾，以完善学生尽责的动机。引导学生探讨诚信议题，建立诚实和勇于承担自己行为的价值原则，并做出道德决定。

（四）促进学生培养亲社会规范的能力

亲社会规范是一种明确的、正面的、健康的、合乎道德的标准，有助于学生增强群体信念和群体行为，包括利他信念、合作、分享、关怀、援助、对他人负责等。教师要引导学生明白人与人之间的关系就像两个人踩跷跷板一样，你给我力量，我就给你力量；你给我好处，我就给你好处。学生要懂得心存感激，感恩父母、老师、同学甚至身边的每一个人。当别人遇到困难的时候，我们要主动提供帮助。特别要强调的是，城市儿童要在学习和生活上主动为农民工随迁子女提供力所能及的帮助。另外，教师也要强调，当我们接受了别人的帮助之后，要有"滴水之恩应以涌泉相报"的精神，还要引导学生理解、尊重法律，熟悉人际交往中所需要依从的道德规范，并学会学校和家庭等日常生活中的行为规则。

二 学校加强心理健康教育的力度

世界卫生组织界定的全面健康的含义是健康是一种身体上、精神上和社会适应上的完好状态，而不是没有疾病及虚弱的现象。西方心理卫生组织机构对心理健康的解释是心理健康是促使人的积极心理状态形成和防止人的消极心理状态的发生。心理健康（mental health）又叫作"心理保健"或"精神卫生"。随迁子女大多数处于中小学阶段。5—12岁的小学生正值童年期，在这个阶段，儿童自我评价发展的总趋势是从具体到抽象的过渡，是从外显行为的评价到内部心理世界评价的发展过程。越到高年级，小学生越能依靠想象性的道德情感来调控自己的行为。中学期，即青春前期（初中）和青春中期（高中），是儿童从童年向成年、从幼稚变为成熟的一段承前启后的时期。在这个时期里，他们一方面正在竭力摆脱童年时期的幼稚状态，向成人过渡，要求像大人那样行事；但另一方面，又还不成熟，并没有完全具备成年人所具有的特征和能力。因此，他们的内心生活充满矛盾和冲突，处于一种非常不稳定和不平衡的状态之中。如果没有及时地正确引导、科学地教育和维护，他们的情绪、生活、行为活动和性格特征就会发生种种问题，就会造成他们心理上的各种不良反应，各种心理障碍和越轨行为。

农民工随迁子女家庭经济条件较差，家庭教育薄弱，生存环境复杂，生活压力大，人际交往受阻，自身能力有限，这一系列的问题都有可能导致农民工随迁子女的心理不健康倾向。因家庭和父母的原因而造成他们缺乏信心和自卑心理，甚至造成抑郁；因学习困难等因素而造成他们旷课、逃学和辍学等厌倦放弃心理；因遭受同龄人的歧视、人际交往受阻等问题引发的逆反、嫉妒、甚至敌对的心理。这些问题都会阻碍他们的健康成长和更好的发展。根据世界卫生组织对于健康的全面定义，我们进一步了解到，个体的健康不单单指身体健康，还包括心理健康。要想让学生健康发展，绝对不能忽视心理健康教育，学校应该重视学生的心理健康教育工作。然而，相关调查表明，大多数的农民工子弟学校和处在城乡接合部的公立学校教学设施比较差，基本没有专门从事心理健康教育的老师，只有少数的城市学校才会重视学生的心理健康教育。对于农民工随迁子女而言，他们的心理发展受外界干扰的可能性要比一般的孩子大得多，但是他们所能得到的心理引导又比一般孩子少得多。因此，随迁子女很容易出现心理发展不健康问题，出现不良心理现象。如果不对他们进行心理教育，这些不良心理现象将继续滋生，严重的还会成为一种心理疾病。所以农民工随迁子女的心理健康教育迫在眉睫，学校需要高度重视。我们认为，要把课堂作为健康心理和人格教育的主阵地，还要努力营造学校健康的心理教育环境，正确引导儿童的健康成长。

第三节 优势视角理论与随迁子女弱势性的消解

中国城乡户籍制度的二元结构一直以来都是制约农民工及其随迁子女在城市生活、工作和学习的根源。受户籍制度的影响，城市人与农村人便有了事实上的身份等级。在二元分治的户籍制发生作用的前提下，被屏蔽在城市社会资源之外的农民工的劳动力向城市转移。"农民工"以一种特殊的过渡方式进入城市，由此职业身份与户籍身份发生分离。农民工在身份和地位上存在的不平等造成了其在城市社会中的弱势。不论是在社会身份、工作环境等物质生活条件上，还是在社会交往和生活方式等方面，农民工均处于弱势地位。户籍制的限制作用与教育政策结合在一起，对农民工随迁子女的教育构成了巨大的限制和阻碍。随迁子女敏感地意识到自己的非城市户籍身份，又由于家庭经济困难以及在学校表现出来的学业困难和交往困难，他们会出现"习得性无助"。农民工家庭多经济状况不宽裕，孩子在经济上有压力。同时，农民工工作比较累、工作时间长，他们对孩子的关注力不从心，甚至是疏于照顾和关心。家庭因素造成的这些问题可能对孩子的社会适应和人格发展造成不良影响，甚至导致孩子形成孤僻的个性和自卑的心理。这些可能影响孩子的学习成绩或导致其他行为问题的产生。户籍制度除了为农民工子女的教育融入带来制度上的障碍外,更为深刻的是,其带来的非制度性影响,即对农民工及其子女的歧视性文化观念。农民工子女的社会身份使得城市的老师和同学容易将一些歧视性观念赋予他们,随之而来的就是在教学过程中和在社会资本交往中的区别对待。这在很大程度上增加了农民工子女在受教育过程中的弱势性。

一 关注随迁子女的情绪体验与动机水平

情绪是生理、行为和情感体验的复合体,对学生在学校的表现有直接影响。情绪智力对个体在学业和更大的生活领域中产生影响。拥有良好的情绪运用能力和更理解他人情绪的学生具有某种社会性或学业优势。心理学家彼得·塞罗韦(Peter Salovey)和约翰·梅尔(John Mayer)首先提出情绪智力(emotional intelligence,EI)的概念,将其定义为知觉、表达、理解和管理情绪的能力。随着丹尼尔·戈尔曼(Daniel Goleman)的《情绪智力:为什么它比 IQ 更重要》一书的问世,情绪智力建构开始被关注。丹尼尔·戈尔曼指出,情绪智力的概念将教学重点从作为学校和生活成功的一个预测因素的孤立认知能力转向情绪和社会因素的作用。IQ 只决定个体职业成功的 20%,成功的大部分是由其他因素决定的。丹尼尔·戈尔曼将情绪智力的概念扩展到 5 个主要维度:情绪理解、对他们情绪的反应、情绪调节、自我激励和关系中的情绪。教师应在学校领域内帮助农民工随迁子女掌握和灵活运用社会技能,提升社会能力,提高情绪智力,更好地适应城市学习和生活。情绪理解是一种区分和解释自己的情绪以及知觉和理解他人情绪的能力。在小学中年级以后,在自己做错了事情时,学生会产生内疚和羞愧感,教师不要把内疚和羞愧的情绪仅仅当作不愉快的反应,更要知道它们是儿童发展的一个很好的征兆。

美国著名心理学家阿诺德提出了著名的认知评价情绪理论,她强调了认知评价在情绪中的作用,她也探讨了情绪与动机的密切关系。她为了阐释情绪与动机的关系,构建了一个行动序列:感知—评价—产生情绪—需要—思考—行动。她认为,当个体感知一个刺激事件时,首先会对它进行评价;这些评价往往是一种主观上感受到的经验,之后会导致情绪反应;而情绪反应又会促使某些行动需要的产生,从而对刺激事件做出应答;这些需要通常是多种多样的,人们通过对这些需要的思考，来决定自己所追求或要实现的需要；然后，个体所选择出来的需要进一步构成动机，激发各自相应的行动。阿诺德在这个"行动序列"中，主要强调了两个方面的问题：一方面，是情绪通过影响人们的需要进而引起个体的动机和行为，也就是说，阿诺德认为，情绪是通过影响个体追求的目标及策略来引发或改变人的需要，使人追求或拥有对自己有益的目标，或者回避或放弃有害的目标；另一方面，个体在经过有意识的思考之后，决定最终构成动机的需要，从而引起动机和行为。也就是说，阿诺德认为，与情绪产生前的"评价"不同，情绪产生后的"思考"是一种有意识的信息加工，它借助以往的知识经验或"记忆中的成败经历"，对已产生的若干需要及其行动目标和方式进行比较和选择，从而决定和影响最终构成动机的需要。尽管她的这方面研究没有得到应有的重视，但是也给了我们很大的启发。大量有关随迁子女的调查研究表明，大多数随迁子女没有很好的学习动机，他们不会设定学习目标，也不会很好地进行自我监督、自我管理和自我调节。因此，教师在教育过程中要关注他们的情绪问题，帮助他们有效抵制不良情绪，进而激发他们的学习动机。

二　学校同群文化对随迁子女心理资本的提升

班杜拉在1986年扩展了他的观察学习理论，超出了环境和个体行为之间的历史性联系，囊括了更多的个人变量。他的理论发展成具有因果关系的三元交互决定论模型（如图4—1所示）。他认为，个体的学习是个人因素、环境因素和行为因素3个方面交互作用的结果。行为因素包括行为和表现的抉择；环境因素包括家庭、学校等不同的环境背景，以及这些背景下的各种社会化因素，比如父母、教师、各种象征性榜样等；个人因素包括性格、气质、身体特征以及内部的认知加工，比如目标、信念和态度。他认为，个人行为的产生机制是，个人因素和环境因素交互作用从而影响个人行为。比如，一名教师的教学风格（环境因素）可能会影响学生学习的投入程度（个人因素），从而影响学生的学习表现（行为因素）。班杜拉则不认为任何依靠直接经验获得的行为都能通过观察榜样的行为获得，这就是观察学习，即替代学习。

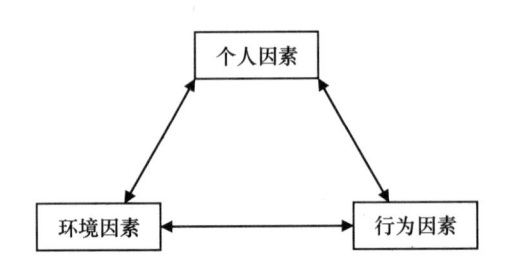

图 4—1 班杜拉的因果关系三元决定论模型

随迁子女进入城市以后,他们的周围到处充斥着陌生感。构建和谐的校园和班级环境,对于他们的校园融入具有重要的作用。相关研究表明,处于良性人际关系圈的学生陷入逆境与危机的概率相对较低。这些学生身边有具有积极生活态度的同学,等于是在他们周围建立起了正向保护因子。当个体真正遭遇危机或挑战时,周围环境中的保护因子能够为学生构筑一道安全屏障,有助于缓冲压力,并促成抗逆力。抗逆力形成的关键因素是关怀与支持,缺少关怀的人几乎不可能克服逆境。教师决不能放弃任何学生,要对学生怀有殷切的希望,关怀每名学生,强调合作,淡化竞争;帮助学生获得优异成绩,鼓励学生做课堂的主人;接纳每名学生的独特性,决不给学生贴标签,使班级和校园成为一方乐土;实现多元智能、多元方式、多种类型的学生和谐共处。

教师还应注重农民工随迁子女的亲社会联结,积极组织有意义的学生活动,创造机会增加学生之间的接触和交流,让他们建立健康的同辈关系,做到相互学习、彼此鼓励。比如教师可以组织"欢迎新来者"的活动,通过迎接新同学的活动来帮助他们平稳地过渡到新的学习环境中。还可以组织一些如"密友系统"的活动,让老学生与新学生结成对子,增加新老同学的沟通机会。尽可能让学生参与学校和班级纪律的制定,包括执行步骤与奖惩措施;学校应努力建设制度文化,以纪律和权利的方式将行为界限具体化,明确规定学生能做什么、不能做什么,帮助新生了解新学校的进度安排和规则等。作为农民工随迁子女的教师,如果能够把学生看成"资源"而不是被动的"物品"或"麻烦",充分利用一切机会挖掘随迁子女的潜力和优点,将会使学生获得更大的提升。此外,教师可以把班级管理和纪律监督的工作交给学生,对学生进行领导力培训,增强其归属感和责任感。教师也要注重在集体中锻炼提高随迁子女的生活能力，其中包括自我决策能力、沟通能力、合作能力；在现实情境下解决问题、辨别是非、抵制诱惑，并且能进行自我压力管理；从专业的视角审视学生是否真正领会、内化和运用了这些能力。教师需要在行动前向学生明确这些能力的意义和表现，激发学生掌握这些技能，进而成为自发的行动。

三 从优势视角看待学生

优势视角理论是从批判传统的问题视角和缺陷模式开始的，它反对把需要帮助的人标签化，反对用悲观主义和怀疑主义的语言来描述处境困难的人，它反对传统的社会工作将个体抽离环境，最终将问题的根源归结于个人，克服基本归因偏差。

优势视角理论反对孤立或专注地集中于问题，而是看到学生的内在潜力和可能性。在创伤、痛苦和困境中帮助学生寻找希望，并将希望转化为行动，最终使其走出困境。很多人坚信"木桶理论"，总是认为短板决定盛水的多少。当一个孩子有某一短处的时候，许多家庭、学校都着急地做一件事，就是去补短。补短教育固然从某种意义上是重要的，但是太多的目光聚焦于短处，就会不淡定，老摇摆不定，担心输在起跑线上，最后就真的输了，甚至连优势也没有展示出来。不是每个有成就的人都没有短板的，人生更多的时候是以长处和希望来度日的。关于抗逆力的研究直接影响了优势视角理论的发展，20世纪70年代，心理学家沃林（S. J. Wolin）等从关于儿童的研究中发现，有的儿童或青少年暴露在高危的环境中，却能良好地适应和发展。进而，用"抗逆力"一词来表述一种即使身陷明显的特定压力和困境中也不会退缩，也不会表现出不良的行为品质。老师应运用优势视角理论帮助学生消除其弱势，提升学生的抗逆力，教会学生从学会追求赢到学会坦然面对输。

（一）增强权能

对于"权能"这个概念，一般要从3个层次上理解。首先是个人层次，指的是个人感觉自己有能力去影响或解决问题；其次是人际层次，指的是个人和他人合作促成问题解决的经验形成；最后是环境层次，指主体能够改变那些不利于个人权能发展的制度安排。为了发挥农民工随迁子女在学校和班级中的内在能力，教师必须推翻和抛弃歧视性标签，为农民工随迁子女展示自己的才能提供机会；避免对随迁子女的过度保护，抛弃父爱主义；信任随迁子女的能力和他们的梦想，即确信权能不是仅由少数人拥有的稀缺资源，在人们的有效互动过程中，权能是可以不断被衍生出来的。学校和教师应注重帮助随迁子女学校融入的过程，至少包括 5 个方面：一是和学生建构起协同的伙伴关系；二是重视随迁子女的能力而非缺陷；三是注重人与环境这两个工作焦点；四是确认随迁子女是积极的主体，告知其应有的权利、责任、需求及申诉渠道；五是发挥教育学和心理学的专业特长，帮助长期处于"确权"状态的学生。

（二）认可成员资格

成员资格是一种身份、一种权利、一种参与的机会和责任。教师应承认随迁子女和城市学生身份平等，无差别地把他们看作是同一个学校、同一个班级的成员，要让他们享受由成员身份带来的自信、尊重和责任，也要促进学生提升采取行动的能力。这种能力主要是指学生展现出的能够为社会接纳的常规社交行为的能力，既包括语言行为能力，也包括非语言的行为能力，是获得和发挥成员资格的基础。教师要注重改善随迁子女的常规社交行为，教导学生如何分辨善意批评和恶意批评，让学生理解道歉的重要性，指导学生如何赞赏别人和正确回应别人对自己的赞赏，从而感受赞赏及获得赞赏的快乐，引导学生用宽容的态度对待身边的人，同时，让学生明白，责怪别人和以有仇必报的心态处理事情，不但不能解决问题，反而会伤害自己。

（三）提升自我效能感

拥有较高自我效能感的人通常会相信自己有能力胜任所承担的工作。自我效能感通常受到 5 种因素的影响：个人的成功经验、他人的成功经验、想象成功的经验、旁人的观点和意见、身体情绪状态。消解随迁子女的弱势，教师需要在增强其自我效能感方面做工作。首先让他们明白在订立目标时要尽量符合 SMART 原则：具体的（Specific）、有意义的（Meaningful）、可做到的（Achievable）、实际的（Realistic）、适时的（Timely），然后协助学生制定切实可行的目标。另外，要让学生明白，在践行自己目标的过程中需要按照自己的精力和能力适时地做出调整，这样才能真正体会到成功实现目标后所带来的自我效能感。帮助学生提升学习方面的自我效能感，帮助学生采取"学习攻略大搜查"，包括建立学习目标、增强困难或障碍的能力，提升学习成效的方法、有效时间管理等。了解不同的学习策略，最终发掘出适合个人的学习策略。引导学生学习识破 4 种常见的扭曲思想，即"非黑即白"，以"绝对"的思想看人；"灰色眼镜"，指看待问题时，只着眼于负面或令人感到沮丧的地方而忽略其他好的方面；"以偏概全"，把个别事件或贬低自己的想法无限放大；"透视心意"，单凭直觉猜测别人的想法和用心，还信以为真，从而减少扭曲思想的负面影响。引导学生理解父母的期望，增强亲子关系，学会体谅父母，能理解说负面话语时的心情，以自我肯定提升自我效能感。还要引导学生明白理想的含义，明白理想对人生的重要性，培养冲破环境局限并实现理想的个人素质。引导学生通过对未来的憧憬激发实现理想的动力，并努力付诸实践，以增强其自我效能感。

四　借助"登门槛"效应促进学生的社会能力发展

心理学中的"登门槛效应"说的是，当请求别人帮助时，如果一开始就向对方提出一个较高的要求，很容易遭到拒绝，而如果先提出较小要求，对方同意后再提出进一步的要求，逐步缩小差距，更容易达到目标。

随迁子女中的大多数是有过不安全依恋经历的儿童，他们倾向于在同伴关系中表现出更多的退缩和消极性，表现出更多的行为问题。父母的不敏感和不负责可能会导致支持同伴关系所需要的情绪和社会资源的缺乏和扭曲。如果学前期儿童的父母经历高水平的压力，如贫困、搬家或其他重要的生活事件，这些孩子更少可能被教师评定为有社会能力。促进随迁子女融入城市校园，首先要提升随迁子女的社会能力。社会能力与许多积极的结果有关，因此学校和教师应重视对学生社会能力的培养和提升。比如，为儿童个体选择促进其发展的特定的至关重要的社会技能。这些可能包括人际交流观点选择，以他人感到舒服的方式对他人的社会主动性进行理解和反应，午饭时对要求坐在你旁边的同学表示欢迎，对于和你一起分享和帮助你的人说"谢谢"。为学生提供榜样或直接的指导，将缺乏社会技能的学生与社会技能强的学生分为一组，教育者可以为儿童提供观察学习的机会。

有经验的德育教师在做学生工作时，总是先让学生承诺完成一件比较容易的任务，待任务完成后，再接着提出更大的要求。这正是利用了心理学中的"认知协调"理论。先提出很容易接受的较小的道德要求，然后再提出目的指向较大的要求，进而循循善诱，逐步提高学生的思想道德水平。随迁子女大多数比较敏感、心理承受能力比较弱，他们会因目标的不可企及而失去兴趣，甚至对教师、家长形成心理抵触情绪，使已获得的教育成果付之东流。因此在引导农民工随迁子女融入城市校园的过程中，教师要善于运用"登门槛效应"，特别是对于那些所谓的"问题孩子""学困生"，不能一下子期望他们有多大的进步，也不能给他们定太高的目标，而是要采用目标分解法，遵循渐进原则。首先为他们设计"跳一跳，够得到"的可接受的目标，让他们体验成功的感受，增强自信心。这样，我们的教育目标才能最终实现。我们常把目标定在梦想的终点处，结果在过程中就疲惫不堪，我们被前面那段遥远的路程给吓到了，而分段实现自己的目标往往能够成功。教师对农民工随迁子女进步的要求也应该是"登门槛"的过程，即小步子地、耐心地提出阶段性的目标，通过分段实现，矫正他们的无助感，从而获得控制感，形成自我效能感。

第四节　构建和谐师生关系

教师和学生是教育系统中的两个基本要素，是教育活动的主要承担者。教师作为履行教育教学职责的专业人员，他们肩负着教书育人、培养社会建设者和提高民族素质的神圣使命。因此，有人说教师是太阳下最光辉的职业。教师的劳动具有重大的社会价值，教师对于个体的成长，对于人类社会的延续、发展和进步发挥着无可替代的作用。学生既是教育的对象又是教育的主体，促进学生的健康成长和发展是教育工作的出发点，也是教育工作的最终归宿。师生关系是在教育过程中，为完成共同的教育任务，教师和学生之间形成的一种特定的关系，它是社会关系的一个组成部分。它也是一种特殊的人际关系，是教师和学生以各自独特的身份和地位通过教与学的直接交流活动而形成的关系体系，具有多性质、多层次的特点。师生关系是校园文化的重要内容，是一所学校精神风貌、校风、教风、学风的整体反映，也是最直观的反映。此外，师生关系也是一定历史阶段社会关系的反映，在不同社会制度下有着不同的性质。封建社会的师生关系受封建等级制度的制约，并服从封建统治阶级的目的，强调师道尊严是一种不平等的师生关系；学生只能绝对服从，不能反问质疑。这是以教师为中心，用棍棒来维持学校纪律，以压抑学生身心发展的封建社会的师生关系。随着封建社会向资本主义社会的过渡，新兴资产阶级的思想家提倡资产阶级的"自由""民主"和人的个性解放，提倡以儿童为中心，充分发展学生的潜能，继而产生了以学生为中心的师生关系。中国在社会主义条件下，人与人之间的关系是民主平等的关系，这是中国新型师生关系的基础，这种关系反映在教育上，即教育教师为培养全面发展的一代社会主义新人而努力，学生为实现四个现代化而奋发学习，双方的教育活动是建立在民主平等的基础上的。师生关系对于学校精神文化的建设和学生在校的发展以及今后的成长，都起着重要的作用。良好的师生关系是教育教学活动顺利进行的重要条件，是衡量教师和学生学校生活质量的重要指标，而且也是师生在教育教学活动中的价值和生命意义的重要体现。

一　善教者使人继其志

卢梭认为，一个人在敢于担当培养别人的任务之前，自己首先要成为一个道德卓越的人。教师不但应当受过良好的教育、有智慧，而且应该在品格上足以成为学生的榜样。有关研究也表明，在对教师的评价中，学生对教师师道的重视程度胜于对教师技能和技巧的重视程度。教师人格对学生的人格塑造有着重要的影响。教师的人格是影响师生关系的核心因素。教师的师德修养、知识能力、教育态度、个性心理品质无不对学生产生深刻的影响。教师要使师生关系和谐，就必须通过自己崇高的理想、科学的世界观、人生观、渊博的知识、严谨的治学态度、活泼开朗的性格、多方面的爱好和兴趣来吸引学生。据相关研究显示，许多农民工子弟学校由于待遇差、私立等原因，都招不到好老师。教师不重视对学生的教学，农民工子弟学校缺乏一种良好的学习氛围，也缺乏和谐的校园文化和人文气氛。为此，教师必须加强自身的学习，提高自身的研究能力，使自己更加智慧；教师也要经常进行自我反思，给予自己正确的评价，克服个人的偏见和定势；培养自己多方面的兴趣和积极向上的人生观；学会自我控制，培养耐心、豁达、宽容、理解等个性品质。

在知觉他人时，人们往往根据少量的信息将人分成好坏两种，如果认为某人是"好"的，则被一种好的光环所笼罩，赋予其一切好的品质；

如果认为某人是"坏"的，就被一种坏的阴影所笼罩，认为这个人所有的品质都很坏。这种对于一个人的好坏特征形成某种印象之后就倾向于据此推论此人其他方面特征的现象，社会心理学把它叫作"晕轮效应"。这就像月亮形成的光环一样，向周围弥漫、扩散，从而掩盖了其他方面的品质和特点，所以也形象地称之为"光环效应"。教师要重视教师自己本身的积极光环对教育的有利影响。榜样的力量是无穷的。学生很多时间都在学校里，与教师接触得比较多，他们会有意无意地模仿教师的行为。古人云："亲其师，信其道。"爱屋及乌，如果教师在学生心中有一个好的形象，即有一个积极的光环，学生就乐意接近老师、信任老师，则教师对学生的教育就能够起到事半功倍的效果。教师对学生影响最大的就是品德修养、严谨的工作作风、渊博的学识等，这几方面都容易形成积极的光环。大量的调查表明，品德高尚、学识渊博、工作严谨、态度求实、公正的教师易对学生产生亲和力，教师的治学态度、责任感、敬业精神、精辟观点、人生态度，所有细微处都会成为学生学习的榜样和成长的动力。

二 人们喜欢喜欢自己的人

社会心理学家纽卡姆在1961年曾通过一项实验表明，彼此之前的态度和价值观越相似的人，他们相互之间的吸引力就越大。20世纪70年代，有一位社会心理学家做了这样的研究，实验者穿着不同风格的衣服，到校园里向大学生要一毛钱打电话，当实验者的穿着与被问到的学生是同一种风格时，超过2/3的学生都会给出一毛钱。但是，当实验者的穿着风格与被问到的学生不一样时，只有不到一半的同学愿意给实验者一毛钱。实验表明，人们喜欢那些和他们相似的人，包括观点、价值观、态度、信念、性格，甚至衣着上相似的人。可见"自己人效应"中的"自己人"，首先表现在态度和价值观上的类似性。人与人如果具有共同的态度与价值观，则不但容易获得对方的支持与共鸣，同时容易预测对方的情感与反应倾向。正所谓"惺惺惜惺惺，好汉爱好汉"，因此在交互作用的过程中，彼此容易因适应而建立起人际关系，这也是"人际吸引律"之中的"一致吸引律"的反映。

"人们喜欢喜欢自己的人"是社会心理学"亲和与吸引"中的一个认

知规律。随迁子女由不同的人群组成，他们来自不同的地域，甚至来自不同的民族。在语言、性格、习俗、行为习惯等方面有较大的差异，这为不同人群之间的交往形成了一定的障碍。在很多时候，他们被有意无意地贴上了"外地人"的标签。他们渴望得到教师的关注，又怯于与教师接触。每个具备认知能力的个体都有被他人关怀的需要，随迁子女成为新集体的成员，他们对学校的关怀具有更明显和更特殊的需要。学校关怀主要通过教学和师生交往两个层面作用于个体的成长。教师是否将农民工随迁子女看作是"自己人"，将直接影响人与人之间的沟通和交流效果。如果一位教师想使学生接受自己的观点、评价、态度，甚至要求，就必须与对方或者对方喜欢的人保持"同体观"的关系。中国著名教育家陶行知先生曾说："……忘了你们的年纪，变个十足的小孩子，加入到小孩子的队伍里去吧！你如果变成小孩子，便会有惊人的奇迹出现：师生立刻成为朋友，学校立刻变成乐园；你立刻觉得和孩子们一般儿大，一块儿玩，一处做工，谁也不觉得你是先生，你便成了真正的先生。你立刻会发现小孩子的能力大得很：他们能做很多你不能做的事情。——我们得会变成小孩，才配做小孩子的先生……"作为教师，可以充分应用"自己人效应"，平等地对待每一位学生，设身处地地为学生考虑，使学生接受自己、喜欢自己，这是教育的第一步，也是教育中最重要的一环。"人际吸引律"之中存在的一条"对等性吸引律"，就是一种互悦机制，人们喜欢那些喜欢自己的人。因此，教师能否以真诚的态度热爱学生，是形成尊师爱生、相互配合的和谐师生关系的重要影响因素。请记住，学生喜欢的是喜欢自己的老师。

三 走近家庭了解学生生活

苏霍姆林斯基说："只有学校教育而无家庭教育，或只有家庭教育而无学校教育，都不能完成培养人这一极其复杂的任务。"学校教育和家庭教育的关系不是一般与特殊的关系，应该是相辅相成的关系，更不能是矛盾对立的关系。家庭教育有待于学校教育的指导，学校教育规律有待于家庭教育规律的补充和深化。在整个教育过程中，特殊教育规律丰富，拓展了一般教育的规律，而一般教育规律又进一步指导了特殊教育规律。无论是学校教育还是家庭教育，都有自己的优势和局限性。家庭和学校之间,要经常沟通,在信息上要相互交换,要杜绝家长管不了学校管不着的现象;及时了解掌握个体的心理动向,一旦发现有不良心理的苗头和症状,及时教育挽救,把不良心理遏制在萌芽状态;只有家长和教师在目标一致的前提下,密切配合,扬长避短,才能使教育事半功倍。不能很好地配合,甚至互不谅解,教师埋怨家长,家长责备教师,教育力量就会相互抵消,以致事倍功半。尽管学校教育和家庭教育有很多不同之处,但教师和家长的目的和利益是一致的,只有注意总结经验、统一认识,才可能更好地实现教育目的。

大量的有关随迁子女教育问题的研究表明,随迁子女的家长由于个人经历、教育理念、所持有的社会资本所限,在子女的学习方面,他们与教师互动非常少。家校合作仅仅局限于"问题"方面,即在学生出现"违纪行为"时,教师才会跟家长交流。因此,教师必须树立正确的家校合作观,要借助自己的专业优势,在家校合作中担当重要角色,起主导作用。在某种程度上,教师在家校合作方面的知识和技能决定了家长参与合作的意愿与热情,决定着家校合作的质量。为了实现农民工随迁子女更好的发展,学校应该加强和家长之间的联系。学校可以利用新媒体建立微信群、QQ群等,加强家校之间的联系,还可以通过家校互访的形式,不仅要让家长全面了解学校面向学生而开展的各类教育工作,而且可以让教师了解学生在家中的表现以及家庭教育存在的问题。在我先前的实地调查中,哈尔滨市第30中学和香红小学给我们的印象很深。30中是一所典型的薄弱学校,位于香坊黎明大市场一侧,远离公交车站,学校没有栅栏或围墙。该校每个年级有4个班,但每班都不足30人。这里城市居民不多,在这儿读书的多是一些残障少年和不学习或无人看管的孩子,老师很欢迎农民工随迁子女来这里读书,因为这些孩子学习成绩都不错。但家长们对学生的学习基本不闻不问,开家长会时人总是凑不齐。"这些孩子的生长环境太差,他们多半住在'三不管'地带,夏天男人们在街边赤身喝酒、叫嚷,孩子们就在这里看着父母叔叔打麻将、打架、说黄段子,没有人过问他们的学业。城市孩子多半参加了某方面的特长班,而随迁子女多半没有特长,随迁女童多半会以欣赏或沉默的方式配合,随迁男童则会以暴力来显示自己另类的特长,这些正是从在外弱势、在家强势的父亲身上学到的"。为了鼓励学生好好学习，30中的老师们用自己微薄的收入给学生买小文具、书本甚至是衣服作为奖品。给有潜力的学生义务辅导，对问题学生加倍呵护。有的学生因为父母打工下班太晚而吃不上饭，老师就会自己掏腰包给学生买来面包和牛奶；老师义务看护学生写作业，防范学生流连游戏厅……家访已是一个不常听到的教育事件了，但在香红小学却是常态。能够把孩子带在身边就学的农民工多数是有责任心的，他们把全部希望寄托在孩子身上，但却不懂教育孩子，他们更多的只是关注考试成绩。家校合作就成为每位教师需要思考的问题。香红小学坐落在红旗大街高架桥下，学校近60%的学生是农民工随迁子女，这是一个"落寞"的薄弱校。学校门口有两位老师，即使我们说已经和梁校长联系好了，他们仍要求打电话让校长下来领人。梁校长严肃地说："这是我校值周教师，教师每周都要轮流做值周工作，课间时间负责学生上下楼的安全。为了防止不相干的人扰乱学校秩序，也不许外来人员随意进入学校。"学校的楼梯一尘不染，雪白的墙面上裱着一帧帧"教师心语"，没有什么格言名句，但也春风化雨。梁校长对"家访"情有独钟，她说："孩子的父母为生计奔忙，压力已经很大，再担不起孩子'不省心'的负担了。面对社会上'大学毕业生毕业也没工作'的现实，让贫困的家庭支持孩子读书也需要鼓励，所以，我们学校对问题学生更多地想到该怎样帮助他们，而不是推给家长。为了取得家长的支持，老师们要等家长晚上回家再去家访，还要特别注意谈话的方式和方法。目前学校的声誉不错。不歧视、不苛刻，一切因素中教师是关键。"农民工家庭经济多半不富裕，但为了使随迁子女在学校中不被轻视，会竭尽全力满足学校的"要求"，但一些不是十分必要的支出项目的确会加重家庭的经济负担。因此，控制乱收费，在学生中间形成一种简朴、节约的良好风气也是对随迁儿童的一种保护，也是为家庭减负的一种表现。我们走访的所有接收农民工随迁子女入学的公办学校都有一个共同的特点，就是老师朴实，他们支持学生可以在作业本的背面继续书写，不要求整齐划一的文具规格。教师自己也以身作则，不浪费一支粉笔。

农民工随迁子女来自特殊的家庭，他们需要有一个自信而积极的人生态度，他们更期盼教师的关怀。于是，老师们确立了"有多少宽容就有多少发展"的目标，帮助学生成功度过"勤奋 vs 自卑阶段"；在"最近发展区"中，为每个孩子找到自信；让孩子懂得即使物质上是贫困的，精神上也依旧富足。输入地的公办中小学正以其独特的环境魅力，实现着在儿童心灵深处打破社群隔离的神圣使命。

  随着中国城镇化进程的加速推进，农民工随迁子女这个特殊的群体不断壮大，我们把越来越多的注意力投向随迁子女的教育问题。他们的教育问题不仅关系到农民工进一步向城市流动的进度，而且也关系到农民工随迁子女能否在城市中获得生存能力的保障，甚至也关系到我们社会发展的和谐与稳定。农民工"举家外出"，他们从农村走向城市，在这个过程中，随迁子女所经历的不仅仅是空间上发生的位移，更是从熟悉的农村文明到陌生的城市文明的适应过程。学校是农民工随迁子女主要的生活场所，学校文化的融入是随迁子女城市社会融入的重要一环。教育工作者在促进农民工随迁子女的城市融入过程中，任重而道远。

第五章

家庭综合实力是随迁子女城市
社会发展的关键变量

"在教育过程中,教师是'教'的主体,学生是'学'的主体,家长是'支援'的主体。"[①] 社会学的研究视角是真实的经验现实,既包括社会结构中的个人选择行为,也包括限制着个人选择行为的社会机构。已有的融入研究,多半从社会结构的整体角度,从某一类人的统计视角来讨论,对个人选择行为关注不够,对融入问题的研究不能脱离子女背后的家庭的经济生活和对未来经济生活的预期。1964年,社会学家詹姆斯·科尔曼的研究小组进行了覆盖美国5%的学校的学生受教育机会与成绩状况调查,共有645000名来自5个不同年级的学生参与了此次调查。这是美国教育领域最大规模的调查,并于1966年向国会递交了美国社会学史和教育史上著名的《科尔曼报告》,它是"关于教育机会平等"的报告,揭示了令人感到不公的问题。报告显示,少数族群学生(除亚裔美国人)在学校教育的每个水平的测试中成绩都低于白人学生,这种差距1—12年呈递增趋势。科尔曼将少数族群学生的这种劣势归因于校外因素的综合影响,其中将许多因素聚焦于家庭贫困、家长的教育水平以及其他环境因素。在报告成文之际,多数学生就读于种族隔离的学校,教师也倾向于教授同族群的学生,导致学生成绩存在很大差异的因素为学校的社会经济结构、学生的家庭背景以及学校中其他学生的背景等。这一发现在当时

---

① 钱民辉:《教育社会学概论》,北京大学出版社2010年版,第176页。

出人意料，继而引发提议，为了使不同族群和阶级的学生融合在一起，学校应该加以整合。《中国青年发展报告（2013）No.1：城市新移民的崛起》得出的基本结论之一是"经济条件越好的家庭，子女受教育层次越高"。[①] 教育是文化资源传承的重要渠道，主要包括以下这几个方面的内容，分别是行为教育、励志教育、知识教育、品德教育等。家庭的经济资本悄无声息地通过各个层次的教育筛选进行着代际传递。早期的家庭教育在很大程度上是教育成功与否的决定因素。大量的实验研究发现，因为不同的学生家庭出身不同，所继承的文化资本不同，所以在社会场域中导致他们拥有差异巨大的人生轨迹也就不言而喻了。与从小生活在城市当中的儿童相比，农民工随迁子女缺乏那些所谓的高雅氛围的熏陶，而且在对学校文化的认同和认知方面也存在一定的欠缺。由于早期文化资本的失衡，社会竞争由于先天性因素潜在的不平等以及城乡儿童教育的不平等，导致发展机遇的不平等。[②] 这样不知不觉就被抛在了后边。只有不断改善农民工随迁子女生存的家庭环境、完善家庭结构、改善家庭成员之间的关系、提高家庭收入和家庭生活理念、确立其对个人自我价值实现的信心和能力，才能实现随迁子女在城市生活中的发展。

第一节　家庭的经济实力与子女的教育投入

家庭是以婚姻、血缘关系为基础建立起来的社会初级群体，是社会最基本的单位，是人类最原始、最根本的环境，也是人接触社会的基础。家庭提供角色模型供孩子模仿学习，家庭是对个体的生活影响最大的微观系统。家长的受教育程度、家长的职业、家庭收入等因素是家庭社会经济地位的重要体现，也是家庭环境中的一个重要因素。业已完成的大量研究表明，家庭收入这个家庭社会经济地位的重要标志，对于儿童的成长和发展

---

① 廉思：《中国青年发展报告（2013）No.1：城市新移民的崛起》，社会科学文献出版社2014年版。
② 郭长伟：《文化资本视域下农民工随迁子女教育融入困境及对策》，《教育与管理》2012年第10期。

有着极其重要的影响。在上一章中我们提到社会工作中"增权"的概念，在这一章中需要进一步阐述。增权是指增加人的权利和能力，法学中称为权利能力和行为能力。个人需求不足和问题的出现是因环境对个人的压迫造成的，而增权就是帮助受助人对抗外在环境和优势群体的压迫。随迁子女的城市社会融入是农民工家庭城市社会融入的一部分，家庭的社会融入至少包括经济融入、社会参与和心理认同3个维度。对于实现农民工家庭的增权来说，就是帮助他们改善以居住条件为根本的生活条件，进而提升其文化素质和对其子女城市社会融入的支持能力。根据流动人口的自行估算，将包吃包住费用折合并包含在内后，2014年流动人口平均收入为3983元，而农民工月平均收入2609元。[1] 也就是说，农民工月平均收入低于城市户籍的流动人口，但是人均食品支出和房租支出占家庭月收入的比例大体相当，分别占人均月支出的43.7%和27.8%。因此，农民工家庭局促的经济状况是限制其子女教育投入的重要因素。

一 脆弱职业与农民工家庭的消费困局

1972年，国际劳工组织首次提出了"非正规就业"这个概念。它主要从组织水平、是否官方化以及劳动关系3个方面将"非正规就业"界定为个体基于临时雇佣、亲属关系和个人的社会关系等到一些未通过登记注册纳入官方统计、组织水平低、生产规模小的机构就业的模式。在"非正规就业"这个概念引入中国之后，许多学者进行了相关的研究，例如，姚宇、蔡昉等人通过研究证实非正规就业者和正规就业者的平均收入水平存在显著差异。目前，学术界达成基本共识，认为雇佣关系是否正式和是否进入政府征税和监管体系是判断非正规就业的基本标准。[2] 迫于家庭的经济压力，农民工选择背井离乡进城务工。他们之所以放弃原来的农村生活，最直接的目的就是为了缓解经济压力，可是由于自身文化水平的限制和劳动技能的缺失，加上他们没有任何城市社会资本的积累，无法获

---

[1] 国家卫生和计划生育委员会流动人口司：《中国流动人口发展报告2015》，中国人口出版社2015年版，第17页。

[2] 闫海波等：《非正规就业部门的形成机理研究：理论、实证与政策框架》，《中国人口、资源与环境》2013年第8期。

得高效的就业渠道，农民工只能从事一些对工作的技术水平要求较低的基本体力劳动。[1] 非正规就业虽然在促进就业形式多样化、缓解城镇失业压力等方面发挥着重要的作用，但是也存在着工资待遇低、缺少稳定性、缺乏社会保障等方面的问题。如表5—1所示。

表5—1　分就业身份流动女性小时工资、周工作时数和月收入

	非脆弱身份就业			脆弱身份就业		
	小时工资（元）	周工作时数（小时）	月收入（元）	小时工资（元）	周工作时数（小时）	月收入（元）
小学及以下	9.4	60.6	2280.7	9.1	69.7	2526.8
初中	10.6	58.7	2500.6	11.0	70.5	3105.8
高中/中专	12.7	53.6	2714.6	13.4	67.3	3605.7
大专及以上	21.2	45.1	3813.0	20.8	58.4	4864.3
平均	11.9	56.1	2680.5	11.2	69.4	3105.2

资料来源：国家卫生和计划生育委员会流动人口司：《中国流动人口发展报告2013》，中国人口出版社2013年版，第70页。

脆弱身份就业流动女性中，家庭帮工的小时工资和收入都低于自营和非脆弱就业女性。长期以来，中国推行城乡分离的"二元化"户籍制度。农民工虽然举家外出，但是只要没有取得所在城市的户口，不论他们待多少年都是没有城市"身份认同"的外来人员。身份认同是个体对于自身所属的基本社会文化的认同，个体所认同的身份是一种具有社会属性的社会身份。个体的身份认同对消费方式有决定作用，人们通常会选择与自己的身份相符的消费方式。社会心理学有一个经典实验叫作"食物剥夺与囤积"，描述的是对刚出生不久的小白鼠采取食物剥夺，比较成年后实验组白鼠和未采取食物剥夺的白鼠在囤积行为上的差别。这个实验证明，人们的早年经历会对他之后的行为习惯产生很大影响。农民工工作辛苦多是迫于巨大的经济压力而选择进城务工，因此农民工家庭的消费观念会在一定程度上限制他们的消费行为。

---

[1] 杨凡：《流动人口正规就业与非正规就业的工资差异研究》，《人口研究》2015年第6期。

"相对于收入而言,消费更能为个人带来效用以及满足感,也更能深刻而准确地刻画民生和福利水平。"[1] 陷入消费困局中的农民工家庭,对随迁子女在城市社会发展方面的支持也陷入困顿。农民工家庭消费受制于生活标准和地位评价标准。他们的消费行为主要反映了农村社会体系功能维持的文化导向。辛苦的工作、较低的工资水平和不稳定的收入最大限度地制约了农民工的消费。农民工家庭长期生活在城市的边缘,无论是就业还是生活融入,对他们而言都具有巨大的不确定性。为了规避这种不确定性,他们仍然视农村的旧居是"家",尽管有些家庭已经全部迁居到城市,但他们仍然保留着农村的土地和房屋,并且有的还大力修葺农村的房屋,特别是还有留守人口的农民工家庭的流出地消费仍是其总消费的重要一部分。在消费结构方面,农民工家庭发展性消费贫乏,属于典型的克制简朴型消费;在消费方式上,单调且高度同质,文化教育消费偏低,食品和居住支出居高。租住房屋的家庭仍占大多数,食品消费成为家庭主要开支,即家庭的恩格尔系数过高,支出主要用于生活必需品的购买,而子女教育投入便成为一种奢侈品,除了流入地可能提供的免费义务教育外,需要投入较大教育费用的学前教育通常是很难被接受的。义务教育阶段及高中阶段的课外补习也是很难实现的。家庭教育投入上的差异决定了农民工随迁子女在学业发展中的劣势。

但我们的观察研究发现,农民工随迁子女与其父母的消费观念之间表现出继承中的突变,即他们在身份认同上倾向于城市居民,虽然主要把零花钱用于午餐及小食品方面而对学习上的投入(课外读物、教学参考资料)较少,但随迁子女更加渴望融入城市当中。农民工随迁子女消费的一种典型心理和行为是他们在消费活动中参照城市居民进行印象管理,其中,随迁子女的品牌服饰、高档商品消费、城市化的娱乐方式以及信息化消费是这方面的重要体现。

二 选择就近在薄弱学校就学,配额改变不了升学的窘境

家庭是子女进入怎样的学校、与怎样的人一起接受怎样的教育的基础

---

[1] 余玲铮:《中国城镇家庭消费及不平等的动态演进:代际效应与年龄效应》,《中国人口科学》2015年第3期。

和保障。一个人能够获得什么质量的学校教育，家庭的经济资本是最重要的决定因素。公立学校教育资源紧张，准入门槛较高，要求随迁子女入学时提供法定监护人的身份证明、准入证明和劳务证明等。农民工随迁子女由于提供不了入学证明等原因，大多只能选择专门针对流动人口子女所开办的门槛低、收费低的农民工子弟学校上学。虽然农民工子弟学校的出现为适龄随迁子女接受教育起了一定的积极作用，但是这类学校与城市公立学校相比，各方面都相差甚远。农民工子弟学校师资力量相对薄弱、教学设施设备不够完善、教学质量不尽如人意，甚至其中有些学校未经国家批准，属于私自办学学校。所以，这在很大程度上影响了教育公平的实现。根据哈尔滨市清滨小学的调查我们了解到，在低年级阶段，学生学习成绩差异不明显，但到四五年级，学生的学习成绩开始出现明显差异，这与《科尔曼报告》的结论基本一致，但不同的是，科尔曼时代的少数族裔后代与白人孩子是隔离的，而我们在同一所学校和班级里学习，由于家庭支持力的差别，学生间的学业差距越来越大。老百姓认识中的"素质教育"就是指琴棋书画样样精通，而这些特长是需要不菲的家庭支出来支撑的，而这些特长又成为艺术节时城市孩子的专利，家长更为自责，没有钱为孩子选择更优质的学校，没有钱给孩子上课外班，孩子成为学校文体艺术课上的旁观者，孩子的学业压力也更重，就会出现考试焦虑、抄袭、弄虚作假的情况。

中国于 2001 年颁布的《国务院关于基础教育改革与发展的决定》提出："要重视解决流动人口子女接受义务教育问题，以流入地政府管理为主，以全日制公办中小学为主，采取多种形式，依法保障流动人口子女接受义务教育的权利"。国务院、教育部及各级地方政府后续又为解决农民工随迁子女教育问题，相继出台了许多政策措施。《国家中长期教育改革和发展规划纲要（2010—2020 年）》的颁布（2010）指出，要确保进城务工人员随迁子女平等接受义务教育的机会，并通过各种渠道去提高义务教育的质量。基于国家层面的这些政策和法规的颁布和实施，足以见得，中国这些来高度重视随迁子女在迁入城市的学校的教育问题。政府一直努力使公办教育资源惠及每一位随迁子女，作为最早实现"两为主"政策目标的大城市之一，哈尔滨市在 2008 年就放开市重点中学的招生对象。2012 年，又进一步加大力度，允许符合相关条件的哈市区外来务工人员随迁子女报考哈尔滨市的省重点高中,并且与户籍生源一样享受"配额生"待遇。这是一个真正的"同城待遇",家长不用交一分钱择校费、借读费或是赞助费,就能送孩子进重点高中。尽管各地在小升初的过程中不遗余力、不断增加配额生的比例,但是随着城乡二元结构的不断解体,农民工的队伍不断扩大,加上不同地方教育资源的分配不平衡,随迁子女教育问题的解决还有很长的路要走。

然而,即使随迁子女进入公办学校,由于社会刻板印象及各种制度性因素,随迁子女在社会政策中还是被作为特殊群体予以关照。相应地,随迁子女在人们的日常话语中也被界定为与城市户籍儿童身份完全不同的特殊群体。他们常常被打上起点低、学习态度不佳、行为习惯恶劣、没有上进心、做事缺乏规矩等标签。学生家长为给孩子找好学伴为目的的"择校"现象仍屡禁不止,随迁子女多半学业成绩不佳,是城市人家规避的重要学伴之一。在优质公立学校教育资源极为有限的情形下,随迁子女只能消极等待社会施以"救济",等待学校销售他们的剩余产品,他们基本没有机会参与社会资源的平等分配。随迁子女可能是被排除在很多有意义的教育活动之外的"非成员",他们在学校日常生活中经受着集体边缘化和文化限制的尴尬局面。

三 游荡的幼儿与天价的学前教育

学前教育是学龄前儿童在开始他们正规的学校教育之前所做的入学准备。学前教育可以为儿童从正规学校教育中获益奠定基础,也是儿童顺利开启正规教育的便利条件。目前,许多研究都在探讨影响儿童入学准备的环境因素。一些国外的研究者,从自然的环境和具体的社会文化背景这个视角进行研究。关于儿童入学准备的研究已呈现出一种生态化的趋势。经济合作与发展组织的教育政策于1999年分析指出,儿童的早期教育是向终身学习的第一笔投资。它为不同家庭满足更加广泛的经济及社会需要,提供了一项意义深远的政策援助。还指出,早期教育阶段以及保育中的投资是可以从中获得最大收益的。美国的早期儿童发展综合科学委员会在一次报告中指出,在儿童的成长过程中,从入学这个阶段起,儿童开始有意识地区分对自己所能做的和自己所知道的个体之间的差异,它是成长中的一个重要的转折点。而且从这个时候开始,儿童形成他们学习和成就的长期模式。关于早期教育投入效益的研究,包括英国在内的一些其他国家的研究也表明,早期教育不仅对儿童受教育成效有重要的作用,而且对于社会的健康发展也具有重要影响。随迁子女的家庭条件大都不太好,如果他们在早期教育上努力,就可以使自身成功地打破贫穷的代际间循环的困境。政府对早期教育的投入也可能成为政府获得节约社会资金这一回报的手段。[1] 诺贝尔奖获得者詹姆斯·赫克曼曾对此予以高度的肯定,他认为,倡导为处境不利的儿童的早期教育进行投资,这一政策对于推进社会公平与正义,以及从整体上推动经济与社会生产力都有重要作用。这是一项难能可贵的公共政策。

同世界上任何一个角落中的贫困家庭一样,学前教育是低收入家庭的"奢侈品"。在城市中,越来越多的家长奔忙于各个早教中心之间,在他们为孩子选择什么样的钢琴而费神的时候,有那么多像"小悦悦"一样的可怜孩子,没有幼儿园上,小小年纪游走在街头,随时处在被伤害的边缘。没有故事书和动画片的童年是没有色彩的。很多国家的政府实施了针对处境不利儿童的补偿性学前教育。2001年,教育部颁布了《幼儿园教育指导纲要(试行)》,中国开始关注农民工子女的学前教育问题。2003年,国务院转发的《关于幼儿教育改革与发展的指导意见》中指出,"各个地区要采取措施确保低收入家庭和流动人口的子女享有接受幼儿教育的机会"。相关制度的建设让"农民工子女平等接受学前教育的权利"获得了法律保障。但是,农民工群体总是不断地寻求最适合他们生存的打工的城市和场所,他们是一个流动性极高的群体,而且他们中的大多数都居住在流动人口比较密集的社区。社区环境相对比较复杂,这些农民工大多文化素养不高,从事繁重的体力劳动。他们这个群体参差不齐、鱼龙混杂,甚至常有一些无业游民和不法分子混杂其中。居住的社区环境和安全方面都充满了很多不稳定和复杂的因素。农民工群体成员较为复杂,他们来自全国各地。他们有着不同的习惯和思维方式,非常容易发生摩擦、引起冲突。相互谩骂,甚至打斗场面经常发生。更严重的是,这些场合常常蔓延着赌博等不良风气,甚至会传入一些低俗的书刊和影视作品。在这样的环境下生活,孩子幼小的心灵难免会受到伤害。复杂的社区环境同样不利于

---

[1] 刘焱:《英国学前教育的现行国家政策与改革》,《比较教育研究》2003年第9期。

孩子的教育和成长，也很难让孩子近墨者而不黑。

由于农民工微薄的家庭经济收入和较差的居住环境，再加上自身有限的文化水平，很多随迁子女的父母对孩子的早期教育不够重视。很少有孩子接受过专门的系统的学前教育，大多数学前儿童基本上处于一种"放养"的状态。许多农民工家庭的儿童几乎整天都在居住社区附近"游荡"，而更多的农民工父母则是带着孩子到他们的打工场所。有的家长将稍微小一点的孩子带在身边与其坐在一起，更有甚者，用绳子把孩子套住，系在椅子上或者工地的电线杆上。而孩子们也没有什么像样的玩具，通常就是家长的手工工具，儿童食品就是用普通玻璃瓶装的白开水和一些饼干之类的小食品。稍大一点的孩子在货车不定时穿行的工厂院子里跑来跑去。父母忙于工作，几乎没有时间看管和照顾他们的孩子。这些孩子不太有安全意识，他们跑来跑去，稍不注意就可能会遇到危险。为什么农民工儿童事故时有发生呢？主要原因是农民工父母工作比较繁忙，基本上没有时间关注孩子的活动，孩子经常处于无人看管的状态。可见，上不上幼儿园已经不仅仅是能不能获得良好教育的问题，更是关系到孩子的安全问题。

当然，也有一部分家长会让自己的孩子进幼儿园接受相关方面的教育，但是由于经济能力所限，他们通常会选择一些收费比较低的或者是手续不齐全的个体幼儿园，这样，教育质量同样得不到相应的保障。中国《幼儿园管理条例》（1990）第八条明确规定"举办幼儿园必须具有与保育、教育的要求相适应的园舍和设施。幼儿园的园舍和设施必须符合国家的卫生标准和安全标准"。但是，对于农民工随迁子女来说，他们在幼儿园接受的现实教育状况并不容乐观。首先在师资方面，大多幼儿园没有聘请专职的幼教老师，而且教师身兼教育和教学的双重职务。在教学设备方面，除了桌子和椅子之外，没有其他任何教学设备，幼儿园在教材之外的其他图书资料也很少，而能提供给孩子的中小型玩具器材更是少之又少。在环境卫生方面，农民工子女幼儿园班级容量通常都比较大，卫生设施不完备，空间狭小，难以满足儿童的身心健康发展的需求。一方面，由于农民工家长落后的教育观念，另一方面，家长在孩子的教育投入能力方面相对薄弱，农民工家庭的学前儿童很少有专门的图画本、彩色笔或者各种各样故事书，更不会有城市学前儿童拥有的昂贵的用来开发智力的玩具等。由于种种原因,农民工随迁子女被排斥在优质的学前教育资源之外,他们就读于各方面办园水平都不够成熟的"山寨幼儿园",这些对于随迁子女健全人格的养成都是极为不利的因素。

第二节 家庭文化资本差距与融入的阶层区隔

父母是孩子的第一任老师,家庭是孩子最重要的初级群体,家庭对孩子的学习有直接的影响。在学校学习方面,家庭能否对孩子产生成功的深远的影响,一是体现在物质方面,即给孩子提供除了必需的生活保障之外的物质条件,二是体现在通过怎样的方式给孩子提供"文化资本"方面。学校的主流文化往往体现着一个城市的文化,农民工随迁子女缺乏这一文化的准备过程。同时,农民工家庭对自己孩子的学习期望很低,孩子在学校的学习成绩不良、行为问题又强化了他们的低期望,这使得孩子总是在"读书有没有用"的问题上矛盾重重。柯林斯(Randall Collins)继承了韦伯的传统观念成为新韦伯主义者。他着重分析了教育如何使一部分人成为中产阶级。柯林斯在他的《文凭社会》中说,在当代社会里,教育是一种用来限制角逐社会和经济有利地位的候选人的一种稀缺资源,并且将这些有利的社会地位卖给"教育证书的持有者"。

当代教育制度已经成了大多数人用来实现自己社会流动这一目的的一种方式。现在,有很多人以教育为契机和平台来增强自己的社会竞争力、提高自己的经济收入、促进和稳固社会地位或者获得个人声望。在中国,学历水平与职位高低,即与收入水平密切联系。在我们的社会中,一个不可否认的社会事实就是社会阶层的存在。不同阶层之间明显的阶层界限逐步建立起来,并起到了明显的保护与排外作用。各个阶层在经济收入和社会地位等方面的差距不断增大。这其中,"文化屏障"逐渐成为不同阶层之间内隐的与外显的分界标识。法国社会学家布迪厄曾论证过文化资源的代际传承性。他指出,家庭是儿童早期社会化的场所,在实践过程中,基于当前的实践,人们会无意识地形成一种对实践过程的相当直观的理解和把握,而且个体自身潜在的行为倾向系统会对这种直观的理解和把握产生持久的影响,个体之前形成的这种持久潜在的行为倾向系统就是"惯习"。以"惯习"形式存在的这种文化资本，在家庭内潜移默化地养成并在代际间传承着，即文化的再生产，这也是导致社会不平等代际再生产问题的重要原因之一。

一　局限的家庭场域文化限制子女的教育和成长

在相关的社会学研究中，布迪厄提出了"场域"这个重要的概念。它用来描绘社会生活中相对较小的单元，这些小单元自身代表了不同的权力和资源的客观位置关系以及独特的运作逻辑。所以，家庭是子女实施家庭教育的"场域"。在子女的成长过程中，有很多因素影响着孩子的健康成长，比如经济资本和社会资本，值得一提的是，隐藏的家庭文化资本，其也潜移默化地对孩子的成长产生一定的影响。家庭场域中最重要的内容就是家庭文化资本，主要体现在父母的教育程度、文化参与以及教育期望上。父母的受教育程度越高，他们对子女所受教育的影响力就越强。此外，他们对于子女的教育期望、学习要求、成就动机激发也越强。有关研究表明，在不考虑社会出身和家庭经济条件这些因素的影响的前提下，个体接受的文化教养水平较高，越容易获得相关方面的学术成功，而且他们几乎在各个方面都展现出异于普通家庭的个体的文化表现和文化消费。人类学中相关的文化传承理论表明，社会当中的代际文化不单在学校中进行传承，而且更多地发生在家庭和社区活动中。在心理学中非常著名的社会学习理论认为，年轻一代是通过行为模仿来实现社会化的。不同的社会族群、学校、社区与家庭特有的文化模式将会濡化出具有不同信仰、价值观与行为模式的人。

伯恩斯坦（Basil Bernstein）深入地研究了不同阶层的言语活动，发掘他们的语言习惯。他特别针对出身背景对言语活动的制约等方面进行了深入探索，发现工人阶级的孩子在学校学习成绩差可以用语言来解释。在此番研究的基础上，他从语言的普遍性和特殊性的角度来提出两种语言代码，分别是精密型代码（elaborated code）与封闭型代码（restricted code）。

精密型代码和封闭型代码有着本质的区别。在基础方面，前者在明确表达的符号中，后者在减缩的符号中；在各自所采用的方法方面，前者采用理性方法，而后者采用隐喻方法。而且，处于不同阶级的家庭往往会使用不同的语言代码。一般情况下，工人阶级的家庭多使用封闭型代码进行沟通，而中产阶级家庭多使用精密型代码进行沟通。伯恩斯坦认为，在学校的文化环境方面，工人阶级的孩子和中产阶级家庭的孩子有很多的相似之处，虽然精密型代码没有什么特殊的价值，但是中产阶级的价值体系在学习情境本身的结构之中有诸多体现。他基于这种思路框架的解释对我们分析学业成败有很大的帮助和启示作用。

巴菲特用"卵巢彩票"来描述一个人在恰当的时间，出生在一个恰当的地方。它是说如果一个人被生在一个条件优越、父母有才的家庭中，简直像抽中了"卵巢彩票"一样幸运。也有人说，人与人的不平等，从母亲的卵巢中就开始了。在现在的社会情况下，不可否认，父母自身的阶层已经很难突破。但是从道德意义上讲，子女依靠自己的能力，还是有很多机会可以获得提升的。而家庭环境是个人成长最初的社会背景，由于父母的阶层差异，以及随之而来的知识水平、认知能力以及教育方式的不同，导致了个人最终取得成就机遇的差异。农民工的受教育程度与知识水平普遍偏低，据有关调查显示，60%以上的农民工的受教育程度处于小学毕业和初中毕业两个层次。特别是农民工的人文素质普遍较低，这样随迁子女在代际传递过程中就只能获得相对较低的文化资本，从而处于相对弱势的地位。首先在家庭语言习惯方面，不同的家长，知识水平不同，其语言的类型、习惯等各方面都有很多的不同之处，而其子女在生活和成长的过程中往往通过向父母学习获得自己平时的行为准则，以致子女与父母的语言类型及行为习惯有很大的相似之处。对于农民工子女来讲，在语言环境方面，尽管他们相较进城前发生了一定的变化，但在以后的语言学习的过程中，在很大程度上，他们还是会受到家庭的影响。如果家庭在语言方面的不利影响继续延伸和发展，必然会对子女后续的教育选择和实践带来不便。在农民工家庭中，父母迫于生计，工作强度比较大，常常早出晚归，很难及时地为孩子的学习进行必要的辅导，因此他们常常不对子女进行辅导。在城市的环境中，农民工出现了明显的家庭文化背景和社会主流文化相分离的状态。缺乏对子女的教育，这样就导致家庭教育与严谨、系统化的学校教育相脱节。与城市市民家庭相比，农民工家庭文化资本的弱势无论是在具体化、客观化方面，还是在体制化方面，都表现得淋漓尽致。农民工自身拥有的文化资本相对较少，这样也增加了他们对于客观文化资本的选择和吸收的难度。父母的局限性，甚至也容易限制孩子能达到的高度和深度，这反映在农民工随迁子女教育上的低效和学习成绩的不尽如人意。在当前教育环境下，随迁子女面对分数的标杆，必然会产生极低的自我认同感、自我价值感，自我评价偏消极，失去基本的安全感和自信心。相关教育学理论认为，认知内驱力是促进学生学习的一个基本要素。相较城市儿童而言，随迁子女受匮乏的家庭文化资本的影响，他们的认知内驱力会弱一些，不利于提高他们积极主动融入学校、融入教育的内驱力。农民工随迁子女的交际圈子比较狭窄，通常仅限于身边的农民工随迁子女，加之他们的家庭经济条件较差，这就导致在人际交往中很难拓展交往的广度和深度，从而在交往中逐渐被边缘化，以致心理上也产生了边缘化的结果。他们虽然很向往城市中的生活，但是同时也对城市生活存在一定的畏惧感，害怕与主流社会的生活和文化产生矛盾。因为内心存在的强烈的自卑感和自己不断的心理暗示，这样就导致他们很难融入城市生活的教育过程和社会交往中。布迪厄指出，客观形态的文化资本并不是完全"物化的"资本，它与身体过程还是有一定的联系的。在一个家庭中，并不是文化资本越丰富家庭子女的教育就越好，这二者并不存在正相关关系，而真正能促进孩子成长的是父母或者说是整个家庭的良好的文化氛围和深厚的文化底蕴。

二　无法融入城市家庭的"朋友圈"

"物以类聚，人以群分"。每个社会群体都拥有不同的文化背景和社会地位，随之在文化资本、品位、消费、生活方式和价值观念上都有很大的差异。在长时间的交往和行动中，人们逐渐形成了一种共同的阶层文化保护意识，保护自己阶层的人的利益不受侵犯，排斥其他阶层的人进入这个阶层，这时就形成了所谓的"文化屏障"。城市学校的同学是在家长互选中确立亲密的朋友关系的。家长们常常组织一些活动来巩固他们之间的友谊，通常是开车郊游或聚餐，谈家长们各自擅长的话题。农民工除了经济上受到影响，但经济影响是可以努力克服的，缺少共同的话题是问题的关键。社会学家布迪厄也曾经研究过文化资本在文化屏障形成过程中所产生的作用，他从文化实践的视角指出，类似于读报纸、听音乐会、参观博物馆、上剧院看演出等实践活动，不同阶层的人群对于子女在教育实践活动中的实现程度是不同的。通常，只有那些出身于有品位、有教养的家庭中的儿童,得益于父母的文化水平和修养水平,他们才能够得到较多的参与文化实践的机会。而大多数农民工父母,一方面受经济能力的限制,另一方面由于他们的文化水平有限,他们很少能够认识到这类实践活动对于儿童成长的重要意义。参与文化实践的能力是在不同的教育经历中获得的,很明显,随迁子女在这方面又具有一定的弱势。

阶层之间的文化屏障在儿童世界也有所体现。处于不同社会阶级的家庭的儿童,在不同的知识氛围和不同的文化背景中成长,他们习得对于促进教育成就有重要作用的语言与文化能力。孩子们从小在与成年人相处的过程中就学会一种技能——"与相识的人顺利共事的能力",他们更愿意选择家庭条件和自己差不多的孩子作为朋友。来自富裕家庭的孩子,他们从小就有"名牌"的概念,衣服都有哪些是名牌的,玩具都有哪些是流行的,游乐园哪里的是最好玩的,当然,他们也会知道什么书最好看。这些孩子必然会组成一个有共同的交流话题和感受的可沟通的群体。但是,对于一个农民工家庭的孩子来说,他们穿不起名牌衣服,没有流行玩具,也不会玩,更没去过游乐场,当然也没读过几本书。他们只是每天靠父母骑自行车接送的随迁子女,参与到这个本土的圈子的谈话中,恐怕很难,即使做听众,恐怕也会换来"歧视"的表情。富裕家庭和工薪阶层家庭的生活方式和文化消费是极为不同的。综上可见,作为一项基本指标,家庭的经济资本能够很好地区分贫富,然而家庭的文化资本可以作为不同阶层的象征。文化资本具有代际传承性,阶层之间的文化屏障总是通过文化资本表现出来。

农民工的教育观念带有滞后性,应试教育的思想在其身上体现得非常明显。他们基于自身文化水平的限制,对于子女的教育期望较高,经常会对子女说"好好学习",但是不会教给子女该怎样好好学习。农民工在日常的家庭教育中,大多数只关注子女的身体健康和学习成绩,这与中国当下素质教育的理念是不相符的。他们经常关注子女的人身安全和饮食营养,但是体育运动在家庭教育中几乎是被完全忽视的。他们高度关注子女的学习成绩以及名次,却忽视对孩子学习能力、科学素养、人文素养的培养。"穷人家的孩子早当家",农民工家庭比较注重对孩子自理能力的培养,而城市儿童的童年生活比随迁子女更加"丰富多彩"。父母除了为儿童提供包括书籍、电脑、有教育价值的玩具等学习资源之外,更多的城市家长会经常带儿童去图书馆、博物馆、游乐园、公园及上网猎奇等，还会组织孩子进行有教育意义的活动。家长有很多的方式和途径加入孩子的家庭学习活动中，其中在城市家长中，亲子共读是其参与家庭学习活动的一个重要方式。国外大量研究表明，亲子共读可以显著地提高儿童的言语能力和认知发展水平，而且对亲子间的情感交流的也有很重要的促进作用。总而言之，它对儿童入学准备的作用不容忽视，但是农民工父母由于自身工作时间和知识水平的限制，很少重视子女这方面的家庭教育。农民工的观念，特别是素质教育方面的观念还有待改进。

三　家庭教养模式是家庭文化实力的重要表现形式

（一）鲍姆林德的家庭教养模式

戴安娜·鲍姆林德（Diana Baumrind）认为，典型的父母教养方式包括两个粗略的维度：控制和反应性。控制指的是父母给予儿童限制与约束的方式和严厉性。反应性包括教养中的情感、接受和关心。总之，控制描述的是教养的行为方面，而反应性则描述教养的情绪方面。据此，鲍姆林德提出了4种教养风格。权威型教养是指父母给儿童设定权限或规则让他们执行，亲子之间表现出高水平的情感联系，在必要时，父母也是很灵活的。例如，当父母知道孩子在学校里与同伴相处出现困难或正为没当成啦啦队队长而伤心时，他们的严厉程度或许就比平时小。拥有权威型父母的学生倾向于拥有较高的学业成就以及对学校更好的态度，他们在家庭作业上花更多的时间，更愿意接触老师、学习，课堂上的适应不良行为水平更低。专制型教养是指父母对孩子高控制水平地设置权限，要求执行规则，但却缺少情感联系。这种父母被认为是"独裁者"，很不灵活，不能按照特殊情况通融。例如，当父母看到其他所有孩子的分数都是A，而自己孩子的成绩报告单上是B时，就做出消极评价。放任型教养是指父母对孩子无控制力，既不给孩子设定权限，也不要他们执行规则。但父母却与孩子有亲密的联系，以致观察者认为这样的父母比其他父母都更像孩子的"朋友"。例如，父母会通过向杂货柜台前发脾气的孩子妥协，给他们买糖果，或是不管正处于青春期的孩子是否在家都不监管他们的方式来表达情感。放任型家长对孩子放任自流，没有足够的爱心和耐心，而且责任感不强。在这种家庭教养模式下，由于孩子得不到正常的约束和必要的指导,他们常常表现出例如自信心不强而且自制力比较差、没有责任心、情绪波动较大或者不稳定、易受诱惑等问题。在冲突型家庭中,常表现为成员间紧张的不和谐的人际关系,家庭氛围不协调,价值导向不一致。

对于农民工家庭而言,放任型教养和忽视型教养（uninvolved parenting）的方式比较明显,即父母对孩子既缺少控制力也缺乏情感。父母通常没有意识到孩子的行为、朋友、困难或成绩。拥有权威型父母的学生倾向于拥有较高的学业成就以及对学校更好的态度,他们在家庭作业上花更多得时间,更愿意接触教师、学习,课堂上的适应不良行为水平更低。除了身体虐待外,父母通常无意识地对孩子进行情绪虐待（指任何妨碍儿童心理健康或社会性发展的态度或行为,包括叫喊、使儿童羞愧、无礼、不给予情感和支持、不加以关注、缺乏赞扬、对儿童自尊系统的破坏）。从孩子身上可以看到的行为指标包括低自尊、难以建立积极的关系、不信任、移情能力差、违抗行为、排泄障碍、言语障碍、饮食障碍、从伤害他人中获得快乐、自杀企图以及关于虐待的报告。身体表征（身体指标）有卫生条件差,穿着破损、肮脏、与季节不符的衣物,发展滞后,低体重,病弱的外表。忽视的行为指标包括单调或无精打采的行为、乞讨或偷窃食物、持续疲劳、酒精或药物滥用、报告不被理会或被遗弃。

(二) 家庭的正强化与负强化

流动群体在新的环境中和其他群体所产生的融合结果不外乎两种模式,其中一种模式就是流动群体融合于主流的城市社会。农民工群体中有一些人力资本较高的成员,这样的移民群体是城市社会文化所青睐的对象。他们不仅自己可以较快地融入城市社会的主流文化当中,而且能加快他们子女的社会融入过程。然而流动群体的另外一种模式是融合于城市贫困文化。这些成员通常没有稳定的工作,经济收入较少,没有充足的社会资本。他们自己难以在城市社会立足,无法给自己接受良好的教育提供保障,自然也导致随迁子女在向城市主流社会的融入过程中受到种种限制。在这种融合模式之下,并不是他们不愿意融入主流的城市社会而有意保存自己的文化;相反,融合于城市贫困文化是他们无法融入城市主流的无奈选择。在这种情况下,随迁子女只能被暴露于城市文化环境当中,在质量相对较差的城市学校接受教育,在学习上,他们可能得不到正确的指导,学习效果不佳,容易失去学习的兴趣和上进心。"有学上"的政策风险在于知识的贫困和由此加剧的社会分层。在科尔曼的报告中已经详细阐释了学生自身家庭和其同学的家庭背景会对学生的学习成绩产生影响的结论。而随迁子女的家长基本上都知识水平缺乏、劳动技能较低，他们对其子女的教育能力有限。也正是由于这个原因，他们选择留在城市，通过在城市生活，使其子女接受良好的教育而改变命运，拥有美好的未来。

有些农民工意识到自身行为的不足和问题所在，积极地对孩子进行教育，使孩子逐渐摆脱之前的传统方式，而靠向和适应城市社会的生活方式。但现实情况是，大部分家长不注意对孩子行为的约束，也并不在乎自身形象的影响，孩子只能继续延续父母的人生之路。但是他们又有着自证预言和在现实中理想与行为的偏差，这造成了对子女身体和心理双重的限制。事实上，从新生代农民工随迁子女当下的处境来看，他们只能与同样背景的同学融入共处，而且得不到较为优质的教育资源，仍处于边缘地带。这种情况，不能有力地帮助他们拥有知识与提升技能，也不能实现其理想。所以，结果是他们学习兴趣的丧失和学习习惯的倦怠。相关调查显示，多数教师并不认为农民工随迁子女智力上有欠缺，但是他们在学习兴趣和学习习惯上不及城市儿童。这与父母的忙碌、送到学校就完事、读书无用论有直接关系。

父母对孩子课业的参与和他们的意识水平、教育程度、居住环境和时间等因素有关。农民工随迁子女的父母从事的职业技术水平比较低、劳动强度比较大以及经常加班加点超时工作，迫于生计每天奔波劳累的他们很少能有充足的时间和家人进行贴心的沟通和相处。但父母和孩子间良好的交流和互动对父母能否正确感知孩子有着极其重要的作用，对农民工家庭而言，因为在父母和孩子之间缺乏沟通，所以父母很容易形成对孩子的错误感知和不合理的期望。"父母卷入"（parent involvement）是指通过父母积极地参与孩子的学习生活，向孩子提供及时的教育资源。这种资源可以是有形的，例如，和孩子讨论白天在学校里发生的事情、与孩子一起做手工或游戏、亲子共读、去参与孩子在学校的活动等；同时，这种资源也可以是无形的，例如，对孩子生活表现出浓厚的兴趣，鼓励孩子，积极肯定孩子在过程中的努力和付出，当孩子取得成功时，要以积极的态度比如高兴或者奖励，对孩子的成功予以积极的反馈，这样就可以正确引导孩子的学习和行为习惯。父母卷入不仅会提升孩子在各方面的表现力，还会促进孩子的学习进步。然而，现实调查显示，在一些随迁子女的父母中，就很缺乏这种积极的参与，不论是有形的还是无形的。他们认为这只是学校和老师的任务，完全让学校和老师来对孩子进行教育；布置的协同任务不完成，不签字，他们似乎对孩子的学业根本不在意。老师们反映，孩子对待学习的态度源于家长的重视。孩子的书丢了，却不给再买，认为有书也不会看，这与城市孩子提前学习、假期中提前购买课本，甚至书店没有上市时通过各种渠道复印课本提前自学相比较起来，差异显见。

有学者提出"文化库存"的概念，他们认为，在一定程度"文化库存"导致的局限性与底层群体居住的社区环境以及他们所接触的人群有关。处于社会底层的群体常常聚集居住，他们基本不会与代表城市社会主流的人群密切联系或者持续互动。他们的这种"集中效应"就会使这个群体面对"社会孤立"的局面。社会孤立无疑会对底层群体文化库存的多样性在一定程度上造成挤压，他们难以让子女具备那些能够获得学业成就的策略。即使在言语上，底层人群常常会表现出他们期望与城市社会主流人群的价值规范保持一致，但是他们基本无法将自身的期望转变为行动。由于农民工家庭自身的贫穷和他们所处的生活环境中单一的人员结构，他们的策略库存会受到束缚，这样就导致家长对城市的美好预期与对孩子学习的自证预言之间产生了矛盾。

"自证预言"是社会学领域中的经典概念，有学者深入地考证了社会底层群体中父母期望所产生的自证预言效应，进一步解释了不同阶层的社会群体在教育成就上存在差异的原因。人们常常将处于社会底层的农民工随迁子女在学业成就上落后于城市儿童的状况归因于他们自身所具备的能力上的差距，事实上，他们父母各自在他们身上所寄予的期望是导致他们在学业上有不同表现的重要原因。家庭的社会经济地位、父母所从事的职业以及父母的教育水平等变量对子女教育的影响是不容置疑的，但父母的期望对孩子学业成就的影响这种无形的心理资源也不能被忽视。对于学龄段较低的孩子而言，父母给予子女的心理支持所产生的影响要比家庭社会经济地位的影响大得多。父母期望会产生自证预言效应，已经得到证实，尽管父母所能够为子女提供的心理支持会受到家庭阶层地位的束缚，但是并不是完全由家庭的阶层地位所决定的。因此，在家庭经济地位不发生改变的情况下，家庭还是极有可能提升他们子女的学业成就的。自证预言效应对于随迁子女这样的弱势群体而言也具有积极影响。如果他们能够被赋予更多的正向期望，那么在社会再生产过程中，底层流动群体的能动性也可能得以彰显。所以要积极引导农民工家庭给孩子更多的正向激励，让孩子看到希望。

（三）家庭的城市社会心理认同对子女城市发展的影响

"个人承载着多重的角色，而各个社会单元则在其各自的活动中日趋专门化。其中，最突出的是亲属关系，这种关系在现代社会中已经不再是社会生活的核心组织原则。而今的社会生活除了围绕着家庭来组织，还围绕着工厂、政府和学校来组织。"人们是通过怎样的方式由教育插入不同位置并对这一位置安心的，这是教育社会学关注的一个重要的方面，这对教育与社会流动和社会分层的关系有重要的作用。

农民工的城市社会心理认同体现了农民工与城市市民之间的认同感、归属感和心理距离，反映着社会融合的深度。对心理认同程度的测评，可以从融入意愿和融洽程度两个方面进行分析。家庭文化差异是影响农民工随迁子女城市社会发展的重要因素，父母对城市是否认同是关键。农民工家庭与城市家庭的文化差异使得他们与城市居民沟通比较少，而较多地局限在农民工家庭群体内的沟通。这强化了农民工家庭间的联系，客观上也形成了群体间的对立，并最终丧失城市社会发展的主观意愿。农民工只有把自己放在和城市市民身份平等的地位上，充分利用城市资源为自己的职业发展和生活提供的有利条件，才能更好地融入城市社会，对孩子提供文化支持。

作为一个独特的社会阶段——童年，家庭关系中亲情的品质及父母在子女教育上的权威在其价值观的形成中的作用是非常大的。现代家庭跟以往家庭的显著差异是"一种'特殊的'团体意识使家庭与周围的社会分离开来。家庭成员感觉到与外界的其他人相比他们与家庭中的人有更多的共同点——他们从优越的情感氛围中获得乐趣，这使他们必须通过隐私和疏离来防止外界的干扰"。从研究现状来看，对随迁子女这个弱势群体，有过一些关于生存状态和发展条件方面的研究，但往往是描述的和呼吁的较多，而深入研究和实质性的发展性干预较少。因此，对这些儿童的研究要进行相应的干预，而且在干预过程中强调生态化就显得尤为重要。要将家庭（主要指父母卷入方面）、社区、学校、同伴等各方面的干预有机结合，探索具有中国特色的研究范式和干预策略，呼吁和扶持深入研究，既是社会工作者的重要使命，也是构建和谐社会的必然要求。

第三节 从"寄居"到"安居"：家庭促进子女发展的现实基础

美国著名社会学家彼得·布劳在它的代表作《不平等与异质性》中提出，与其他群体和阶层的交往推动和促进向这些群体流动。农民工家庭在城市空间的居住状况和分布特点是他们融入城市社会的一个重要特征，也是其能否全面融入城市社会的现实基础。2013年，中国"国家卫生和计划生育委员会"分别对位于东部、中部、西部的8个城市进行调查，其结果显示，只有0.22%的流动人口享受政府提供的廉租房，享受公租房的有0.43%，而他们中购买了政策性保障房的仅有0.14%。有2/3的流动人口租住私房，常常搬迁，居无定所，其主体就是农民工。调查还指出，2013年，流动人口中居住在农村的和城乡接合部的分别有34.80%和19.44%，居住在没有经过改造的老城区和城中村或棚户区的分别有10.59%和9.01%。流动人口居屋面积较为狭小，室内设施破旧，舒适性和安全性差，他们常常把工作场所作为居所。总体而言，流动人口的居所与本地市民的居所隔离性强，普遍存在居住在建筑密度大、采光和通风条件较差、设施配备不完善的问题，而且在流动人口的聚集和居住场所，公共卫生整体呈现"脏、乱、差"的特点，更加紧要的是，在用火和用电等方面存在很大的安全隐患。2013年4月，住房城乡建设部印发的《关于做好2013年城镇保障性住房性安居工作的通知》中要求，完善保障性住房分配管理政策，将外来务工人员均纳入2013年城市的住房保障范围内，年底前，在地级以上城市，对外来务工人员，一定要明确其对住房保障申请的程序、条件和轮候规则。家庭环境是个体成长最重要的因素之一，因此我们认为通过社会参与和社会互动促进农民工家庭的城市社会融入，实现他们从"寄居"到"安居"的转化，这是间接提高随迁子女归属感的一条途径。

一 从提升家庭效能感开始支持家庭

著名的马斯洛需求层次理论提出,为了让自己更加自信,对生活充满热情,体会理解个体自我和社会整体的价值,需要满足个体尊重。最高层次的需要是基于问题解决能力、公正度和接受现实能力的自我实现的需要。它是指实现个人的理想和抱负,把个人的能力发挥到最大程度。达到自我实现境界的人,能接受自己也能接受他人,解决问题能力增强,自觉性提高。人有多大能力,就干多大的事,自我实现的需要是完成与自己的能力相称的一切事情的需要。人只有干与自己能力相称的工作,他们才会感到最大的快乐。马斯洛还提出,不同的人通过不同的途径来满足自我实现的需要。为了达到自己所期望的目标,人们常常通过自我实现的需要来挖掘自己的潜力。真正融入城市必须基于发展,即目标明确的、对未来充满希望的生活。这就需要自身的认同,即自己对于在城市中所拥有的位置的确定,即角色转型,行为更符合城市要求,甚至成为新文化的引领力量,获得尊重,从而实现自我。新生代农民工更坚定在城市生活下去的信念,他们具备了父辈所缺少的知识技能和城市适应能力,追求体面的工作和发展机会,对下一代的教育也更为关注。子女获得同等的教育机会是机会均等的重要体现,也是流动人口向上流动的主要通道。一个家庭的强大,离不开精神的支撑;一个孩子的进步,有赖于文明的成长。有学者经过调查发现了农民工随迁子女教育不平等的两种心理机制:家庭中父母期望的自证预言效应和学校中遭遇的刻板印象威胁;而身体机制则体现为农民工随迁子女的不良健康状态及其被贬低的行为习惯。针对教育不平等的身体机制,我们需要采取措施有效提升农民工随迁子女的学习成绩,改善其学业认同,并降低刻板印象的威胁体验。

重塑贫困阶层对教育的信仰,彻底剔除读书无用论的土壤。只有让家庭看到"爱"和"希望",家长才能传递给孩子和学校一样的价值观,而这需要正式制度的保障。对于一个家庭来说,物质贫困可能在短期内得到改善,但如果精神空虚,失去了理想信仰,内心没有约束,行为没有顾忌,丢失了主导价值,没有了明确准则,冲破了道德底线,再丰裕的物质生活,也难免"金玉其外,败絮其中"。在农民工家庭文化建设中也要有社会主义核心价值观。如果让农民工家庭在城市的生活中感受到自由、平等、公正、法制，才可能促使他们成为爱国、敬业、诚信和友善的人，才能够把正能量传递给孩子。只有孩子们心中充满友善，才能通过文明交流、平等教育消除隔阂、偏见，播撒友爱、团结、共处的种子。我们已经知道父母的期望会直接影响孩子的学业成就，特别是学龄比较低的孩子，对他们而言，相较于家庭社会经济地位，父母的心理支持发挥着更加重要的作用。因此家长要给孩子树立一个好的榜样，积极发挥模范的作用，以身作则，通过正确的行动、思想和方法来教育和引导孩子。同时，家长也要积极与孩子进行沟通，耐心地聆听他们心中的想法，及时捕捉他们的思想动态和行为变化，在普通的小事中让孩子学会做人的道理。

物质贫乏不是社会融入，精神空虚、怯懦、没有尊严更不是融入，要摆脱从属地位。孩子们各自带着自己家庭的生活习惯来到学校，不必刻意的隐藏它，应正视它，让孩子们清楚这一客观环境，进而不会对自身的努力产生怀疑和否定，反而可以为"不愉快"找到客观的原因，不做内归因，进而提升自尊和自信。

正向预言，每个人都有人生出彩的机会。正如前文所介绍的那样，底层群众中父母期望存在自证预言效应，所以通过支持家庭而支持孩子，让父母给孩子更多的正向激励，可以让孩子看到希望。我们的目的是要让每个孩子、让全国 13 亿人民都有接受更好、更公平教育的机会，让个人在接受教育的过程中发展自身、不断丰富自己、为社会做出更多的贡献、造福人民及后代。在学校教育中，我们一定要清晰地认识到德育的重要性，在努力加强学校风纪、师德建设的同时，要努力发掘少年儿童自身的特点，加以正确的引导，春风化雨，在每一堂课的讲授中，不仅要把知识传播给每个学生，更加要重视传授美德，在健康身心的同时还要陶冶性情。要引导孩子们养成勤学、明辨、笃实的好品质，求得真学问。同时，也要引导孩子在修德上下苦功夫，注重在实践中加强道德修养。

融入的标准应当是成为对社会有用的人。家庭文化不应该灌输给孩子一个跟城里人看齐的目标，城里人也一样有烦恼和无奈，只需要按照孩子的天性选择自己的职业和未来。农民工的孩子不该比城市里的孩子在未成年时承担更重的家庭经济负担。

二 关注"不够亲密的熟人"的意义

格兰诺维特的"弱关系的强度"关注的是网络密度，即与某人的不同熟人发生联系的数量的作用。他认为，人们在密集的网络关系中彼此认识，而正是因为这个原因，他们往往不能获得外界的信息，并与更多的人割断了联系。在大的社会背景下，松散的社会网络关系和弱的关系网络不仅对信息的传播至关重要，而且也有助于个人目标的实现和社会凝聚力的提高。在对自由职业者、技术工人和管理层次的工人（这些人在最近5年内都换了工作）进行的研究中，格兰诺维特发现，只有19%的人是通过正规渠道（比如广告）找到他们的新工作的；有19%的人直接与雇主联系；至少有56%的人通过个人关系获得工作信息。与弱关系的重要性一致的是，这些关系大部分（超过80%）只是相对比较疏远的熟人关系，而不是家庭成员关系和朋友关系。"不够亲密的熟人"比你经常接触的亲密朋友更可能为你提供一个有用的工作信息，因为从定义上看，这些熟人经常在不同的圈子里活动，他们比你更容易获得各种不同的信息。新的信息（比如需要你具备某种技能的工作的招聘信息）必须来自群体的外部，而且是通过关系不太密切的人获知。农民工集中区（待融入）很难找到工作的重要原因之一是他们居住在几乎没有这种关系（弱关系）的社会环境中，他们的社会网络关系过于密集和狭窄。

三 寄居、拥挤与随迁子女的城市归属感

农民工群体通常居住在农村社区、城乡接合部或老旧城区。这些地方人口结构比较单一，多数是经济、文化和社会阶层较低的人群。在这些地方，通常没有完善的公共服务和社会管理。生活于这样的环境中，农民工家庭的生活质量得不到提升，而且他们向上的发展空间受到挤压，因此他们希望通过地缘形成强关系。这样，在人口迁移流动中，居住隔离的形成是不可避免的过程和现象。在较强的地缘关系的支持下，初来乍到之人可以得到新的社会支持和帮助。他们在生活和工作等方面互帮互助、共享信息资源，可以较快地适应流入城市社会的生活环境。然而，农民工家庭在流入城市、逐渐立足以后，他们的隔离性居住就会成为流动人口进一步发展的制约因素，随之就可能产生一系列的社会问题。城市社会发展需要逐

步减少排斥，实现对流动人口的同化。城市发展需要实现城市未来的主观期望和城市的客观接纳相统一，城市发展也是市民及其子女与农民工及其随迁子女形成"我与你"之间平等的互动关系的过程。"社会融合"是指新移民在居住、就业、价值观念和生活方式等各个方面融入城市社会，向城市居民转化的过程；这个过程的进展程度可用新移民与城市居民的同质化水平来衡量。社交补偿理论告诉我们，个体的社交焦虑水平越高，越倾向于在建立和维系人际关系的时候利用网络这个媒介。因为个体在虚拟的网络中的交往，不仅可以避免近距离的接触、面对面的对话以及肢体语言的暗示等外在的符号特征，同时在利用文本信息表达的过程中，可以添加表情符号、图片、照片等以辅助个体的情感表达。这种在虚拟环境下的交流，可以有效缓解个体的焦虑感，营造出轻松舒适的社交环境。居所的隔离，减少了农民工家庭与市民家庭接触和交流的机会。居住隔离强化了流动人群与城市本族人群之间存在的差异，增加了城市人群对农民工及其随迁子女包容和接纳的阻力。这些因素都导致随迁子女难以获得对城市社会的认同，他们甚至有可能产生敌视情绪和矛盾冲突。

（一）拥挤理论与关注随迁子女的情绪

随着全球人口爆炸和城市化进程的加速发展，人口问题和过度拥挤问题日益成为学界关注的重要议题。在社会生活中，人们常常忽视个体对于空间的需要。而空间的需要恰恰也是人们生存和生活中最重要的需要之一。如果个体缺乏足够的空间，健康就会受损，预期生命就会缩短，同时生活也会受到阻碍，而人的攻击性行为也会因此增多。20世纪60年代，美国掀起了"拥挤问题"的研究热潮，各种拥挤理论应运而生。社会学家、人类学家、心理学家对涉及的反文化思潮、种族暴乱、高犯罪率等社会问题进行了集中的分析研究。

目前，对于拥挤影响人类心理和行为的问题，学术界还未取得一致的结论。但是学者们普遍认为拥挤包括两方面：一方面，是一定空间范围内的绝对在场人数；另一方面，是人均空间使用面积。1952年，克里斯琴通过观察各种动物在自然环境中对于空间的争夺，分析之后证明，在竞争过程中，来自空间的压力至少会造成哺乳动物的非正常行为或损害性的行为。1962年，约翰·卡尔霍恩通过白鼠实验证实了数量和密度的增大会增加白鼠对空间的进犯性竞争。1984年，美国学者费舍尔的综合拥挤理论针对拥挤导致的越轨和犯罪率上升给出了解释，指出高度密集的环境会使人产生压力，拥挤状态会增加"私人生活领域"被侵犯的可能性。拥挤会增加越轨行为，导致犯罪率的提高，进而可能带来一系列的社会问题。

与"拥挤理论"密切相关的概念是情绪，情绪是生理、行为和情感体验的复合体，对学生在学校的表现有直接的影响。情绪智力对个体在学业和更大的生活领域中产生影响。拥有良好的情绪运用能力和更理解他人情绪的学生具有某种社会性或学业优势。心理学家彼得·赛罗韦（Peter Salovey）和约翰·梅尔（John Mayer）首先提出"情绪智力"（emotional intelligence，EI）的概念，并将其定义为知觉、表达、理解和管理情绪的能力。随着丹尼尔·戈尔曼（Daniel Goleman）的《情绪智力：为什么它比 IQ 更重要》一书的问世，情绪智力建构开始被关注。丹尼尔·戈尔曼指出，情绪智力的概念将教学重点从作为学校和生活成功的一个预测因素的孤立认知能力转向情绪和社会因素的作用。IQ 只决定个体职业成功的 20%，成功的大部分是由其他因素决定的。丹尼尔·戈尔曼将情绪智力的概念扩展到 5 个主要维度：情绪理解、对他们情绪的反应、情绪调节、自我激励和关系中的情绪。而情绪理解是一种区分和解释自己的情绪以及知觉和理解他人的情绪的能力。农民工家庭大都聚居于"城中村"，孩子们没有自己的卧室，大多与其他几个兄妹甚至父母同住一室，存在严重的住房拥挤问题。在有限的空间内，个体无法达到期望的隐私水平，同时也无法合理地控制与他人之间的社会互动状态。这些会增加兄弟之间、亲子之间的矛盾因素降低个人道德水准和社会责任感。在拥挤的环境之中，人们会更加敏锐地感知到周围环境的刺激。长时间面临拥挤的空间所带来的考验，人们对空间挤压感的承受能力会不断受到挑战。在诸多因素的刺激之下，甚至可能导致人们出现非常主观的、偏激的心理状态。除了拥挤的家庭环境之外，市民对农民工群体显著性的外在观察产生了城中村"脏、乱、差"的媒体镜像。本土的市民难免会对农民工群体的这种镜像以及他们对城市资源的争夺产生厌恶感与排斥反应，这样，就在随迁子女幼小的心灵上埋下羞耻感的种子。伴随着儿童的成长，如果这种羞耻感不断积累，随迁子女的逆反抗争心理可能会加剧。正如所谓的"人满为患"，拥挤的居住环境增加了随迁子女的负面情绪，这是阻碍他们成长的无形因素。

(二)"城中村"成为随迁子女犯罪的温床

特拉维斯·赫希（Travis Hirschi）在《少年犯罪原因》（Cause of Delinquency）中提出了著名的犯罪学理论——社会控制理论（Social Control Theory）。他的这一理论后来与差别交往理论、紧张理论并称为实用主义犯罪学三大理论，它是20世纪后半期产生的最具影响力的犯罪学理论之一。[1] 与其他关于环境引诱或迫使人犯罪的观点不同，该理论从个人犯罪的微观角度着眼，进一步分析了青少年犯罪和个体与社会纽带联系之间的关系，表明大多数青少年犯罪都由于松散或者破裂的个体与社会的关系所致。类似于"性恶论"，它认为，每个人的内在都具有动物本能，如果没有外在的因素阻止，这些本能就会驱使个体实施犯罪行为。社会控制因素作用的强弱是个体的犯罪行为发生与否的重要决定因素。这里所说的社会控制指的是社会联系，包括亲子之间的关系，朋友之间的关系、师生之间的关系、同事之间的关系等。社会联系有4个主要的组成要素，分别是目标投入、常规参与、感情依恋和观念认同。目标投入是指个人对社会主流行为投入的时间、精力和物力。研究表明，个体对于学业和职业发展如果有比较高的期待，并且在学业和职业发展上付出大量的时间和精力，那么他一般最不容易产生犯罪倾向。对于自身期望较高的个体，会全面考虑违法犯罪行为可能带来的各种恶果，他们会想到一旦违法犯罪，他们就会名誉尽失、前途尽毁，从而人生长期目标也会受到损害。常规参与是指个体投入时间和精力参加日常活动。每个人的精力都是有限的，如果个体投入较多的精力参与各种有意义的文体娱乐活动、社交活动等顺应社会的活动，那么他们从事非法行为的时间和精力就受到了合法行为的干预和排挤。由于他们没有太多的时间和精力去从事非法行为，这样发生犯罪的概率就会大大缩减。感情依恋是指个体与他人或者群体所建立起的依恋关系。个体对父母的依恋、个体对老师的依恋以及个体对朋友的依恋是所有感情联系中最基本的3种感情依恋，其中，个体对父母的感情依恋最为重要。相关研究指出，良好的感情依恋关系，可以有效地增加青少年对于违法犯罪行为的免疫力。而观念认同指的是行为主体在互动过程中形成的价

---

[1] 刘可道：《赫希的社会控制理论与青少年犯罪——武汉"12·1"银行特大爆炸案的犯罪学思考》，《青少年犯罪问题》2013年第3期。

值偏好、规范化观念和行为模式等的共同看法和一致理解。观念认同是在对各种规范和制度的不断认可的过程中形成的。它反映的是个体基于自身某些特定观念而形成的自我与他人之间的关系，是行为体之间相互信任的基础，并且一旦形成，就具有相对稳定性。留守儿童远离父母，由于父母工作又忙又累，随迁子女同样在父母的关爱方面存在缺失，他们大多数缺少与父母共享时光的氛围，缺少亲子之间的交流，更缺少与父母深入的情感沟通。这样，他们对父母的责任心也相对较弱，很少考虑越轨行为的后果会对父母造成长久的伤害。总体而言，社会关系是影响青少年犯罪的重要因素，如果他们能建立起密切的社会联系，那么通常他们不会轻易出现犯罪行为；相反，如果他们的社会联系微弱甚至破裂，那么他们稍有犯罪动机便会触发犯罪行为的发生。

同质性较强的流动人口聚居地，会形成更为牢固的、内在的、难以突破的社会关系网。这种社交网络不论是在公共服务资源获得方面，还是在生活环境上都与市民社区存在巨大差异。这些现状会迫使随迁子女产生不公平和被剥夺感。如果得不到有效的疏导，这些情感会在他们幼小的心中不断累积，严重的话，甚至可能导致他们形成偏离社会主流价值观的观念，滋生出他们对社会和他人的仇视心态，产生不良的行为举止。这些都可能成为随迁子女犯罪的温床，也极有可能给社会的和谐稳定发展带来巨大的隐患。

第六章

职业教育促进农民工随迁子女城市社会发展

古希腊哲学家柏拉图在《理想国》中论述教育与社会的关系时，非常重视教育在实现理想社会中的作用，也非常重视因材施教。因为人在智识、情趣和能力方面存在差异且社会是由不同管理层面构成的，所以教育也应当建立相适应的层次，对不同的人分别施以适当的教育，以满足社会之需。教育作为培养人的社会活动，既应该培养管理国家的哲学家、大臣，也要培养保卫国家的武士，还要培养建设国家的百工百业的技术人才。法国启蒙思想家卢梭在《爱弥儿》中强调，受过新教育的人应是身心两健、手脑并用并能够很快学会从事任何一种职业的人。这种人有着哲学家那样善于思考的习惯，双手像农夫一样善于劳动。

当前，中国正处于人口结构转型的时期，为了能够更好地改善生活，农民工的转型由原来的个体外出打工逐渐转变为举家迁移，由此带来的随迁子女教育问题成为学者们关注的重点。关注不只是因为这是一个复杂的教育社会学问题，更是因为他们的教育状况、生活水平不仅关系国家新时期和谐社会的建设，还关系中国成人教育的未来发展，关系中国的教育公平问题。因此，要真正做到对随迁子女的教育公平，不仅要在政策方面予以考虑，而且在制度和文化等方面也应当建立公平的机制，从多元的角度认识随迁子女在城市教育中的情感融入和教育社会化。作为一个特殊群体，他们不仅希望自己在城市获得好的生活，更希望自己可以像一个真正意义上的城市人一样享有更多的选择权，享有在教育过程中的自尊感。正如多元文化教育理论家班克斯（James A. Banks）强调的那样，让学生在社会化过程中体会获得教育选择权进而感知成功，比让他们保持自身特征和属性要具有更重要的意义。① 目前，单一衡量随迁子女是否在教育中获得成功是以是否继续接受普通教育为标准的，事实上，不是任何人都适合走普通教育的道路的。在 119 中学的调查中，有些学生对科学和逻辑不感兴趣，对面点、机修等"手艺活"更感兴趣，认为自己通过实践性强的专业学习可以获得经济上的改观，并认为自己所从事的劳动与家长缺乏智慧和资本的劳动不同，他们属于新型的"创一代"。因此，为了实现新型"创一代"融入社会教育这一目标，职业学校必须根据社会发展和产业转移的大趋势，及时更新职业培训策略，在培训中提升自身的贡献力，在就业中展现自身优势，形成专业自信。

2013 年 7 月，国务院办公厅转发教育部等七部委的《关于实施教育扶贫工程的意见》，要求完善职业教育资助政策，按照国家规定优先对当地农民或已经进城的农民工接受技术技能培训予以补贴。之前，在特大城市（比如上海），普通高中没有向农民工随迁子女开放，2008 年，上海开始试行放宽准入政策，农民工随迁子女不但可以取得就读中职的资格，还可以拥有与之相应的福利，这个福利原本是只有上海本地市民才能享有的，现在只要在上海本地就读，就默认有资格享受同城待遇，同时还可以获得政府对于低收入家庭的教育资助。之后，2010 年 7 月出台的《国家中长期教育改革和发展规划纲要（2010—2020 年）》提出，到 2020 年，完成初中教育和高中教育的衔接，让每一位完成初中教育的孩子都能够享受到更好的高中教育资源，此外，对于那些对职业教育有着特殊爱好的学生，支持他们接受职业教育，在扩大招生比例的同时逐步实现免费，对那些愿意接受职业教育但是限于家庭经济不能上学的学生，政府应该做到早发现、早报道、早解决、早宣传，让每一位接受教育的孩子都能够感受到政策的关怀。可见，招生比例的增加、免费制度的逐步实现、资助政策的完善，三位一体，为农民工随迁子女的继续教育保驾护航，将成为他们接受职业教育的重要吸引力。

除此之外，习近平总书记在 2014 年的全国职业教育会议上强调，大力扶持农村地区、民族地区、贫困地区的职业教育发展，让生活在中国大

---

① 哈经雄、滕星：《民族教育学通论》，教育科学出版社 2001 年版，第 40—41 页。

地上的每一个儿童的人生都能够大放光芒，再次明确了中国"培养数以亿计高素质的劳动者和数以千万计的专门人才"的人才培养目标。职业教育是一种让受教育者获得专业技能或者生存所必需的职业知识的教育，它是包括职前培训、再就业培训和各种职业高中、中专和技校在内的学校教育，它的目的是培养既有文化知识又有劳动技能的劳动者，所以相对于普通教育而言，职业教育更加侧重于实际操作技能。从理想的角度上看，职业教育应当成为促进农民工随迁子女城市社会发展的重要路径之一；但从哈尔滨等二线迁移城市看，农民工随迁子女并不看好职业教育的前景，职业教育更多的时候是一些城市周边农村家庭子女或城市不急需就业家庭非学术型子弟的选择，而不是以城市就业为目标的农民工随迁子女的理想选择。

第一节 增权与来自职业的自我控制点

20世纪70年代，芭芭拉·所罗门（Barbara Soloman）在《黑人的增强权能：被压迫社区里的社会工作》中首先提出了增权的概念，在著作中描述了黑人群体在美国社会中受到"制度性种族主义"的压迫和疏离，提出社会工作应增加黑人在这种社会状况下的权能，促进社会改革。在这里，"增权"社会工作表现出两个方面的实务目标：一方面，社会工作要帮助服务对象挖掘其内在权能，使其成为具有"个人自主性"的充满权能的人；另一方面，推动社会改革，消除造成个人丧失权能的环境障碍。"新型城镇化说到底是以人为核心的城镇化"，城市化的关键是为更多的人提供可以"获得出彩"的机会。孩子是家庭（特别是贫困家庭）的希望，接受职业教育和培训可以有效提升农民工随迁子女人生出彩机会的概率。同时，在学校教育中获得的正能量又会反哺于家庭，以玛格丽特·米德的"前喻文化"的形式影响家庭的其他成员，进而在城市社会中获得发展。当下的职业教育被"人何以为生"的就业技能遮蔽了"教育"的本质，掩盖了职业教育对"人为何而生"的终极思考。因为陷入"何以为生"的功利泥沼，职业教育走上了训练"劳力者"的轨道，与人文教育、理想教育越走越远。接受普通教育还是职业教育是少年将成为劳心者还是劳力者的标签，基于"劳心者治人，劳力者治于人"的观念，接受职业教育被认为是低人一等的，是学业失败的标签，是无奈的选择。只有职业教育实现了对"何以为生"教育的超越，以培养兼具科学素养与人文素养的职业人为目标，职业教育才能成为农民工随迁子女实现阶层流动的阶梯，才能真正成为促进其城市社会发展的路径之一。

一 职业教育是农民工随迁子女个体"增权"的重要载体

随着越来越多的儿童跟随父母进入城市，随迁子女的教育问题也逐渐进入学者的视域。梁鸿在《中国在梁庄》《走出梁庄》中，以纪实的方式展示了农村青年在城市化进程中的生存状态："过早辍学—打工—结婚生子—打工"，人生在一圈一圈的波纹中完成了代际相传。正是在这种情况下，"读书无用论"在农民工随迁子女中大行其道。他们中间缺乏"知识改变命运"的鲜活案例，他们的父母不安于贫困、外出打工，不能过着简单的生活，所以他们不得不随着父母动荡漂泊，当然他们的父母也没能全力供养孩子读书，还时常灌输"读书无用论"的思想。

在 21 世纪的今天，职业教育承载着 3 项基本功能，即更新就业创业理念、促进人与产业的沟通、接纳被排斥群体融入社会。这 3 项功能都与作为城市新市民的"农民工随迁子女"直接相关。作为新时代的青年，义务教育后的随迁子女应当具有创新创业的生存意识，同时也需要把自己塑造成与新兴产业相匹配的劳动者，作为有知识和有技能的人才融入城市社会，职业教育正好可以让他们凭借自己的一技之长实现自身价值，从而提高就业质量，提升职业发展空间，进而实现阶层流动。"以人的城镇化为核心，有序推进农业转移人口市民化"，我们的职业教育不但要实现一些因为各种原因而中断教育的人的再教育，还应该考虑他们的未来，这具体体现在对他们未来生活的提升空间，即发展权的实现上，真正通过职业教育帮助"农民工二代"获得融入城市所需要的职业技能、文明素养和创业潜力。当前，由于次级劳动力市场的存在，义务教育后未升学、游走在城市街头的"农民工二代"通常可以在技术含量低、知识水平和文明程度要求低的部门找到"工作"，因此，一些"读书无用，浪费青春"的思想就使得他们不愿意投入时间来获得先进的现代职业技能来武装自己，从而影响他们融入城市生活，只能混迹在城市的边缘，而这样的边缘状态又会成为更年轻的随迁子女的"宿命"，因为他们从父兄身上看不到"读书改变命运的希望",也看不到在城市里发展的希望。

(一)使无业者有业,使有业者乐业

中国职业教育前驱黄炎培先生于1913年在《学校采用实用主义之商榷》一文中倡导"实业教育",主张教育以"实业"为目的。要做到这一点,应当充分发挥实业教育实践性强的功能,在学生学习生活中,有效融合社会实践的规则,因为实业教育的目的就是服务学生从事适合自己的工作,所以黄炎培将其改为职业教育,并提出一种新的职业教育观:为个性全面发展服务,为扩展个人谋生能力服务,为增强服务社会技能做准备,为增进国家和世界的生产力做准备,并将其凝练为"使无业者有业,使有业者乐业"的教育目的论。黄炎培先生倡导职业教育是有感于中国社会生计之恐慌、百业之不改良的恶劣环境。今天的职业教育对于包括农民工随迁子女在内的广大青少年即未来的劳动者,同样有着不可替代的作用。

黄炎培先生认识到职业教育与社会生活的密切关系,建议职业教育要主动拥抱社会潮流,为满足社会需求服务,为人类未来发展服务。此外,他认为,职业教育有着和普通教育大不相同的地方,因此要使其有特色,就应该从两方面入手:一是专业资源方面,诸如专业设置、教材编写、设备配置、原则设立等都应该符合学生的身心发展和时代的要求,深入浅出,通俗易懂,易于讲述,便于推广;二是人力资源管理方面,运用管理学思想建设教育机构,加强学生管理。发表在《教育与职业》第100期上的论文《我来整理整理职业教育的理论和方法》一文指出,根据职业和个体自身气质、爱好、天赋、环境的不同,量身定做符合学生情况的教学内容和课程体系,职业没有贵贱,关键在于为学生提供适合他们从事和愿意从事的职业指导。在这个过程中,既包括对职业技能本身的传授,也包括对职业道德的训练和科学技术的传播。100年前,思想家严复就曾说过,教育是中国变革的主要途径,"鼓民力""新民德""开明智"的实现,无不依赖于教育。但是如今,这个重任更多地落到了职业教育的身上,接受职业教育,这不仅是实现农民工随迁子女融入城市社会发展的重要路径,也是促进他们心理态度、价值观和生活方式改变的过程。

(二)人人都有人生出彩的机会

相对于义务教育和高等教育,职业教育一直是中国教育领域的软肋,被称为"断头教育"。国务院印发的《关于加快发展现代职业教育的决定》(以下简称《决定》)提供了职业教育的发展方向。《决定》提出,要牢固确立职业教育在国家人才培养体系中的重要位置,以服务发展为宗旨,以促进就业为导向,适应技术进步和生产方式变革以及社会公共服务的需要,培养数以亿计的高素质劳动者和技术技能人才,并提出"到2020年,形成适应发展需求、产教深度融合、中职高职衔接、职业教育与普通教育相互沟通,体现终身教育理念,具有中国特色、世界水平的现代职业教育体系",通过对职业教育的扶持,在全社会形成"崇尚一技之长,不唯学历凭能力"的氛围。

职业教育要"以人为本",就要促进参与职业教育和培训的学生获得职业尊严,使他们可以胜任一份工作,获得职业效能感,实现个体增权,进而加速农民工随迁子女市民化的进程。"入户"不仅仅是把"农业户口"改为"非农业户口"那么简单,它不能靠政策的强制和道德的施舍。[①]"积分入户"是以一种"增权"的方式鼓励人们依靠自己的力量获得期望的结果。当前,农民工主要集中于工作环境差、工作时间长的服务业和制造业,随着国家对产业经济的战略调整和市民对中高端服务业的需求转变,劳动者必须提高自身的技术技能。为此,职业教育和培训的社会价值就凸显出来。农民工随迁子女接受职业教育的主要目的之一就是实现"代际流动",不再像自己的父辈那样在劳动力市场上挣扎,他们要通过自己的一技之长获得社会的尊重和自我价值的实现。但是在实际生活中,"劳心者治人,劳力者治于人"的腐朽思想还根深蒂固地影响着人们的选择,"蓝领""白领""金领"的待遇差别大,职业成为衡量社会贡献和地位的标尺。受这种偏见的影响,中国职业教育举步维艰,一方面是企业用工荒,另一方面是职业学校门可罗雀,由此形成了怪圈。其实,"用工荒"不是数量荒,而是质量荒,是岗位需求质量和劳动力素质之间存在偏差的结果。一方面,企业需要大量的拥有较高职业技能以及适应现代社会发展所需的法律、心理等社会技能;另一方面,现在的"农二代"普遍是刚刚出校门就要直接转化角色成为社会人的青少年,知识结构不系统,心智发展不成熟,既没有父辈的吃苦耐劳的精神,又没有什么一技之

---

① 周志刚、米靖等:《职业教育价值论》,《中国职业技术教育》2009年第27期。

长，有需求但是又苦又累的岗位却看不上，有技术但是高要求的岗位又够不着，这种夹缝中的危局很容易让他们陷入结构性失业的危机中。其实，我们的社会需要各类精英，更需要数以亿计的普通劳动者，而真正影响我们生活质量和社会秩序的正是这些普通劳动者，要营造"人人皆可成才、人人尽展其才"的良好环境，职业教育任重而道远。

二 莫斯的《礼物》与布劳的交换

在当代社会，教育已经不再"单纯"，它的发展牵动着千家万户的神经，深刻影响着众多普通人民的命运，由此带动了一个新的学科的诞生——教育社会学。人类学家马塞尔·莫斯（Marcel Mauss）在他的《礼物》中强调，礼物和其他形式的交换都具有义务性和利益性。他认为，礼物在本质上与社会中的权力和特权的产生方式具有密切的关系，原因在于礼物的接收者在声誉上将处于不利境地，除非他通过给予公平的回报来履行他的义务。正如"积分入户"，表现为流入地对无户籍流动儿童的礼物，而不是自有的，所以本身带有一定的标签，依然是区分人群的显性标准。彼得·布劳（Peter M. Blau）强调交换在权力关系产生过程中的重要作用："理性选择理论家接受了经济学的四个基本命题：人们是理性的利益最大化者，他们根据个人趣味和偏好做出决策；个人对某种物品的拥有量越大，占有更多的此种物品对他而言越缺乏兴趣；如果某种商品的需求量越大，那么它的'价值'越大，因而它的价格也就越高；甚至在通常情况下，商品的垄断价格要远远高于商品的竞争价格。"[①] 建立在社会福利基础上的城市户籍正是这样具有了垄断价值，农村与城市被分隔，不同的城市之间的差异也在被拉大。尽管有人说，在现在的创业社会中，拥有技术和财富就可以购置住房和商品，在技能创造的财富面前，户口的垄断地位将被打破，但毕竟不是多数人都有这份能力的。况且，要在没有教育背景的劣势情况下，把这份能力的获得寄托在职业教育的身上，对"职业教育"本身来说也不公允。

一个陌生人能够融入一个新的城市，如果从城市的角度讲，这座

---

① [美] 鲁思·华莱士、[英] 艾莉森·沃尔夫：《当代社会学理论：对古典理论的扩展（第六版）》，中国人民大学出版社 2008 年版，第 274—275 页。

城市应该是包容的，而从这个人的角度讲，他则是随和的。然而实际情况却是，接纳有时是被动的、非自愿的。正如布劳在解释摆脱处于从属地位路径时所指出的一种方式是通过外界的正式制度强迫城市接纳一样，单靠"两为主"政策、"放开异地中、高考"政策等旨在消除不平等的政策调节，其结果只能是被动接纳，甚至是收留，不会真正实现事实上的融入。事实上的融入是源于农民工子女在城市生活中真正的踏实、不恐惧、安全，正如马斯洛需要层次理论经历安全的需要、尊重和爱的需要最终达到自我实现的需要一样，这才是真正的融入，才能在现实生活中过上更加幸福、更有尊严的生活。为此，有学者指出"社会政策应引导资本投入到具有促进社会成员人力资本、就业、劳动技能等低成本高效益的社会项目上""以投资人力资本为核心的发展型社会政策试图将个人、家庭、群体和国家等不同层面和目标有机地结合起来，最后形成一种既有利于个人又有利于国家的政策机制，如国家调整农民工社会政策应该重点投资于流动农民工子女的教育问题，支持流动农民工家庭获得和积累人力资本，围绕农民工就业和工作提供社会支持等"。① 瑞士著名教育家裴斯泰洛齐说过："道德教育最简单的要素是'爱'，这种儿童道德教育的基础，应在家庭中奠基。进一步巩固和发展这一要素，则有待于学校教育。""扶贫必先扶智，治穷必先治愚"，切断贫困的"代际传递"，提高义务教育后农民工随迁子女的素质是职业教育的重要使命，也是中国从人口大国转向人力资源强国的重要途径。我们在职业学校访谈的过程中，有教师反映，学习面点的学生把父母也带动来参加糕点培训，找到店面后，这些主营"流水面包"和"枣糕"的家庭实现了脱贫并得以在城市立足，这种把职业学校中的学习内容转化为家庭创业契机的鲜活事例让我们看到了职业教育对随迁子女在城市融入中的重要作用。通过"扶智"来促进农民工随迁子女的城市社会发展，在提升其家庭城市适应力上下功夫是职业教育的新增点，也是职业教育为随迁子女"增权"的过程。

---

① 潘泽泉：《发展型社会政策理念：从"被动应对"转向"主动干预"》，《中国社会科学报》2012年2月20日第3版。

三 提升职业控制点

当人们觉察到自己的行为是由内部控制或自我调节的，自己能自由选择行为而不是迫于外部的控制和压制时，人们就体验到了自主感。此外，我们还有胜任感的需要，即生来就渴望探索和尝试获得成功。为了有足够的安全感去探索我们的环境，我们需要感觉到这个世界是关联的，或者确定自己与他人是有联系的，即关联感。作为城市外来者，农民工随迁子女只有拥有自主感、胜任感和关联感，才可能认同自己是城市的一员。

在国务院 2010 年 1 月发布的《关于加大统筹城乡发展力度进一步夯实农业农村发展基础的若干意见》中，"新生代农民工"首次出现在人们的视野中，并一度成为社会讨论的热词，强调"采取有针对性的措施，着力解决新生代农民工问题"，让新生代农民工市民化。新生代农民工主要是在 20 世纪 80 年代和 90 年代后出生的，在中国 2.6 亿农民工中，新生代农民工约为 1.5 亿人，这其中不仅包括从农村转移出来的青年农民，还包括随父母在流入地生活没能继续上学而进入劳动力市场的农民工随迁子女。相对于外出的青年农民而言，正处于人生发展期的他们更希望了解城市规则和文化，接受起点更高的职业教育，为此职业教育需要提供更高端的技术技能来实现人才的培养。只有十五六岁的他们将伴随经济转型升级和产业结构调整而不断更新知识，提升技能。

德国社会学家、哲学家格奥尔格·齐美尔（Georg Simmel）依据心理学看待理性的特点，认为作为人类，我们的与众不同之处是我们具有一种以有意识的、讲究策略的方式来追求目标的能力。通常，我们试图解决农民工子女问题，首先想到教育，认为教育是获得经济成功的手段和解决社会问题的灵丹妙药。在教育社会学的理论中，韦伯的行动理论是研究教育现象的主要理论，尤其在制度变迁和人际互动等方面，尤为突出。韦伯认为，理性在人们的行动当中扮演着重要的角色，借此，他提出了 4 种类型的社会行动：目的合理性行动、价值合理性行动、情感行动与传统行动。目的合理性行动是要通过最有效的或最高效率的方式来获得一个特定的目的；价值合理性行动是一种受理想所支配的行动，比如就想成为城市人；情感行动是由人的非理性因素所支配的一种行动，比如感觉、激情、心理需要或情感状态；传统行动是一种约定俗成的习惯了的行动。对于随迁子女来说，立足城市首先要在心理上对自己扎根城市有信心，这种信心可以通过提升自己的职业控制点来完成。此外，阿尔伯特·班杜拉（Albert Bandura）又提出"自我效能"（self-efficacy），即对成功完成某项任务和行为有一种预期，它深刻影响着我们完成任务或参与活动的动机。自我效能建立在两个期待的基础之上：结果期待和效能期待。结果期待是指一种由特定的行为引起特定结果的信念，是对成功的期待；效能期待是我们认为自己拥有完成行为所需要的知识和技能的信念。农民工随迁子女相信拥有一技之长就可以在城市立足，这是结果期待，但是为了激发他们采取行动来掌握一技之长，他们还需要相信自己具备习得一技之长的能力，即效能期待。当然，农民工随迁子女通过职业教育获得一技之长的效能期待，不仅指自己的天分和努力，还包括职业教育有没有能力赋予他所需要的能力。研究表明，高效能期待和高结果期待的学生在完成学习任务时更自信，在面对困难任务时能坚持不懈，也就是说，他们的学习动机被激发了；而低效能期待和低结果期待的学生遇到失败时更容易泄气，导致他们缺乏学习动机，不愿意学习。因此，要提高随迁子女在城市立足的信心，我们需要了解农民工随迁子女自我效能的来源。首先是对"过去经验"的归因和总结，当过去的成功经历来自自己的努力时，他们就能够从这份成功中体会到成就感，他们的自我效能感就会得到增强。然而在多数城市已经放开"异地中考"后，没能继续升学的随迁子女多半是在初中阶段学业成绩较差的学生，过去在学校中获得成功的经验很少，所以从"过去经验"中获得效能感的可能性较低。其次，"观察他人行为表现"也可以作为农民工随迁子女获得自我效能感的重要来源，尤其是观察与自己相似的人的行为有助于发展自己的自我效能感。对于职业教育而言，能否改变农民工随迁子女"读书无用"的思想，引导他们在认清社会大趋势之后依然自信地走进学校接受教育，关键的一点是同辈群体的毕业生去了哪里？如果年轻的学生看到同辈群体的毕业生获得了他们希望得到的岗位和生活，他们的效能期待自然会被更有力地激发起来。

第二节　提升职业学校的专业自信

教育的最大贡献应当是，不论来自哪里，只要接受学校教育就很快被同化，具有了学校人的价值观念和行为方式，同时收获了来自群体的自信。作为连接社会、阶层和个人的场所，学校一直是教育社会学研究中的重要命题，在选择性地传递社会文化遗产价值和价值观念、承担不同阶层的孩子对于发展个体个性化和个体社会化方面发挥了重要作用。其中，认知是个体社会化中一个非常重要的方面，人们对于自己未来的认知，除了来自家庭里面父母的影响外，还有来自学校教育的潜移默化的影响，学校通过选择与时代相匹配的文化来影响我们对于职业的感知，从而形成自己的职业理想。此外，学校还具有另外一种功能，即在自我运行中对个体进行重塑，为社会化分配提供更好的人力资源。[1]

2015年6月，《全国人民代表大会常务委员会执法检查组关于检查〈中华人民共和国职业教育法〉实施情况的报告》中认为，中国职业教育的发展情况并不乐观，与需求紧缺并存的是人们的偏见、经费的短缺、教师队伍的职能弱化、企业作用的无法施展和技能培训难以跟上时代要求。此外，部分政府不能正确看待职业教育的作用，在支持职业教育发展方面权责不清晰，对普通教育的考核与对职业教育的考核不能同等看待，政策上的偏见也使职业教育得不到重视而吸引力不足。在转变经济发展方式、调整产业结构升级、更新技术技能规划方面，职业教育有着普通教育不可比拟的优势，要发挥职业教育在改善民生、促进就业方面的作用，就要建立一支专家队伍，为职业教育的纵深化发展转型提供理论支撑，使职业教育由数量发展跨越到均衡质量内涵式发展，主动沟通与普通教育的协调与合作，为中国从农民工大国向技能型人才强国迈进做好铺垫，让受教育者在教育过程中既学到技术，还获得知识，更领悟到智慧。[2]

---

[1] 钱民辉：《教育社会学概论》，北京大学出版社2010年版，第147页。
[2] 辜胜阻等：《新型城镇化下的职业教育转型思考》，《中国人口科学》2015年第5期。

一 职业续谱排列说

基于对社会差异的关注，社会分层研究逐渐进入学者们的视域，最早提出关于社会分层研究理论的是德国社会学家韦伯，他通过3个维度的标准对社会层次进行了结构性的划分：财富——经济标准，威望——社会标准，权力——政治标准。这3种权力分配的形式虽然彼此相连，但是各自具有其独立性。此后，西方社会学家以韦伯的社会分层标准为主，开始以更加广阔的视野关注收入、财产、教育程度、权力、声望、职业、技术等；人类学家关注种族、族群、信仰、可教育性与接受教育的条件等指标。[1] 但是不管如何分类，专家学者们都不得不承认，教育是支配这些指标的一个重要因素，因为经济上的财产占有、社会上的身份等级跨越、政治上的权利享有和权力分配，都是教育的产物。许多研究表明，进入高一级的阶层或者安心于原有阶层，早已经在教育系统内部完成了转移。因此，在今天的社会，教育系统是能产生社会变化的一套制度，也可以被看成是有助于社会分层和稳定的一套制度。

与韦伯提出的划分阶层的三重标准（财富、威望、权力）不同，帕森斯主张以职业作为社会分层的标准。职业层次是个人成就的标签，人们根据你所从事的职业看待你的价值，给予你一定的酬赏。正是这种酬赏分配制度逐渐加大了人与人之间的经济差异，从而造就了社会分层。农民工作为职业低端群体，他们的子女如果继续延续他们的宿命，那么在这个信息高速发展、以技术技能立足的社会，随迁子女的未来将很难看到希望，并且如果继续处于父辈的阶层，他们的处境将会更艰难，因为未来的农村发展已经不可能为他们再提供父辈那种只需要有力气就可以生存的空间了，所以没有一技之长就意味着坐以待毙。但是，现实中我们发现，处于社会低阶层的他们对教育、职业生涯缺乏兴趣，深入研究则发现，他们缺乏的不是兴趣和动机，而是看不到向上的希望和动力，也就是缺乏社会升迁动机。

社会升迁是社会分层的一种，中国的社会学者更多地采用职业续谱排列的方式研究社会分层。续谱即依据社会成员的职业、财产和身份等因素

---

[1] 袁方：《社会学百科辞典》，中国广播电视出版社1990年版，第17页。

将其划分为不同的阶层。人们把自己放在阶层体系中的哪一个位置，在很大程度上取决于他们自己的参考群体——他们可以与之相比较的群体。对自我阶层属性的认知有多种，其中自我评价研究比较受学者们的重视，它旨在通过识别参照群体来理性地看待被研究者。李强等的调查研究得出结论，各阶层普遍认为，拥有高知识、高技术、高教育的人往往会获得较高的社会评价和声望，因此在劳动力市场也更容易获得与他们的教育和声望相符合的职业声望。[①] 在评判职业声望的过程中，农民工群体主要通过客观、主观和声望3种方法综合判定自己的社会层级来评价自己的职业。客观方法使用收入、学历、职业或正式的权威地位等一些指标，这些指标的客观性在于他们是根据可观察的事实，而不是根据人们的想法或感觉，因此在某一特定的社会等级中，处于同等水平的个人或家庭，会组成一个社会阶层。现在的趋势是，职业阶层越来越与学历阶层相对应，受教育程度成为"好""坏"职业的分水岭。教育从来没有像今天这样在社会分层中扮演着非常重要的角色。主观方面，人们对于自身所属阶层的判断，在很大程度上取决于他们自己的参照群体——他们可以与之相比较的群体。受过中等教育的新生代农民工在民工聚居的地区，可能对自己评价不低，因为他们比周围的人受过更好的教育。然而，在务工的过程中，与更高级别的专业人员比较，他们的落后就显示出来了，他们的客观教育程度标准并没有改变，但他们考虑这个问题的方式变了。在声望方面，由于它是由人们对其他人的判断所构成的，因此主要通过观察社会的实际相互作用，或者更为常见的是按一定尺度通过询问一些人为另一些人所分定的等级来加以测量的。

二 职业学校并非随迁子女的理想选择

在良好的政策环境下，农民工随迁子女能否理性、自主地选择就读城市的中等职业学校？对于不再继续接受普通教育的农民工随迁子女来说，在结束义务教育之后，是否直接就业是他们普遍面临的两难选择。我们在哈尔滨市第119中学等8所公办学校进行了关于随迁子女融入城市生活的

---

① 李强：《职业声望研究"走向21世纪的中国社会学人类学"》，第六届现代化与中国文化研讨会，中国·江苏·吴江，1999年11月2—7日。

调查研究,其中,涉及农民工随迁子女义务教育后升学期望和需求。统计结果显示,有67.2%的农民工随迁子女希望初中毕业后能在城市参加中考进入省市重点高中或普通高中,将来可以进入大学深造;有15.2%的学生希望在城市上中等职业学校,其他的为返乡或直接就业。学习成绩稍好的学生依然不选择中职,还是认为通过普通高中上大学才是改变命运的最佳路径。尽管与本书的调查结论有差异,但依然要表达的是,有研究显示,83%的农民工家长及子女认为,先在流入地学一门技术再就业才是正当的,因此一个共识是职校应该承担起学习辅导和技能培训的任务,为这些新生代的"蓝领"提供优质的教育资源,让他们可以通过技术致富,从而在城市立足。因此,随迁子女要继续接受教育,此前的城市开放中职教育的政策对他们来说就是一个很好的机会,一方面,使得富余的职业教育资源惠及更多人群,另一方面,过多闲置的人口也是一种资源的浪费,开放中职教育有助于将城市的人力负担转化为可利用的人力资源,大量有技术特长的人可以有效填补技工不足的缺口,逐渐改善中国的人口结构。

(一)职业学校谁去念

父母的经历会潜移默化地影响子女的未来,农民工参加城市职业培训的经历影响着其是否支持子女继续接受职业教育。在职业教育谱系中,农民工的教育状况堪忧,但是却一直没有得到与其需求相对应的重视,还一直被排斥在职业教育的大门之外。事实上,我们不能因为农民工群体受教育程度普遍偏低就忽视他们的潜力,即使他们干得是体力活,但只要是劳动,就蕴藏着丰富的智慧,关键在于如何通过教育让他们拥有一双发现商机、利用智慧的眼睛和技能。当前职业教育的主要形式是全日制,在校学生主要以初高中毕业生为主,针对农民工对职业教育和培训的看法,有学者进行了问卷调查,结果显示,他们对于职业教育的评价总体不高,"只有理论无实际操作知识""主要是收费,然后走过场发文凭""教材与工作实际没有联系"是最主要的3个原因,所占的比例分别是24.9%、21.6%和19.4%。[①]

农民工作为父母,对于职业培训的价值不认可,自然不会支持子女接

---

① 周化明等:《中国农民工职业教育:需求及其模式创新——基于制造和服务业1141个农民工的问卷调查》,《湖南农业大学学报》(社会科学版)2011年第6期。

受"耽误时间，没有用处"的职业教育。生源枯竭，导致学校面临资金危机，学生培养成本不足，由此，专业缺乏竞争力，市场不认可，社会口碑差，进而再一次陷入学生不愿上学的恶性循环中，职业教育的发展举步维艰。2010年，《国家中长期教育改革和发展规划纲要（2010—2020年）》提出，要逐步实行农村新成长劳动力免费劳动预备制培训，通过中等职业教育免费制度完善低收入家庭学生资助政策，增强职业教育的吸引力。中国2003年开始对中等职业教育贫困生进行资助，政策很快得到了落实。对于家庭经济困难的学生，学费支出占家庭收入的很大一部分，免除学费能够极大地缓解其经济压力，因此基于家庭经济因素，农民工随迁子女很有可能会主动选择职业教育。

在城镇化的过程中，国家希望农民工随迁子女可以突破家庭贫困的束缚，实现在城市中就业创业，这就需要职业教育为其提供与产业结构调整升级的要求相匹配的职业技术能力，改善其工作的脆弱性和不稳定性。事实上，农民工随迁子女接受职业教育是改变其父辈由于职业技能低下而无法真正融入城市劳动力市场命运的不二路径。相应的，职业学校必须调整课程体系，以适应产业调整的专项职业技术教育项目为发展目标，以服务农民工随迁子女就业创业的技能培训为焦点，增加农民工随迁子女接受职业教育的机会和时长，以课程的实操性提高其就业创业能力，以培训的专业性提升其职业素质，增强其就业竞争力，推动农民工随迁子女顺利成为合格的产业工人，通过稳定就业保障，让他们享有人生出彩的机会，实现农民工随迁子女事实上的市民化。但是由于中国的职业学校还做不到这一点，所以职业教育对农民工随迁子女的吸引力也不大。目前，农民工随迁子女在流入地城市接受职业培训的途径主要有两种：一是进入公办职业学校的成人中专；二是进入技术培训类学校。此外，还有职工中专和成人高中，通过就读这些职业学校，学生可以在毕业时拿到技术资格类证书，这个证书可以作为他们求职的敲门砖。然而一个不容忽视的事实是，他们所学的技能只能够让他们在城市中从事技术含量极低的工作，这些工作与现代工业发展所需要的标准还有很大的差距，如果在社会发展过程中，他们不对自己的工种进行"全新升级"，接受再教育，就很有可能沦为"结构性贫困"。这种情况说明我们的职业学校在职业培训这块不但要有学生主体意识，更要有未来发展意识,要时刻注意自己的培训能否满足学员的需要,能否经受住市场的长久考验。

为了推动职业教育的发展,国家和部分地方开始通过奖学金、助学金等方式鼓励学生报考职业学校。进入福建某职业学校学习的当地户籍学生每人每年有1000元的资金作为资助,这项资金覆盖率达到100%,家庭经济困难的学生可以相应获得价值3000元的学费和书费的补助。另外,还有针对不同专业的补助,特殊专业的学生,每人每年可以获得专业奖励2500元,以此增加这些专业对于学生的吸引力。对于那些优秀的学生,政府出台拿出专项资金进行奖励,每人每年可以获得500元至1500元的奖励,但是包括农民工随迁子女在内的非本地户籍学生不能享受这一优惠。上海在2009年出台了《上海市部分中等职业学校试行自主招收在沪农民工同住子女招生方案》,向农民工随迁子女打开了义务教育后继续留在上海学习的大门,就读期间,可享受和本地户籍学生相同的同等政府奖、助学金,这项福利政策更是吸引了诸多随迁子女前来学习。随迁子女的家庭普遍经济困难,父母既要通过工作维持家庭的周转,还要拿出一部分资金支持孩子上学,因此政府应该看到随迁子女家庭的这种状况,并通过相应的补助缓解他们的压力,让他们安心地学习、安心地工作。同时,作为职业学校,不但要完成职业培训的任务,还应该承担教书育人的功能,应该在关注学生学习情况、就业状况的同时,关注他们的生活情况,因为生活状况的好坏直接影响他们的学习和就业态度。学校和政府的资助政策越优厚,前来报名的优秀人才才会越多。以上海为例,2009年起,上海市所有公办和民办全日制中专、职业学校、技工学校、综合高中的在校学生以及在沪就读的非沪籍学生,都将获得每人每年1000元的资助。此外,还设置了中职校级优秀学生奖学金制度,每年有10000名的学生获得一、二、三等奖学金,资助金额分别为1500元、1000元、500元。由于这项政策的出台,2010年上海市的中职生源提高了17%。另外,这项政策还关注了大量非应届农民工随迁子女。以前,由于政府对职业教育经费投入有限的问题,导致这部分群体无法正常接受民办职业教育,职后培训主要针对在职农民工群体,而"职前培训"是专项资助,并没有一项成系统的资金机制保障其长久运作,因此有些面向农民工子女的职业培训学校,因资金问题常常无法正常周转。由此,政策因素也将会是农民工子女主动选择中职学校的一个方面,如果政府能加大对民办职业学校的扶持力度,对那些没有一技之长但又想在城市中长久立足的农民工进行"职前培训"资助,那么不但扩大了职业学校的生源,使闲散的、未能充分利用的社会人员得到有效利用,同时父辈的职业教育成功就业案例能够带动希望从事操作性较强的工作的子女接受职业教育,从而形成集群效应。

(二)职业教育的问题与生机

如今,越来越多的年轻人离开农村,流入城市的外来劳动力将成为城市劳动力市场上的主要力量,他们的生存状况将影响中国城市化的发展,而他们的教育和就业情况是影响他们生存状况的关键。目前,职校学生实习存在很大问题,主要表现在实习内容无法满足行业技术需要、实习设备陈旧无法跟上时代步伐、课后实习实训机会少。本来顶岗培训是以真实工作过程为导向的,如今更是由于课时与课后无法有效衔接而致使不能很好地学以致用。教师方面,由于缺乏既拥有精湛技术又擅长指导的优秀人才,职业教育的授课内容往往陈旧单一,教学人员理论功底不深厚,实践操作不纯熟,使得课程内容停留在表面,理论与实践脱节,进而专业设置不合理,远远落后于社会的技术要求,也难以适应产业调整对技术知识更新的要求。资金方面,由于社会一直对职业教育有所诟病,愿意接受职业教育实则是一种被迫无奈之举,再加上政府对职业教育的财政投入有限,所以学校的收入大多只能维持办学,难以改善教学设施、引进优秀师资。经济基础决定上层建筑,缺乏资金就会在发展上步步受限,受制于仅有的资源,不敢冲破现有体制大刀阔斧地进行改革。外部的质疑和内部的能力不足使得职业教育成为低人一等的"弱势"教育,吸引力不够,生源严重不足又加重了它的发展危机。再加上中国社会一直对高学历情有独钟,致使全社会尚未形成有利于技术技能人才成长的氛围。此外,职业院校的毕业生虽然就业率好、工资高,但稳定性不好,而且因为职校的学生普遍是技术人员,如果他们希望在稳定性较好的事业单位、公务员等机关单位工作,往往会因为学历问题而遭到限制,即使他们想进入更高学府进行深造,也会因为对第一学历的限制而受到各种歧视。

事实上,中国经济社会的发展对职业教育有着强劲的需求,中国先进制造业与现代服务业高技能型人才紧缺问题十分突出,我们一直强调要转变经济发展方式，要走新型工业化道路，实则要实现这些目标，单纯依靠科学家、工程师、经营管理人员是远远不够的，也是不现实的。毕竟专业人士永远只是少数，精英群体可以为我们的发展把控方向，大批受过中等专业教育的各种中级技术人才了解生产过程和工艺原理，为我们向高、精、尖化发展提供技术和经验支持。受过职业训练，具有一定文化水平专业知识技能的劳动力后备力量广泛活跃在生产第一线，为我们的流水操作提供人力资源，从这个意义上看，为农民工随迁子女的教育及就业做好铺垫工作对于中国产业转移具有非常重要的影响。为此，不但要让他们拥有一技之长，方便就业，还要为他们疏通就业渠道。

在培养模式上，通过税收调整职业教育发展，鼓励企业创办教育集团，引导部分社会资本进入职业教育领域，对民办职业教育给予特殊照顾。通过与企业的合作，探索适合职业教育发展的教育模式，以教、学、做三合一的方式打破传统方式，使学生的实践能力和市场经济正常接轨。因此，要积极调动企业参与职业教育的积极性，推行校企合作的人才培养模式，加强与区域内企业的合作，健全和完善以企业行为为主体、职业院校为基础、学校教育与企业培养紧密联系、政府推动与社会支持相互结合的高技能人才培养体系。

在课程设置上，职业教育与普通教育不同，它是教育与经济社会发展联系最直接、最紧密的部分，因此其办学体制应该与普通教育有所区别。要从企业需求出发，校企双方共同研究课程体系，共同研发教材，共同培育师资，共同实施培育计划，这样，既为企业培养了实用型人才，又保障了农民工子女中职毕业后可以顺利在城市稳定就业，从而实现双赢。

在办学体制上，由于父母工作不稳定，随迁子女经常需要跟随父母到处迁移，所以为了更好地对他们进行技术教学，应该根据实际情况实行弹性学制和半工半读的培养方式，既让随迁子女可以就行入学，还可以在实践中提高理论素养。在培养中，一方面，重点培养适应信息化发展的技术人才，以信息化的途径提升人的科学文化素质，普及互联网思维；另一方面，以打包的形式把农民工群体和他们的子女的培训有机结合，以"集群效应"提高整个家庭的就业创业技能，帮助农民工群体以更加自信的姿态融入城市生活。就业是民生之本，更是职业教育未来发展好坏的衡量标准，因此在保证就业率的同时，中职学校要对农民工随迁子女进行积极的就业和创业指导，以创业带动就业，在培训中帮助农民工随迁子女尽早确立自己的职业理想，并对其进行个性化的指导和培养，提高每个毕业生的就业质量。"授人以鱼，不如授人以渔"。获得良好的就业技能可以保证他们的生活水准较之以前有所提高，但是传授给学生正确的择业、创业观念和技能，不但让他们自己走出贫困，还会让他们带动其他人走出贫困，实现"先富带动后富"，这正是我们最想看到的职业教育发展局面。

在政策支持上，国家对普通教育有大量的科研经费以及专项资金支持，但是需要用资金大力扶持的职业教育也需要国家的支持，因此作为政府，应该拨付专项资金，集合高质量资源，在扩大其服务范围的过程中发挥职业教育的辐射作用。在招生政策支持上，继续在学费方面予以优惠支持，放松对招生人数的限制，以入学即考试摸底的方式推进质量改革。同时，入学即注册学籍，有条件的地方可以实行免试入学，并通过政策手段沟通其与普通教育的学分互认，给予职业学校毕业的学生和大学本科学校毕业的学生在就业、创业、贷款等方面同等的扶持与待遇，以政策的关怀鼓励他们发挥自己的余热。

在师资力量上，要建设一支"双师型"教师队伍，所谓"双师型"教师，它是指既具备扎实的专业理论，又具有精湛的专业技能和丰富的实践经验，胜任教学科研和生产实践双重职责的复合型教师。从教师队伍整体来讲，这支教师队伍应该专兼职都有，高校、企业人员也都可以接纳进来，同时既有侧重于专业理论教学的，又有侧重于专业技能教学的，达到"兼容并包"的梯度。从教师个体来说，既要深谙专业理论知识，又要熟悉市场经济发展的需要，有较强的岗位实践经验；既是从事研究文化基础课程的理论教学研究者，也应该走出校门、走向社会，用心体悟文化在社会中的应用与变迁，用眼观察经济发展需要哪些新的技能，用脑思考了解企业的生产、经营情况，尽量做到理论联系实际，加强教学的针对性。在职业教育中，"双师型"师资培养是师资队伍建设的重点，也是彰显职业教育特色、培养学生创新和实践能力、开展教学改革、提高教学质量的关键。在对哈尔滨市的6所职业中学和培训学校的访谈中，我们发现，学生对职业学校开设的课程和技能培训不是非常满意，主要原因在于"双师型"的教师存在事实上的缺乏。

统计显示，中国高技能型人才十分紧缺，尤其是在先进制造业和现代服务业方面，但是现有的技术工人和高级技术工程师所占比例极低，严重影响了中国产业结构的升级和转型。今后一段时间，中国就业形势仍然相当严峻，依旧面临着新增劳动力就业和结构性失业再就业、农村劳动力转移并存的局面，因此一方面是潜在劳动力文化程度低，另一方面是大量高新技术工人的岗位空缺，企业将面临十分尴尬的局面。据教育部的统计数字显示，中职毕业生的就业率连续4年保持在95%以上，毕业即就业，让人们看到了职业教育的魅力。所以职业教育要抓紧机遇，着力提升吸引力，逐步改变社会对职业教育的偏见，鼓励农民工随迁子女走职业教育之路实现自己的"出彩人生"，营造"人人皆可成才，人人尽展其才"的环境。

尽管我们对职业技术工人的稀缺有着可观的数据支撑，但是还是有一些因素制约着农民工随迁子女选择城市中职，主要包括中职教学质量不高、中职学历社会认可度低、中职升学机会较少和自身职业兴趣不清晰。中等职业教育要得到长足发展，就应当成为真正培养优秀"蓝领"的基地。尽管《职业教育法》规定职业教育和普通高中的比例达到1:1，但由于现实的中职不能为学生提供职业培训反而成为了普通教育失利者的"避难所"，所以尽管各大城市均向农民工随迁子女开放中职教育，但是由于其在教育体系中的劣势不被随迁子女认可，甚至有人认为它是随迁子女用来填补找不到生源的学位的。所以应明确强化职业教育，不仅仅是因为中等职业教育是实现普及高中阶段教育的重要途径，更重要的是，职业教育比普通教育更适应产业的发展，可以为中国产业升级奠基，所以应当把职业教育与职业资格相配套，使职业教育成为获得体面工作的重要渠道。拓展中职教育毕业生就业和继续深造的途径，发挥校企联动在培养应用型人才上的优势，打造一批质量较高、满足多层次市场需求的培训基地，提升职业教育质量。各地在制定落户标准时，也可以将职业教育作为重要标准，吸纳产业需求的劳动者落户定居，提升"蓝领"工人的收入和职业声誉，为实现产业转型升级奠定坚实的人力资源基础。

三 提升蓝领社会地位

中国正在大力发展职业教育，重新重视职业教育在个人发展中的重要价值。特雷曼（Donald J. Treiman）关于职业声望的界定标准比较明晰，即职业声望与技术水平、权威施加和资本控制成正比，而这与教育和经济地位直接相关。为此，应该强化职业准入制度，加强中等职业教育的实效性，打破重普通教育、轻视职业教育的社会风气，使"靠技术吃饭"成为成才的标准。这有利于农民外出打工时对自己的城市职业有所规划，而不是盲目地、无目的地从事低水平、靠力气的简单服务性劳动。学习一技之长，并且有终身学习的观念，摆脱贫困怪圈。一部分农民工随迁子女非常喜欢职业技能型的工作，但是社会上对从事体力劳动和服务行业的蓝领在职业续谱中的排列靠后，而我们的职业教育并不能给予他们职业的准入和不可替代性，所以发展职业教育是提供他们人生出彩的机会。目前，社会舆论对职业教育有偏见，认为学生成绩差才去读职业院校。其实，职校毕业生动手能力强、实践经验丰富，又具有很强的市场适应性。政府部门应加强舆论引导，深化职业教育改革，修改"唯学历要求"的政策，提升"蓝领"工人的社会地位，维护他们的职业尊严，为他们打通社会上升通道。广大企业也要重视对他们劳动环境和工作待遇的改善，让技术工人更有职业自信，如此，才能吸引更多年轻人就读职业院校。要使中国从"制造大国"迈向"制造强国"，就要将简单加工的劳动力转化为高端技术技能人才，用技术和智慧而不是用力气为中国的产业结构优化升级和城市信息化服务。中国是国家专利申请大国，但并不是专利转化率强国，出现这一现象的根本原因在于中国缺乏把这些图纸上的成果变成"实物"的高水平"匠人"，这些高水平的科研成果无法走进车间、走进市场，为此，发展职业教育，鼓励更多的优秀青年接受职业教育的关键是提高"蓝领"的社会地位，让"蓝领"行业对年轻人产生强大的吸引力。"蓝领"的吸引力不仅是高额的薪水，还有广阔的发展空间，他们可以从"匠人"转变为"专家"。因此，政府可在落户、子女入学等方面，让优秀"蓝领"优先，使"蓝领"享有人生出彩的机会。

（一）让"蓝领"成为农民工随迁子女立足城市的阶梯

"蓝领"是因为其工作服的颜色而得名的，"蓝领"工人广泛活跃于建筑业、新型制造业和新型服务业中，新生代"蓝领"不但要求掌握高新技术，还要响应时代潮流成为复合型、智能型、管理型的高级技术工人，不但要有制造理念，还应该拥有设计理念，既能在团体中生存，又能在团队中进行管理。然而实际情况是,这个群体正面临着新老群体交接转移的困难,一方面,老一辈工人的技术逐渐不能适应新时代的需求,想学习新东西记忆力已经跟不上了;另一方面,新生代工人接受能力强,但是他们心浮气躁,不愿意沉下心来进行刻苦钻研,这使得他们成为一个青黄不接的群体,一方面因"稀缺"被重用,另一方面因地位不高而被忽视。在人们的印象中,"蓝领"一直从事的是"技术低,事情杂"的工作,许多人对"蓝领"的认知还停留在只需要体力就可以完成的地步,这是对"蓝领"的误读。事实上,"蓝领"工作不仅仅需要体力支撑,更需要操作者极强的记忆力和逻辑,这些工作不是简单地在朝夕之间就可以领悟并能够实际操作的,必须经过反复练习,手脑结合并用,才能保证任务的精彩完成。然而,正是因为这种误读,使得青年一代中的精英很难接受"蓝领"的称呼。对于农民工随迁子女来说,似乎成为城市"蓝领"就是对父辈"农民工"地位的延续,所以他们并不情愿成为"蓝领"。这样的观念导致某些领域高技能人才已出现断代之忧。农民工背井离乡,是为了用自己的劳动创造更好的生活,从而让孩子不用像自己一样整日奔波于一线,而且还可以通过接受教育成为"白领""金领"。因为在社会的认知中,"蓝领"与它们的差距不但是工作环境的区别,还有地位、待遇、行业、领域的显著区别,这种想法包含着他们希望通过工作实现身份、职业上的转变,从而转变生活方式、行为方式和思维方式。为此,随迁子女的"蓝领"绝不同于其父辈在"次级劳动力市场"上的"力工"。他们的未来应该是具有竞争力的熟练工人,甚至更高,他们的生活应该与他们的付出成正比,他们受到的认可应该与其他行业一样,得到人们的尊重。

城镇化需要职业教育培养高技能人才,不仅要培养学生双手操作熟练、眼睛目测准确、大脑思维严密,还要培养我们这个时代所急需的职业"工匠精神"。目前,在国内,"蓝领"工人的收入待遇普遍比一般"白领"要高,但他们的社会地位仍然很低。许多在职校中上学的学生普遍表示他们向往高大上的"白领"甚至"金领"工作,因为他们的工作光鲜亮丽,这实际上是一种"白领情节"。其实,即使今天科技日新月异,但是"三百六十行,行行出状元"却依然没有变,例如年仅28岁的高级技师、模具钳工葛茂昱,凭借能够在组装超大模具时把间隙依然控制在3‰的本事,不断受到吉林省政府的表彰。显然,科技的进步其实为"蓝领"的脱颖而出提供了比以往任何时候都更大的舞台，缺少的只是引导、鼓励他们到这个舞台上去一试身手。浙江省自2008年起，每年拨出100万元专门用于奖励"金锤奖"和"银锤奖"获奖者，他们是浙江省的杰出职工，这些高技术人才用自己的技术征服了媒体，被称为本领域的杰出人才。对优秀者的奖励不但是对他们工作业绩的肯定，也有助于提升他们的社会地位，更可以借此鼓励后进者以此为榜样，鼓励更多的知识青年投身建设一线，转变"劳力者治于人"的观念。

（二）职业教育培育"职业蓝领"

强烈的需求和供应的严重不足反映出中国"蓝领"的"青黄不接"已经到了相当严重的程度，农民工随迁子女正在成为新一代"蓝领"的主体，而传统"蓝领"诞生的摇篮——职业教育的发展并不尽如人意。伴随着社会对"蓝领"的要求不断提高，"蓝领"也开始基于自身状况提出了自己的利益诉求，在渴望工资福利的同时，更希望能拥有更好的职业发展前景，获得社会的尊重和认同。因此提升"蓝领"的社会地位，要从他们职前接受的"精英教育"开始，即职业教育必须以自己的实力赢得社会的认同，进而促进社会对职业教育出身的学生的认可。

传统的职业教育只是教给学生如何去操作，如何适应工作的需要，这是一种被动式的工作模式。但是今时已经不同往日，现在更是一个"大众创新，万众创业"的社会，创业的潮流正在新一代年轻人中蔓延。因此，职业教育应该改变自己的观念，在教会学生如何就业的同时，不但要学会工作、学会管理，更要有自己的思想，最主要的是要有创业的理念，以创业宣讲会的形式激发学生的创业激情，以就业指导培养学生的技术运用能力，以培训中的管理思想渗透社交沟通、为人处世的经营能力，以对当前就业形式分析的方式锻炼学生搜集信息和处理信息的能力，以就业创业情景的再现锻炼学生理解机会、创造机会的重要性，以此提升学生"活到老，学到老"的能力，促进中高职的有效互动，很大程度上防止因为暂时中断教育而导致的知识断层。新型城镇化是关系现代化大局的大战略，是工程庞大的结构调整，作为国家发展的引擎，新型城镇化的主要亮点在于"新"，要求在城镇化过程中完成人的能力和素质的提升，并实现经济转型和优化升级。职业教育的目的在于培养千千万万的普通劳动者，因此其特有的实践性鲜明的特色可以很好地对接社会需求和经济发展。据统计，近年来，职业学校教育的质量有所提高，高职毕业生的就业率稳中有升，更是出现了高职毕业生的就业率超过了本科生的现象，其工资与名校生的差距也在逐渐缩小，甚至有赶超的趋势。他们的适应性强，他们不仅就业，还主动抓住商机进行创业，这种创业是一种机会型创业，而非因找不到工作被动进行的生存型创业。

如今，实现产业结构调整已经成为国家经济发展的重要议题，这其实也是在呼唤"职业蓝领"的出现。实现产业结构调整，核心是技术，关键在于人，因此还是要通过提高劳动者的职业素养来夯实产业基础。当前，世界经济竞争异常激烈，中国要在竞争中不落于后，就要秉承"以人为本"的发展理念，着力调整劳动力结构。《中国创新型企业发展报告2012》显示，中国与发达国家的差距主要体现在创新能力上，这是因为中国在全球化分工体系中处于中低端，因此不论是核心设备还是核心技术，都严重依赖发达国家。要实现从"制造大国"向"创造大国"的转变，光学习别人的技术是不够的，更主要的是从别人的技术中吸收相关设计思想和方法。从国际产业发展情况来看，职业教育的发展水平不仅仅与职业教育本身的因素有关，更牵涉国家制造业发展水平，制造业发展水平高，从事制造业的人的社会地位会因为职业声望而得到显著提升，从而产生一种吸引力，吸引更多人前来加入这一领域。所以，从一定程度上来说，中国年轻人不愿从事技术需求量大的"蓝领"工作将会影响国家经济转型。还有一点，职业教育的发展还与本国实体经济的健康发展有关，由于职业教育见效快、易推广、前景好，所以各国政府在面临经济问题的时候，都将职业教育摆在优先位置，以职业教育为推手，塑造实体经济优势，普及新型技术知识，创造实体经济改革创新。

此外，培育职业"蓝领"也是产业结构优化升级的诉求。实现产业结构优化升级，需要改变原有模式，加大技术在生产要素中的比例。现代职业教育以培养技术人才为宗旨，因此中国缺少大量的高级工程师和高级技术人才，将通过职业教育得到一定的缓解；同时，现代职业教育也可以改善劳动力结构，提升劳动者的职业素养和创新能力，重新组合职业教育和技能培训资源，以此建立起在岗农民工"教中学，学中做"的体系，将在岗农民工编入重点扶持项目之中；根据农民工学习周期短、学习速度快的现状，因材施教，支持职业教育和技能培训联手行业企业，以合作的方式进行资源共享，以师资互派的方式促进技术人才的交流，使在岗农民工在技能培训方面能够活学活用，提升自己的实践操作能力。此外，应该有一套成体系的职业技能培训制度，以此规范农民工在岗培训市场，引导农民工通过获得资格证书从而步入标准化道路；建立创业实践基地，对学有余力的农民工开展更专业的创业辅导和指导，以实用性提高其成功概率。

（三）支持职业前景良好的"蓝领"成为创业的"弄潮儿"

一个农村孩子恐怕很难理解《小时代》里面的"青春感"，一个出身优越的青年或许也很难因为看了《平凡的世界》而感动落泪，这种差异折射的不仅是因为文化差异而带来的生活体验的不同，还折射出阶层间不可逾越的鸿沟。"蓝领"也可以用自己的劳动换来优越的生活，也应该同等享受国家对于创新创业的资金、政策支持。因此，要改变高技能人才薄弱的现状，首先还是要在全社会形成一种有利于技术工人培养、成长的氛围。前不久，上海以一个一线生产工人的名字命名了一所学校。这个以上海液压泵厂的数控调试工李斌之名来命名的"李斌学校"，将重点培养中、高级技术工人。这无疑是相当有创见的。确实，要再创"中国制造"新的辉煌，技术工人队伍是与企业经营者、专业科研人员并列的3支不可或缺的队伍之一，而培养出一支高级"蓝领"队伍，则显然更需要引起全社会的关注和重视。政策也不妨在遵循市场规律的前提下，支持银行向职业前景良好的年轻人放开贷款，他们或许缺乏财富的积累，却都有着对美好未来的预期，也有着可以更新换代的技术，在实现成果转换这条道路上可以走得更稳、更远。

（四）运用企业工作方法缓解"蓝领"阶层工作压力

"蓝领"工作不受社会重视的另一方面还在于工作累的同时压力大。随着中国经济的飞速发展，企业竞争越来越激烈，原本就有"质量荒"的"蓝领"更是一个人顶着三四个人的工作，甚至一个人撑起了一个部门，其压力不容忽视，这时就需要企业相关部门通过新颖方式舒缓他们的压力，让他们工作开心，生活更顺心。企业工作方法主要有叙事治疗方法和理性情绪治疗模式。叙事治疗主要以日常对话为基础，透过对话解构心理压力，使人变得主动而富有生机。理性情绪治疗模式认为，人的思想是情绪的根源，所以如果人们认为自己应该拥有一件东西但是实际上并没有拥有的时候，就会产生痛苦和不如意的感觉，进而这种情绪会蔓延到工作中。因此，理性情绪治疗模式的目的在于改变人的非理性情感，引导他们走出情感困境，产生负责任、忠于职业的行为。[①] 相关研究表明，"蓝领"阶层希望自己工资待遇高，但是普遍更希望得到企业的关怀，希望自己的人际关系和谐。更有员工表明，薪酬待遇并不是吸引他们的第一因素，他们更看重人际关系和发展机会，如果企业暂时不能给员工提供良好的晋升机会，就应该通过其他方式缓解员工的压力，通过和谐的文化、美好的愿景引导员工，比如，举办各种文化活动，沟通员工之间的感情。当这个群体生活得开心，自然会有人愿意从事"蓝领"工作，毕竟人们工作不仅仅是为了创造生活，更重要的是为了享受生活，享受工作带给人们的成就感。"我当个石油工人多荣耀，头戴铝盔走天涯，茫茫草原立井架，云雾深处把井打……" 20世纪60年代，一曲《我为祖国献石油》唱出了石油工人的豪情，也鼓舞着一代代青年人投身于中国制造。相信今天，我们对于职业教育的重视，对于"蓝领"群体的关怀，会使得今天的工人阶级以及广大社会群体像当初热爱工作的石油工人一样，对自己的工作不但认同，而且吸引更多的人从事自己这份工作。

[①] 林竹等：《企业社会工作方法在缓解蓝领员工压力中的应用》，《人力资源管理》2015年第15期。

第七章

打破利益固化的藩篱和
阶层的"卷入化"

"寒门难出贵子"的论调已经被越来越多的家庭和孩子所接受,农民工随迁子女与城市贫困家庭的孩子一道,没有从父辈那里继承价值百万元、千万元的房产,也没能遗传作为代际流动资本的文化基因,甚至还在为能否在居住地入学、升学而忐忑不安,距离成为这座城市真正的主人的目标实在太遥远。农民工随迁子女伴随着他们的农民身份,无户籍的流动阶层被动地"卷入"城市,阶层和利益被固化,胶着在一起,个人的努力变得微乎其微。卡尔·波兰尼在《大转折》中提出"嵌入"的概念,他把社会经济制度仅仅看作是社会组织与功能嵌入社会的一种体现,经济制度从属于政治和社会制度。波兰尼的"嵌入"理论颠覆性地批判了"经济人"假设,为格兰诺维特等人建立的新经济社会学奠定了理论基础。新经济社会学视野下的人是"社会人"角色,通过考察其所生活的社会关系和制度空间的位置,从而分析其中激励其经济行为的影响因素。"嵌入"是"社会人"的行动方式,借用这一概念,我们认为,农民工随迁子女城市社会发展要获得旺盛动力必须将之嵌入学校、城市的日常生活实践之中,以打破利益固化的藩篱和阶层的"卷入化"。根据"环境中的人"(Person-in-Environment)这一观点,个体与其所处的环境并不是简单的一一对应的关系,而是多重互动、相互影响的关系,个体与生活环境之间的失衡是个体问题产生的重要原因。其中,社会环境是影响个体行为选择的最主要因素,个体无法有效融入社会环境是个体问题产生的根源。农民工随迁子女跟随父母从农村迁入城市,地理位置和生活环境都会发生翻天覆地的变化，这使他们的日常生活、学习以及心理与行为方面都会产生一定的不适应，从而需要做出相应调整。户籍的限制和相关法制建设的不完善也使许多农民工随迁子女的基本权益难以得到有效保障，这给他们的学习和身心健康带来了严峻的挑战。布朗芬布伦纳的生态系统理论为我们正确认识和把握环境与农民工子女城市社会发展的关系提供了一个崭新的视角。为此，包容、温暖、扶持的社会环境是农民工随迁子女城市社会发展的基础。很难想象，他们可以在巨大的压力下，单纯依靠来自自我鼓励的"压弹"始终保持城市发展的动力。

如果他们在城市中存在的家庭，每时每刻都面临着"失业""搬家"的危险，总是在"留下"和"离开"中踟躇，他们如何能面对繁重的课业和复杂的伙伴关系？优化制度性背景和政策性环境，打破利益固化的藩篱和阶层的"卷入化"，是促进农民工随迁子女城市社会发展的路径保障。

第一节　随迁子女城市社会发展是一个"嵌入"过程

农民工随迁子女的城市社会发展不仅是"迁入"，而且是一个"嵌入"的过程。尽管"人是环境的产物"的判断过于绝对，但"人在情境中"的认识是正确的。每一种环境因素都在人的生活中发挥着或大或小的作用。"嵌入"理论的集大成者格兰诺维特的研究表明，在现实的农民工随迁子女的学习和生活环境中，社会网络充当了传递和发展信息的桥梁的角色，为农民工随迁子女提供了必要的信息支持。格兰诺维特在《经济行为与社会结构：嵌入性问题》中，通过批评"过度社会化"和"社会化不足"进而提出了他的"嵌入理论"。"行动者既不是像独立原子一样运行在社会脉络之外，也不会奴隶般的依附于他（她）所属的社会类别赋予他（她）的角色"[①]。根据"嵌入理论"的观点，人们"具有目的性的行动实际上是嵌在真实的、正在运作的社会系统之中的"，忽视行为

---

① ［美］马克·格兰诺维特：《镶嵌：社会网与经济行动》，罗家德译，社会科学文献出版社2007年版，第8页。

主体当下所处的社会环境和人与人之间行为互动的事实，最终会导致人们无法把握个人的行为选择与社会环境之间存在的真实关系，从而无法揭露行为选择背后的真实原因。人作为社会大集合中的一个子集，不可能脱离社会结构和社会关系像原子式地进行决策和行动，而是"嵌入"具体的、当下的社会结构和社会关系中，通过一定的权衡和思考，做出符合自己主观目的的行为选择，而行动则是对当时情境的合理反映。布朗芬布伦纳在发展心理学中提出的"生态系统理论"，是"人在情境中"的经典论述。传统的发展心理学研究关注的只是影响儿童的即时环境。美国著名心理学家布朗芬布伦纳通过对影响儿童心理发展的环境的研究，提出了生态系统理论，对"环境"的范围进行了更深层次和更复杂的拓展。在他看来，环境系统本身就是一组嵌套结构，就像俄罗斯套娃一样，小环境嵌套在下一个较大的环境中，环境之间环环相扣，互相影响和补充。换句话说，发展的个体处在从直接环境（如家庭、学校）到间接环境（如文化、社会环境）的若干环境系统的中间或嵌套于其中。行为系统是个体生活于其中并与之不断地发生作用和其发展变化的环境，该系统由小到大一共有4个层次：微观系统、中间系统、外部系统和宏观系统。这4个系统类别是以其对儿童发展影响的直接程度来划分的，从微观系统到宏观系统，环境对儿童成长发展的影响也是从直接逐渐过渡到间接的。在城市发展顺畅的农民工家庭及其子女在城市社区意识和身份认同上表现出越来越大的主动权，基本可以由自己来选择和决定，而不仅仅是社会再生产的自然结果或者历史延续的产物。农民工家庭及其随迁子女的阶层"卷入"的程度正随着制度藩篱的打破和个体对原有阶层的"脱嵌"而减弱。随着"两为主"政策在各地的落实，异地中高考时间表的临近，以及部分城市积极的"配额制"的鼓励，农民工随迁子女自立自强、学校打破社群隔离、户籍制度改革以及修补破窗的社会舆论等将共同组成农民工随迁子女城市社会发展路径的生态系统。

一 自强与随迁子女的主动融入

与第一代随迁子女在城市生活出现的"被隔离"现象不同，新生代随迁子女与城市儿童交往则显得更平等轻松，约束条件更少，加上"异地中高考""普惠性学前教育"等教育政策的出台，农民工随迁子女的受教育权利正在逐步得到维护，他们在教育领域的隔离正被逐渐打破。能力感是影响青少年学习成绩和情绪适应的重要内在动机。自强是农民工随迁子女实现城市社会发展的最核心路径。农民工随迁子女进入城市社会生活的场域中，仅仅从保护他们受教育权益出发制定各项政策，只是促进其城市社会融入的外部条件，要真正获得城市社会发展，需要培养他们适应城市生活的"内生力"。我们赞同麦金太尔的论断，"知道我是谁，就是知道我站在何处"。"我"的善由"我"所担当的角色决定，只有在"我"能回答"我在现实中担当什么角色"这个问题时，"我"才能进一步回答"我应当做什么""我的认同是由提供框架或视界的承诺和身份规定的"，"我"的现实生活并没有脱离"我"所在的社群生活，而是始终植根于"我"赖以获得认同的那些社群的生活。"在这种框架和视界内我能够尝试在不同的情况下决定什么是好的或有价值的，或者什么应当做，或者我应赞同或反对什么。"[①] 所以，家庭文化很重要的作用就是积极的价值观、人生观、世界观的教育与渲染，以及敬业、诚实、友善、宽容等良好品性的形成。当孩子放下背负的家庭的"责任"，卸下"伪装"，像其他孩子一样在学校里单纯真实地生活，体现真我的本色时，就有机会让更多的同学进一步了解他、关怀他，学校作为打破社群隔离的渠道才会真正地发挥作用。

（一）控制感之上的自强不息

兰格和罗丁提出的"控制感"是指个体对控制力的感知，是贯穿于个人生活，在与自我有关的生活事件中体现出来的力量。在日常生活中，我们每时每刻都会做出各种各样的选择，当个体拥有控制力时，他就更容易快乐并且会取得更大的成就。但是，实际上，个体也经常会丧失他的控制力，甚至连对自己的生活做出最简单的选择也会受到限制。心理学显示，失控后的人们最普遍的反应有两种：抗争或消沉。当个体已有的控制力或即将拥有的控制力（异地升学）被强迫取消或受到威胁时，他首先产生抗争反应，尽力挽回失去的自由。一旦努力失败，会产生无助感。消沉反应则与抗争相反，它导致个体自认失败并且放弃改变困境的努力。生活中某一方面的失控所导致的消沉而造成的影响，可能会波及生活的其他方面。在其他事情上，个体也会产生习得性无助，进而放弃自己的努力，

[①] 俞可平：《社群主义（修订版）》，中国社会科学出版社2005年版，第67页。

甚至对可控制的事件也失去信心，认为其是不能控制的。长期的消沉反应还会给人的身心带来不利的影响，可能造成持续性的焦虑和抑郁。奥尔德（Alder）认为，降低对厌恶结果的控制力会增加个体的心理烦恼和压力，而拥有控制力则会降低个体对威胁性事件的厌恶感。研究表明，控制感以及个体能够运用的个人选择权的错觉等，这些因素在维持生命方面扮演着明确而积极的角色。赛里格曼研究习得性无助，发现它与抑郁症密切相关。"生存"依赖于个人维持某些领域的自由活动、控制个体生活中重要方面的能力，即使环境看起来令人完全不知所措。

选择权是影响个体控制感的一个重要变量。研究表明，在居住环境上拥有个人控制权对年轻人和非集体户人口来说也很重要。罗丁以儿童为被试者，证实控制感的降低是由于居住环境的长期拥挤所引起的，这导致儿童在试验中很少去尝试提高自我控制力，在面对失败时，放弃的可能性更高。研究者认为，个体在习得心理无助后抱怨的次数就会减少，所以在此研究背景下，被试者的抱怨数量可以作为衡量个体控制感的一个有效指标。个体选择权和责任感的提升有利于个体身心健康状况的改善与提高。居住空间拥挤会影响人的行为和情绪，在高密度城市环境下成长起来的人在今后的生活中罹患心理疾病的危险较高。拥有控制权的被试比没有控制权的被试者更好体验到拥挤，控制感会调节人们对空间密度的反应，与人们的拥挤体验直接相关。

在精神和物质生活日益丰富的今天，有关青少年离家出走、自杀、沉迷网络游戏、心态失常等不适应社会的种种现象已经引起全社会的关注。家长对孩子的溺爱和过度保护导致青少年的依赖心理增强，他们不能独立地做出自己的选择，遇见问题便不知所措，抗挫折能力低下。所以，增强青少年的抗挫折能力和个人控制感，让他们做自己生活的主人，是现代家庭教育和学校教育的重要任务。在如何预防自杀的问题上，一直没有很好的方法，也许从提高个体的控制力入手，增强个体的抗挫折能力，会是一个不错的选择。控制力水平是衡量个体心理健康的一项重要标准。如果个体具有较高的自我控制和调节能力，那么他的认知活动就会稳定、正常，情感表达恰如其分，动机适宜，需要容易得到满足。农民工家庭城市社会融入的过程其实也是城乡人群的人际互动的过程。由于城市社会建设、养老等领域缺乏人力资源，需要农村剩余劳动力充实到城市的劳动力市场中,但最初的需求市场是次级劳动力市场。农民工及其随迁子女要实现真正的城市社会融入,就需要在社会人际互动中提供更多的优质资源,用以促进群体间的资源交换,从而满足双方的利益,这也正是城乡人际互动的起因。

(二)在主动融入中增权

《韦伯斯特新世界词典》中把增权定义为"赋予权力或权威;赋予能力;使能,允许"。这些定义假定权力并非天生的,而是由某人赋予某人的。[①] 美国学者Solomon认为,增权就是通过处理和解决问题中存在的特殊障碍,改变团体界定中受到外在污名化的状况,使团体内部的成员,重新对该团体有一个更深刻的认识和认同,从而增强个体的自信与自尊。通过对个人权利、社会权利和政治权利的明确把握和了解,提高公民政治意识,进而使个体的主体尊严感和福祉感得到增强和发展。社会工作视域下的增权,则是通过外部的干预和帮助,加深个体对自身能力和权力以及权利的认识,提供个体维护自身合法权益的渠道,减少个体的无权感和无助感,最终使个体能够通过积极的行动来解决自身问题和改善所处的环境状况。

除社会环境需要给农民工随迁子女提供必要的条件来促进他们更好地融入城市生活外,农民工随迁子女的主动性融入也越来越得到人们的重视。主动融入即融入者在主观上具有融入的意愿,并通过自身的努力来提高和建设自身的能力,以满足社会融入的需求,并达到融入的目标,在本质上是一种积极地投入。主动融入者并不满足于环境的供给,而是能够在根本上提高个人的主观能动性,主动创设或改变情境。如果能得到外在制度或政策环境的大力支持,他们融入社会时往往能达到深度融入的良好效果。在对影响农民工随迁子女社会融入的原因的分析中,应明确哪些原因是可以改变的,并且是短期内可以改变并能见到效果的,而哪些是即使从政策层面也无从入手的。从当前的现实情况来看,短期内依靠这种政策或制度的建设来促进农民工随迁子女融入城市是不太切合实际的。改革也不是短期内能够完成的,如户籍制度、教育制度等,都需要经过一段较长的"调适"时期才能不断地完善。增权是一个过程,在强调农民工随迁子女

---

① 陈树强:《增权:社会工作理论与实践的新视角》,《社会学研究》2003年第5期。

进行主动融入的能动性的同时，我们也要赋予农民工及其随迁子女更多的合法权利，使其与城市居民趋于平等。

二 友谊的发生与"积习"的改造

友谊在人类历史长河中扮演着十分重要的角色，友谊是指建立在相互依恋基础上的个体间持久的亲密关系，是同伴关系得到发展和升华的高级形式。影响不同年龄阶段的儿童择友的主要因素包括物理距离和心理距离的接近性。物理距离这一客观条件使儿童具有较多的接触机会，如座位靠近、近邻、学习成绩接近、双方家长交往密切等。儿童大多以物理距离相近这一因素结交朋友。心理距离则包括品质、性格、兴趣和行为动机等。这些要素接近，则他们在学习和行为特点方面会具有某种趋同性，彼此更容易产生共鸣，容易相互吸引。50%—65%的小学儿童主要依据物理距离远近来选择朋友，其中，尤以二、三年级人数最多。随着年龄的增长，择友也趋向于选择心理距离相近的人，他们越来越注重学习特点、行为特点、道德品质等，彼此在人格上互相尊重，在心理上互相慰藉。随迁子女在城市学习生活中常表现出情绪失落、自我封闭以及自卑内向的情绪状况，在行为上表现为叛逆、猜疑、破坏等，不利于融入群体。

（一）在同伴的友谊中嵌入城市生活

除家庭之外，同伴被认为是影响发展第二重要的微观系统。教师在同伴地位与教育实践相互作用的中间系统中发挥重要作用。一般研究表明，有亲密友谊关系的儿童倾向于拥有更好的社会能力，更加自信，有更高的自尊，有更高的学业成就。学龄前儿童的友谊和青少年时期的友谊有着本质上的区别。在儿童早期和中期，他们的友谊是建立在某一时段的互动基础上的，即在一起"玩得好"。儿童后期和青春早期的友谊是建立在更稳固的具有更形似品质的基础上的，如特定的爱好或特定的分享和友好的特性。到了青春期，友谊则建立在共同的价值观和更复杂兴趣的基础上，如对学校的态度、职业抱负以及成就。"真正能够摆脱弱势地位的前提是个体或群体自我能力的改变。随迁儿童无论从年龄方面还是从社会资本的方面均处于弱势地位，缺乏自我生活的控制力以及可有效利用的社会资源，通常没有能力和信心去改变自己所遇到的困境"。当在居住地缺少朋友时，老师和同学就成为自己重要的人际资源。同时，通过和同学家庭的接触,为父母及家庭也带来外溢性人际资源和生活方式。在青少年时期,儿童与同伴交往的社会关系需求增强,同伴的影响力逐渐取代或超过父母的影响力。他们惧怕被同伴排斥,害怕被集体抛弃,所以许多越轨事件是在群体压力的情况下产生的。在儿童和青少年道德发展理论中,同伴的力量从未被忽视过。同伴关系一定包括了互惠、分享、公平、平等等方面,因为多数儿童不会与拒绝分享和公平游戏的孩子继续保持同伴关系。按照心理学家威廉·戴蒙(William Damon)的说法,年幼儿童间的分享是早期移情的标志,被认为是亲社会行为的重要方面。皮亚杰和科尔伯格也都认为,同伴互动是进入高水平道德认知推理和学会与他人合作来决定公正和公平的必不可少的成分。

马克思认为"社会是人们交互作用的产物",每一个个体都不可能脱离社会生活而存在,一个人的生存与发展离不开与其他人的相互作用,并与他所生活的社会环境息息相关。特别是在当代社会,人际交往已经成为个体生存和发展的首要条件,离开人际活动,个体的生存将举步维艰,更不用提进一步发展了。儿童的发展也是在其与周围人和环境的相互作用、相互交往中产生的,其发展的程度和速度在很大程度上由他(她)与他人直接或间接交往所产生的一切相互间的关系所决定。家庭内和家庭外这两大系统是儿童主要的交往环境,儿童主要的社会关系是亲子关系、同伴关系和师生关系,这三大人际关系对其发展起着不可替代的作用。群体社会化发展理论提出,在儿童的人际关系网络中,同伴关系的位置极为重要,是影响其自身生存和发展的决定性因素。对移民后代的研究也表明,移民子女对异国文化和生活习惯的适应都要比其父母更胜一筹,这与同伴之间的相互影响是紧密相连的。另外,从日常生活中我们也经常看到,很多儿童不论是衣着打扮、言谈举止,还是兴趣爱好方面,同伴及同伴关系对其的影响都远远大于父母、教师以及亲子关系和师生关系的影响,特别是随着时间的推移,同伴影响发挥的作用越发明显。基于此现象,研究者认为,同伴关系在儿童人际关系网中居于决定性的位置。同伴关系、亲子关系、师生关系等各种关系对儿童不同品性发展的影响是相对独立的,不同人际关系在儿童发展的不同方面发挥着各自特有的作用。尤其是对儿童身心发展的某些特定方面来说,某一人际关系的影响会占优先位置。例如,一些研究发现,在儿童的安全感、好奇心和探究心等方面,亲子关系发挥的影响更大，师生关系对儿童的学校适应性影响最大，而同伴关系则是影响儿童交往能力与侵犯行为的重要因素。子女学业精进是贫困家庭幸福感的主要来源。"在一般意义上可以认为，所谓幸福感就是个体在自己所认同并内化的社会规范的指导下，对自己生活质量的整体性和肯定性做出的主观判断和评估，是个体在对自己生活各个方面进行综合权衡和全面评价的基础上而产生的积极性情感。"① 当下的幸福感在很大程度上取决于我们对于过去的记忆。流动者第一代忆苦思甜和失落，对第二代来讲，期望大于记忆。如果说社会记忆体现历史对当今社会的影响，那么社会期望则体现未来对目前状态的影响。社会期望对个体幸福感的影响主要体现在人们对未来生活的构想、预期与信念会影响个体当下的思想动态和情感状态。人们会根据自身目前的生活境况来描绘未来生活的美好蓝图，积极的社会期望会增加个体当下的幸福指数；反之，对未来持有消极态度的人往往会被不幸福的情感体验所包围，个体的情绪会持续处于低落状态。社会期望主要源于社会成员对自我认同与社会认同的双重认知与评价，因此积极的自我认同与社会认同常常意味着个体拥有较强的幸福感，对社会生活拥有更高的满意度，以此为基础的社会期望会使个体当下的幸福感得以维持和强化。

（二）做一个城市中的新少年

谈到农民工随迁子女城市社会的事实性融入，不能不谈到群体自身"积习"的改造。"积习"是一个在"国民性"讨论中常见的词。严复反复强调说："国之强弱、贫富、治乱者，其民力、民智、民德三者之证验也。"（《原强》）近代中国之所以积贫积弱，是因为中国"民力已苶，民智已卑，民德已薄"，三者皆劣，国民综合素质不高。因此，着手提高国民素质，使民众实现德智体三强乃是根本。为此，对随迁子女的教育应集中在获得民力、民智和民德上。陈独秀的《敬告青年》是新文化运动开篇的标志性文章，其目标就是要使中国人实现从"浅化之民"到"日新求进之民"的转变。新文化运动初期，陈独秀等现代知识分子极力强调国民素质的高低决定了国家的兴旺发达与否，因此，他们提出改造中国的根本在于改造中国的国民性，提高国民素质。在分析国民性中最突出的

---

① 王建民：《幸福感问题在社会学研究中的兴起》，《光明日报》2007年11月14日。

"奴隶性"根源时，严复说"夫上既以奴虏待民，则民亦以奴虏自待"。（《原强》）要帮助农民工群体摆脱心理上的从属地位。

自身状况是影响朋友间相互选择的重要因素，阿马蒂亚·森的"可行能力"（capability approach）理论可作为分析自身状况的基本理论。阿马蒂亚·森认为，一个人的"可行能力"是指个体有可能实现的、各种可能的功能性活动组合。其"功能性活动"几乎涵盖人们生活的方方面面，包括衣、食、住、行等，而得以实现各种功能性活动的可行能力则是一种实质自由。该理论为剖析当前中国的农民工随迁子女社会融入问题提供了一个崭新的理论视角。农民工随迁子女社会融入的"可行能力"具体可理解为获取和有效利用各种机会、资源、政策，并使之转化为促进自身发展和社会融入的一种能力，也是其主动融入的重要途径。农民工随迁子女不能融入城市社会的根本原因，就在于其"可行能力"的匮乏或被剥夺。根据农民工随迁子女目前所拥有的可行能力清单来看，大部分能力都存在缺失或处于较低的状态。在生理健康能力方面，健康知识浅薄是农民工随迁子女存在的最大问题，对于一些基本的自我预防和保护、卫生保健等医疗卫生知识一知半解，如关于身体清洁、伤口处理、口腔护理、青春期保健等方面的知识，存在较大的空缺，这些基本卫生知识的匮乏给农民工随迁子女的健康问题和生活中的卫生问题带来了较大的挑战，对其与城市孩子的正常交往造成了不利影响，从而减缓了其城市融入的进度；而在心理健康能力方面，农民工随迁子女也明显低于同龄城市居民子女，例如，农民工随迁子女普遍存在着自控能力低、自卑、抗逆力缺失等问题。

徐丽敏把"体能""技能"和"智能"列入了流动儿童社会融入所需要具备的可行能力清单之中。其中，"体能"特指农民工随迁子女的健康能力，包括身心健康、社会适应能力和道德水平。"技能"指的是农民工随迁子女的知识学习和掌握能力，即对语言、知识、新信息、政策等基本技术与信息流程的熟练程度。"智能"，主要指流动儿童的智力发展能力。考虑到农民工随迁子女的城市社会融入需要其在社会交往和参与方面有创造性的发展，因此社会交往、参与能力也应该被列入其基本的可行能力清单当中。健康能力，按照世界卫生组织1946年成立时在其宪章中提到的标准，"健康不仅是躯体没有疾病，还要具备心理健康、社会适应良好和有道德"。能够被城市同龄人接受的"友谊"对象，应当是"健康的"。身体健康,有强壮的体魄,能够抵抗风雨,没有传染病、皮肤病等影响交往效果的疾病。心理健康,乐观向上,总能带给大家"正能量"。社会适应,很好地适应新的城市生活,不畏缩也不逞强,积极面对新生活的挑战,珍视友谊。有道德,道德是人们共同生活及其行为的准则与规范,做一个守纪律的好孩子,珍视信任,诚实守信,会受到新朋友的欢迎,顺畅地融入城市社会生活中。

自强首先表现为超强的"学习能力"。"学习能力"是指人在正式学习和非正式学习的情境下,自我求知、提升和发展自身的能力,是一种以简捷高效的方法获取准确的知识和信息并将其转化为自身能力的本领。农民工随迁子女进入城市并想要尽快融入城市生活,理应具备以下具体的学习能力。语言学习能力,即讲普通话的能力,一口流利的普通话能够使农民工随迁子女顺畅地表达自己的思想并与人沟通,是被老师和同学接纳并融入的重要手段。对知识、新信息的学习能力,这主要是指农民工随迁子女通过自身的努力获取好的学业成就、文凭的能力,掌握、整合和利用现代社会各种新信息资源的能力,也是其获得学习成绩的重要前提。规范的学习和遵从能力,自觉遵守学校和社会的相关制度、规则、规范,知法守法,依法办事。农民工随迁子女,作为处于儿童、青少年时期的"社会人",被各种社会群体、媒介和关系所包围,在不断的交往活动中,吸收并内化各种社会文化知识,形成自己独特的知识结构,不断发展着自己的语言、情感、社会行为、道德规范、交往经验、人际关系和性情品性等。只有在不断地与人交往互动的过程中,随迁子女才能逐步发展其心理能力和社会性。所以,农民工随迁子女必须冲破自身狭隘的空间,与人交往,并获得社会交往能力。农民工随迁子女要不断提升自身的参与能力,只有融入城市的小伙伴之中,才可能获得友谊。参与能力是个体作为社会成员能够获得充分的机会、对社会生活的过程及其结果进行介入并表现出一定影响力的能力。对于农民工随迁子女而言,参与能力主要表现为教育参与能力和社区参与能力。教育参与能力即随迁子女能够在获得公平机会、接受均等的教育待遇的同时,在学习中刻苦努力,取得较为优异的成绩;社区参与能力即热心公益,不把自己边缘化,积极为学校、班级和社区做事情,进而获得作为城市社区成员对社区活动充分参与的主动权,并对社区中与自身利益相关的事物享有一定的话语权。

三 家校合作促进随迁子女嵌入城市社会

微观系统是最接近个体的客观环境，是指与个体活动和交往最密切相关的直接环境，这个环境系统不是一成不变的，而是处于不断变化和发展之中的。微观系统是环境系统的最里层，其包括与发展中的个体直接发生相互作用的人、关系和系统，主要包括随迁子女的家庭、同伴和学校。身份认同主要由类化、认同和比较3个部分组成。类化是个体根据自我认识进行自我归类的过程，即将自己归入某一社群；认同是个体获得某一社会群体普遍特征（如价值观、社会规范、道德等）的过程；比较是评价自己融入且认同的社群与其他社群的优劣、声望等的过程。认同是嵌入的核心机制和心理接纳的重要条件，对文化或族群生活方式的认同，可以促进个体的社会融入。由于缺乏认同，社会规则、道德规范、价值观很难嵌入受教育者的心灵深处，也很难内化沉淀到受教育者的个人价值观体系中。农民工随迁子女城市社会发展正是以文化认同、制度认同、情感认同为载体，将城市学习和生活的内容嵌入文化、制度与行动之中。"嵌入式"的城市社会发展是在随迁子女日常的实践活动中，将价值观、道德规范等教育内容直接嵌入和常态化，也就是日常生活本身。如果说，"卷入式"教育的核心是通过开展某类活动、运动或者营造某些大场面，把受教育者从外部"卷入"进来，进而达到教育的目的，它所体现的是一种动员思维的话，那么，"嵌入式"教育的核心则是直接以个体本身为出发点和落脚点，将价值观、行为规范直接"嵌入"人的价值观和行动之中，它本质上就是真实的生活世界，它的实质是一种处于实战状态的道德教育。因此，"嵌入式"教育的主体是农民工随迁子女自己，教师、同伴和家长是嵌入过程中的助手和"脚手架"。

（一）家庭的关爱和引导

家庭是一个人降生后最先融入的微型组织，家庭在一个人的成长发展中承载着经济扶助、道德内化、心理支持和情感慰藉等多重社会角色的价值，家庭的关爱和引导是儿童最宝贵的人生财富，是促进儿童发展的原动力。父母的不同期待与他们对教育效益的信念是相适应的。部分农民工家庭对教育的有用性表示怀疑，他们让孩子随迁共处的需求远大于为孩子争取更好教育的愿望。因为他们中的许多人相信即使有了教育，也仍会被区别对待,他们成功的机会是有限的。因此,他们对于子女的教育质量仅仅追求"有学上"的高度。父母的智力卷入、情感卷入、行为管理均与流动儿童的学习成绩呈现显著的正相关关系,但父母的智力卷入和情感卷入与流动儿童的情绪适应却表现出明显的负相关关系。流动儿童父母的智力卷入和情感卷入显著低于城市儿童父母,但农民工家庭中也有部分家庭在没有接受教育时就对失败或消极的结果有更大的恐惧。对于教育效益更大的文化期望会或多或少地影响父母对孩子的教育。农民工子女的家长由于缺少相关的专业知识,也较少参与学校的活动,因此给孩子的家庭作业能够提供的帮助和支持少之又少。

农民工随迁子女家长的智力卷入、情感卷入和行为管理与孩子学习成绩之间成正比的原因,可能与父母在子女的学习中充当起"脚手架"的角色有关。如父母在智力卷入上投入越多的支持,就可以给孩子提供越多的学习上所需要的用具和信息资源,如配合孩子创设一些认知性的刺激活动、购买学习材料、参加学业活动辅导及课外辅导等,这些都会增加孩子的学习兴趣,使孩子能在学业表现上取得更优异的成绩。父母的情感卷入越多,就越能构建一种和谐的亲子关系,就越能够加强父母与孩子的情感联结,使父母在双方的沟通交流中更及时了解孩子在学校的表现情况,激发和发展孩子的学习兴趣,鼓励和协助孩子解决学习中遇到的难题,这些在孩子的学习投入、认知兴趣、道德养成和探索精神方面都能起到良好的促进作用。而行为管理卷入则可以为孩子提供一个适合他自身的学习计划并保证计划得以落实,如保证孩子有足够的学习时间和充沛的学习精力,提高孩子的学习效率,帮助孩子设计一个详细的学习规划,并督促他们在按时完成学习任务的基础上进一步发展自己的学习能力。本书还发现,父母智力和情感卷入的程度越高,亲子关系就越协调,流动儿童所体验到的负面情绪就越少,两者成反比关系。当父母卷入儿童的教育情境时,他们在孩子情绪机能的调控上就扮演了"参与者"的角色,可以更好地观察孩子的情绪情感并对孩子的情绪起调节和控制的作用。农民工随迁子女进入城市后,他们面对的是全新的城市环境、学习环境和生活环境,因此心理上会产生很大的不适应感,需要重新融入一个新的生活圈,而家长的教育卷入可以给流动儿童加快完成适应过程提供有效的帮助,如父母鼓励孩子参与学校组织的活动、参加课外学习辅导班以及加强亲子间情感沟通交流等，都在一定程度上提升了流动儿童的情绪自我调控技巧、学习能力知觉、自信心和自尊心等。良好的亲子互动和父母对儿童学习和生活的有效卷入，会加强父母与孩子的情感联结，从而使孩子能够保持一个稳定良好的心态面对学习和生活，使孩子避免遭受额外的焦虑、抑郁、自卑等负面情绪的困扰。此外，父母对儿童在学校的表现保持持续性关注，并适度表达自己对孩子的学习期望，将对孩子的积极情感的提升有很大的帮助，对抑制孩子负面情绪的困扰和缓解流动儿童承受的心理压力都有很明显的效果。

(二) 学校发展性的训导

学校是社会主流价值体系和先进知识技能得以传播的主要载体，儿童在学校学习的时间长短和获得专业技能的多寡在一定程度上决定了其社会地位的获得。学校是学龄儿童得以成长和发展的微观系统之一，也是连接家庭和职业生活的中间站，因此不管是分化还是整合，它都是典型的社会化现代环境。在《作为社会系统的学校班级》一文中，帕森斯认为，学生在学校课堂里所收获的真正重要的知识，不是陈述性或事实性的知识，而是经验性或社会性的知识，有效社会化的水平的评估指标就是他们认同和内化的教师价值观的程度。学校有两种基本功能，即社会化和选择。其中最重要的功能是完成个体的社会化。帕森斯还指出，人的高度社会化是整个社会系统得以运作和保持稳定的重要因素，而社会化的过程包含在分配和整合之中。通过分配，社会化应当造就和培养训练有素的工作人员；通过整合，社会化能使资源得到充分利用，使有效分配必然产生的不平等报偿被当作平等而接受。学校是满足这个社会化功能的一种理想工具，因为它通过寻求获得报偿的高分这个相对客观的标准进行人事分配。高分是个体获得较高社会地位和巨额财富的工具性手段，而分数同时也是以一种文化价值的方式表现出来的符号性的奖赏和鼓励，正如人们用符号表示普遍性的成就那样。因为分数分配是随着它被有效地合法化为个人能力、成就、地位、财产的公正评价后才被接受的。[1] 在学校中，孩子们接受符合社会要求的价值观的传授，在进入劳动力市场后，被分配到不同的社会位

---

[1] [美] 杰夫里·亚历山大：《社会学二十讲：二战以来的理论发展》，贾春增译，华夏出版社2000年版，第53—63页。

置中,并最终接受成人的组织责任角色。为了维护经济系统的稳定和发展,教育的分化与选择是必须的,这是因为经济系统需要不同层次的劳动力。

赫胥(Hirschi)提出的社会联结理论认为,在社会化的过程中,青少年会与社会建立起一种强有力的紧密联系,除非很强的犯罪动机破坏或打断这种社会联系,否则他便不会轻易走上违法犯罪的道路。青少年出现行为偏差或犯罪行为是个人与社会传统的联系出现断节或破裂的结果。与其他研究青少年犯罪的理论不同,赫胥不讨论引发青少年犯罪的压迫力、推动力或诱惑力,而是讨论遏制青少年犯罪的约束力。社会联结理论的核心概念是社会联系,赫胥支持了社会联系的4个构成成分,即依附感、承担感、参与感和信念。第一,依附感。依附是个体对他人或群体产生的某种亲密的感情联系。如果个体对他人或群体拥有较强的依附感,那么他就会在做出某种决定或进行某种活动时,充分考虑他人或群体的意见与感情,从而抑制自己的违法犯罪冲动。家庭、学校是青少年的重要依附对象,青少年与其依附程度越高,犯罪行为就越少。第二,承担感。承担是指为基于传统活动设定的目标而进行的努力,为自己的理想或期待而付出的行动。承担感判断的是青少年是否把自己的时间和精力用在了未来职业和教育上。服从于传统价值观的青少年会从事历史传承下来的传统活动,一般不会出现闲荡现象并产生偏差或越轨行为。个体越是有志向,他就会把更多的时间或精力投入实现自己的理想中去,在行为决策时就越会考虑其对自身的影响,那么其犯罪的可能性就越小。良好的家庭和学校教育有利于青少年树立崇高的理想,使其把时间和精力投入理想中,这样走向犯罪的可能性会更小。第三,参与感。参与是指对传统活动的参与和投入。赫胥认为:"个人完全可能是太忙于传统的活动而没有时间进行越轨行为。"青少年越是感兴趣参与家庭、学校、社区等组织的活动,其接触犯罪亚文化的机会就越少,那么犯罪的概率就越小。第四,信念。信念是指对社会共同的价值体系的认同。赫胥提出,社会群体中存在着一种普遍的价值体系和道德观念,生活在这一社会或群体中的人们基本都相信、遵循这套价值观念系统,并将这套共同的观念系统内化到个人的价值体系中去。但不乏对信念的内化程度较低的另类成员,他们对个人的错误行为采取合理化的心理防御机制,这样的个体就容易出现偏差或越轨行为。青少年的信念内化需要学校和家庭的共同努力,当人们越是认同提供的社会准则时,社会准则对其行为的约束力就越大,其犯罪的可能性就越小。而对社会准则的认同是要通过教育使青少年逐步内化而形成的,因此父母的教育、学校的教育起到关键作用。社会联结理论与其他青少年犯罪理论的区别主要是,前者讨论的是遏制青少年违法犯罪的约束力,而后者探讨的是诱发青少年违法犯罪的压迫力、助推力或诱惑力。

学校和班级首先应该为学生提供一个可信任的氛围和关爱的道德规范。儿童表达情绪应该感到安全,知道他们会得到老师的支持和关心。[①]教师能在教学时间之外与学生互动,如和学生一起吃午饭、参与学生关于一些事情的日常谈话、与学生开玩笑等,并且花一些时间与学生分享自己的家庭和爱好,也花时间了解学生的爱好兴趣和家庭生活。用肢体语言传达信任等,同时保持他们的反应和常规行为始终如一,以此来传达可信赖感。在信任的氛围中,进行发展性训导。正如父母可以采用引导和民主程序来建立标准和重要性以及鼓励移情那样,教师应该也可以在课堂上运用这些策略。教师应该帮助学生理解规则背后的原因,规则应该包括亲社会行为,如分享、轮换和尊重他人;教师应该运用非惩罚性的方法来控制行为,召开常规班会和采用合作性的问题解决策略来制止课堂上的不良行为。学校能通过课堂氛围、纪律、课程(包括道德问题和服务学习)给学生提供讨论道德两难问题的机会,以及通过以学校为基础的旨在减少攻击行为的课程来促进学生的道德发展。

(三)作为嵌入纽带的中间系统

中间系统是指各微系统之间存在的联系或互相关系,是微观系统相互连接的桥梁。如果微系统之间的联系是积极且强烈的,则有可能产生系统组合的最优化效果;相反,如果微系统之间存在的是非积极的弱化的联系,则会产生消极的后果。布朗芬布伦纳强调,当儿童与成年人之间的相互交往密切且经常发生时,这会对儿童的成长发展产生持久积极的影响。但是当成年人与儿童之间的关系受到第三方因素的影响时,如果第三方的影响是正面积极的,那么亲子之间的关系会得到进一步的巩固与发展;反之,儿童与父母之间的关系就会遭受危机甚至决裂。例如,父母的婚姻状

---

① [美]莉萨·博林等:《教育心理学》,连榕等译,机械工业出版社2012年版,第70页。

态作为第三方因素或多或少地对儿童与父母的关系有一定的影响。当父母相互鼓励其在育儿中的角色并在大多数情况育儿意见统一时，双方都会更有效地扮演好家长的角色。相反，如果父母婚姻关系不和谐，父母双方的意见经常发生分歧，则子女会更倾向于发生违反纪律和敌对他人的行为。此外，儿童在家里与兄弟姐妹的相处模式对他在学校中与同学间的相处模式也有很大的影响。如果在家庭生活中，儿童一直处于被宠溺的地位，总是优先选择玩具和食物，那么一旦在学校中这种优先权得不到实现，儿童内心就会产生极大的落差，就会对儿童与同学建立和谐、亲密的友谊关系造成不良影响，还会影响教师对其的认知评价及指导教育的方式。同伴关系则是儿童进入青春期以后的最重要的关系，他们会通过同伴的认知态度来认识和评价自己及他人，并根据同辈群体的规范来调适自己的行为。中间系统则使两个或多个微观系统实现有效的联合，如家长和教师的互动将家庭和学校环境联系起来，同伴之间的交往将多个家庭环境联系起来。流动儿童在城市社会中的位置不是一成不变的，而是随着时间和个体的活动不断发生变化的。即使他们的亲子关系不和谐、缺少教师的关爱、被品学兼优的同龄人排挤，发展的中间系统也不会空白或消失，他们会和与自己处境相似的人"结盟"，以另外一种"失范"的方式参与到社会生活中去，即发生越轨行为或犯罪行为，以此争取他们在城市的一席"立足之地"。

四 不应被忽视的"弱连接"载体——社区

由于与社会经济地位高的邻居生活在一起会有更多的机会接触高质量的儿童养育方式，所以，这种关联就可以由家庭收入和社会经济地位来解释。环境层次的第四层是宏观系统，指的是存在于以上3个系统中的文化、亚文化和社会环境。生态系统理论把人的发展看作是持续地适应环境并与环境的众多层面进行系统交换的过程。社会问题的出现则降低了交互适应性，例如贫困、社会排斥等社会问题直接导致贫困人口和被排斥人群与社会环境互动的能力降低。对于社会工作来说，要理解个人就必须将其置身于生长的环境中去，不论是个人的正向发展，还是生活过程中所出现的问题，都是与其生长环境密不可分的。宏观系统事实上是一个广阔的意识形态，包括一个国家的宗教、历史、文化，它对于如何对待儿童、给予儿童什么以及儿童应该努力实现的目标都有相关的规定，并潜移默化地影响着家长对子女的教养方式。在不同类型的文化中，这些观念各具特色，但是这些观念渗透于微观系统、中间系统和外部系统之中，对儿童认知水平和知识经验的获得具有直接或间接的影响。宏观系统描述的是影响个体生活的社会特点，如流动儿童也许会在宏观系统中遭遇比城市儿童更多的应激源——如住房质量低、食物缺乏、医疗卫生事故以及社区暴力等。

（一）丰富社会资本

社会资本是在一定的社会范围内存在的，人们基于信任、情感、共同体意识而形成的相互信赖和支持的关系。社会资本的存在为人们带来安全感，也会提高合作的效率，使社会关系更加协调。社会资本的增加能够促进社会成员之间的良好关系，增加他们之间的相互信任，由占有欲建立一个相互关怀的社会。社会资本的表现形式主要有社会网络、规范、信任、权威、行动的共识以及社会道德等方面。

社会学和区位学把社群隔离分为三种类型，即区位性隔离（ecological segregation）、自愿性隔离（voluntary segregation）和非自愿性隔离（involuntary segregation）。① 城市社会阶层间所产生的自愿与非自愿性隔离，目前已形成了普遍性的住房贫富分区现象，并正在加速向极端的阶层化社区演进。当前，中国城市普遍出现了比较明显的住房贫富分区现象，这是人们在经济成本的影响下自我选择造成的结果，但住房本身并不是社会排斥的源头，它只是社会排斥的表达方式。安东尼·吉登斯提出了社会排斥的两种类型：一种是社会底层的人们的自我排斥，他们将自身排除在社会提供的主流机会之外；另一种是社会上层人士的自愿排斥，也就是所谓的"精英反叛"：富人群体选择离群索居，从公共机构中脱离出来。② 住房贫富分区使得社会资本不能得到有效的流通和运转，进一步加剧了贫富差距的扩大。

---

① 郭星华：《社群隔离及其测量》，《中国人民大学复印报刊资料》（社会学）2000年第6期。

② ［英］安东尼·吉登斯：《第三条道路：社会民主主义的复兴》，郑戈译，北京大学出版社2000年版，第107页。

目前，中国社会出现的社会资本问题主要有城市的现代化进程加快使得传统的社会资本（如家庭、社区）的作用正在遭受削弱；市场制度和法律规范等社会资本还存在一定程度的不完善，在某些方面不能适应经济、政治的需求；社会网络不成熟，社区成员之间关系淡漠。为了更好地解决这些问题，中国政府和社区应该合力丰富社会资本，加大力度整合社会优质资源，完善和创设适应中国经济文化的法律法规，建立适合社会经济发展的市场制度。社区还应该发挥其应有的功能，为全体成员提供一个民主自由的社区环境，促进社区成员之间的良性互动，增加彼此的信任感和联系，形成一个和谐稳定文明的社会网络。

（二）重塑社区性格

区域性是社区最基本的特征之一，即社区是一个相对闭塞的带有地域限制的生活共同体。社区性格是组成社会结构的一个重要部分。根据吉登斯的社会结构化理论，社会结构的产生源于社会成员形成的群体基础，同时又对群体成员具有限制作用。所谓社区性格，是指某特定社区中的群体或大多数人所表现出来的一种普适性的稳定的心理态度倾向和与之相配套的行为风格和行为方式。社区性格作为一种性格，与思想观念和理论体系并不是一回事，它和人类性格一样，具有非理智、无意识、自发自动、不自觉的性质。它表现为人们会潜意识地对某些事物或行为表现出喜好或厌恶、赞赏或反对，它会使人们在不知不觉中透露自己的态度和行为倾向。

中国社会正处在一个由工业化过渡到信息化的转型时期，社区性格需要随着时代的变迁而相应调整，以适应社会的发展。在新的社区成员社会化的过程中，社区性格也面临着重新调整的命运。都市人类学认为，群体人格与濡化是紧密联系在一起的。因为文化是通过对人类群体长时间的濡化从而塑造了人类的人格的，所以人格便具有群体性。不同的社区由于具有不同的地理环境、经济基础、文化传统，这些因地而异的社会结构对于社区全体成员都有直接或间接的影响。作为社区成员人格的放大化产物，社区性格在这样一个相对封闭的区域中，为了不断适应社区成员共同生产生活的需要，每个社区都无意识地从社区成员的各种特质中抽离出一些大家普遍认为理想的特质，从而构成了特定社区的性格特质。这些性格特质源于社区的历史发展，因此与社区成员的生存和发展具有一种选择性的亲和力，符合这些特质的人会受到褒奖，背离这些特质的人则接受惩罚。可见，社区性格其实是社区全体成员普遍认可的合乎规范的理性特质。在社区性格的重塑中，加入农民工及其子女的特征，充分考虑他们的权益，重视他们的心理诉求，将有助于促进他们尽快融入城市生活，有助于解决人们在社会转型时期遭遇的挑战。

（三）构建和谐的社区网络

社会上的每一个个体都不能脱离各种各样的社会组织而单独存在，个体的生存一定是从属于一个个社会群体或系统的。随着信息技术的高速发展，我们目前已经进入了信息化时代。每一个家庭或个体都是社会这张"大网"里面的一个小小的结点。结点之间相互独立，但又相互关联。

目前，中国的社区文化的构建还处在初级阶段，城市居民邻里关系淡漠也是一个不能忽视的事实，同一楼层的住户之间相互不认识的现象也是屡见不鲜。在这种情况下，人与人之间的交流只是简单的寒暄几句，并没有更深层次的交往，更不用说形成深厚的友谊了。这对流动人口的人际交往能力的发展也形成了一定的阻碍。

研究者从人们的心理认同机制出发，认为交往双方存在的异质性会降低社会互动，因为人们倾向于不信任或排斥那些与自己不相似的人，即所谓的"厌恶异类"（aversion to heterogeneity）。这种交往的减少使得异质群体中的社会资本会比同质群体低。王颖通过实证研究发现，中国城市人口中外来人口比重的增大是造成社区内部异质性提高的重要因素之一，而且社区内部人群的差异性容易引起社区居民在心理上的相互不认同甚至敌对，这增加了引发双方矛盾纠纷的可能性，从而降低了邻里的社会资本。

改革开放以来，中国农村人口在城市之间以及农村与城市间的流动性日益增加，加大了社区居民的异质性，使得邻里关系显得淡漠，邻里之间的整合性社会资本难以形成。社区内部异质性的增大会抑制整合性的社会资本，但有可能促进链合性的社会资本。建设和谐社区网络的目的就是要降低内部异质性的影响，增加社区成员的"趋同性"，使社区能够形成一张彼此独立又相互理解、相互联系的人际网络，提升社区成员的认同感和归属感，增进社区成员彼此间的情谊。

第二节 打破以户籍制为核心的利益固化的藩篱

"没有户口"是农民工及其随迁子女在城市生活中产生诸多"不确定性"的根源。改革户籍制度,实现"同工同酬",是促进农民工随迁子女城市社会融入的核心问题所在,需要政策采取积极的措施实现社会公平。所谓"阶层固化",是指一旦社会阶层之间在诸多特定资源或机会分配方面的相对差异长期保持不变或者稳定下来时,特别是一些特定人群对那些重要的社会资源和机会具有相对垄断权利而另一些弱势群体则被阻隔在外的时候,我们称这样的社会阶层被"固化"。[①] 城镇化社会代价过高是中国的城镇化进程中不可避免会出现的一个问题。随着农民工异地转移规模的逐渐扩大,在中国偏远农村出现了大量留守儿童,他们长期与父母分隔两地,导致他们与父母的亲子关系非常薄弱。根据全国妇联《我国农村留守儿童状况研究报告》中的数据资料显示,目前中国农村留守儿童数量是6102.55万人,占全国儿童的比例高达21.88%,这一数据直观地体现了中国农村留守问题的严峻性。其中,绝大部分留守儿童生活在贫困偏远的农村地区,生活条件极其艰苦,有时温饱问题都不能得到妥善的解决。另外,留守儿童长期与父母分离,缺乏必要的亲子教育、亲情关爱、指导教育和必要的约束,普遍存在内向自卑、情感淡漠、行为孤僻等心理问题,比普通儿童更易沾染不良的行为习惯。留守儿童群体的违法犯罪率比例高,同时还面临较大的安全隐患,他们容易受到意外伤害,他们的生活和成长环境令人非常担忧。[②]

一 回归户籍制度的本来功能仍是重点

与"固化"相反的词是"流动",人口流动是指人在地域空间范围位置的变动,而社会流动是指个体在不同的社会阶层之间的流动。[③] 户籍制

[①] 刘精明:《"社会阶层固化"的态势明显但还并未固化》,《时事报告》2011年第11期。
[②] 辜胜阻:《阻断贫困代际传递 推进包容性增长》,《中国国情国力》2015年第5期。
[③] 刘精明:《"社会阶层固化"的态势明显但还并未固化》,《时事报告》2011年第11期。

度除了为农民工随迁子女的社会融入带来制度上的障碍外,更为深刻的是其带来的非制度性影响,即歧视性文化观念。由于户籍制度的世袭性,随之而来的就是在教学过程和社会资本交往过程中的区别对待,这又增加了农民工随迁子女社会融入的难度。随着这一问题的逐渐恶化,政府也逐渐加大了户籍制度改革的步伐,尤其是随着2014年《国务院关于进一步推进户籍制度改革的意见》的出台,明确"取消农业户口与非农业户口性质区分",并"进一步调整户口迁移政策,统一城乡户口登记制度,全面实施居住证制度",由此,使户籍制度的改革进入了新阶段。但是从总体上看,对户籍制度的改革大都局限于取消形式上的户籍歧视,即户籍登记上体现的城乡不同身份,而实质上的户籍歧视(因户籍身份产生的各种差别待遇,如社会福利、医疗保险、基础教育等基本公共服务)并未取消和实现平等。因此,对农民工随迁子女融入城市的户籍制度羁绊依然存在。

《国家新型城镇化规划(2014—2020年)》规定,落实和推进符合条件的农业转移人口落户城镇,"根据城市的综合承载能力和发展潜力,以农民工的就业年限、居住年限、城镇社会保险参保年限等为基准条件,因地制宜地制定具体的农业转移人口落户标准,并及时向全社会公布信息,引导农业转移人口在城镇落户的预期和选择"。实施差别化落户政策的前提条件是农民工个体应具有合法稳定的就业保障和合法稳定的住所(含租赁)等,对建制镇和小城市落户限制进行全面松绑,大、中型城市可根据相关法规和地方特点设置参加城镇社会保险年限的条件,但最高上限为5年。特大城市可采取积分制等方式设置阶梯式落户方式,合理调控落户规模和外来人口迁入的节奏。农民工家庭为了获得更多的就业机会,通常会选择在"特大城市"或"大中城市"务工,但"积分"中加入了更多的学历附加值,这就影响了农民工落户的可能性。如果社会不同阶层之间不存在一定的流动性,那么这个社会就是闭塞落后的,农民工基本不可能有脱离农民工身份完成城市化的那一天,他们的子代进入较高的社会阶层的机会也将十分渺茫,这样的社会"阶层固化"也就在一个特定的社会中形成了。在一个正常的社会中,向上流动的渠道应该是畅通的,对所有人来说,机会是均等的。[①]

[①] 刘精明:《"社会阶层固化"的态势明显但还并未固化》,《时事报告》2011年第11期。

(一) 被户籍固化了的身份

决定一个人的社会地位的因素有先赋性因素和后致性因素,前者主要依靠先天的家庭背景;后者则主要凭借后天的个人努力。先赋性因素的作用越大,会导致社会的阶层流动性变小,继承性或世袭性就越强,从而进一步加剧阶层固化。2014 年 7 月 30 日,"《国务院关于进一步推进户籍制度改革的意见》(以下简称《意见》) 的出台,标志着 1958 年以来的以'农业户口'与'非农业户口'的分类以及该分类造成的身份歧视与福利区隔的终结,同时也不再印发蓝印户口。社会个人可以按照居住地区划分为农村居民或城镇居民,也可以从职业上划分为农民或非农民,但这都是市场主体选择下出现的结果,而非政府硬性规定的强制标签。'农民'不再与'农业户口'直接挂钩,而更多地体现一种职业身份;农民的后代,将不再以父母亲的户口属性来强制安上同样的标签,而是根据其就业地点与居住地区的相关规定申领居民户籍"。[①] 取消农业与非农业户口的界限,使得城乡二元结构壁垒被打破。"农民工进入城市工作之后,因为其摘掉了'农村户口'的帽子,因此他们会理所当然地转化为名副其实的产业工人,而不再是农民;伴随户口性质的转化,这些进城的新市民将在各项城市生活领域增进认同和融入;由于随迁子女也可以随父母落户到所在城区,他们的教育权——接受义务教育和非义务教育的权利,以及在居住城市参加高考、公务员考试及其他职业资格考试的权利,都将一并得到实现。""但是按照《意见》的基本精神,特大城市由于其人口压力过大和承载力有限,将严格控制人口规模,大城市将依据自身城市特点合理确定落户条件。特大城市可采取积分落户的手段,家庭的文化资本的影响远远超越了经济基本的阻隔。在这种情况下,绝大多数涌入特大城市与大城市的农民工落户其中将受到很多的阻碍,即使积分入户政策也仅仅会给其中一部分人带来落户预期,这种预期还不一定能完全实现。学者还要对农民工的'社会安全网'制度、农民工劳动环境的改善程度、流动人口与本地人口的社会融合机制进行深入的观察和研究。总之,改革的一纸文件,不会自动将横亘于不同身份人口之间的不公平和不平等荡涤干净,而需要全社会特别是家庭成员自身做出不懈努力,才能共建和谐社区。"

[①] 张翼:《户籍改革释放制度红利》,《中国社会科学报》2014 年 8 月 15 日第 1 版。

（二）哈尔滨市取消农业与非农业户口

哈尔滨市有 70 余万外来常住人口，2015 年 3 月，哈尔滨市政府发布了《关于进一步深化户籍制度改革工作的意见》，主要内容包括以下几个方面。

1. 取消农业与非农业户口的性质划分

在市域范围内，户口登记取消农业户口与非农业户口的分类，统一登记为居民户口，群众可自愿到公安派出所提出更换居民户口簿的申请。户籍制度改革后，农村户籍人口不改变其原村经济合作组织成员身份，不改变其宅基地使用权、农村土地承包经营权、集体收益分配权等原有的权利和义务。对相关部门现有的与户口性质挂钩的公共服务政策标准进行全面清理，除国家明确规定的标准外，取消一切按照户口性质设置的差别化政策标准，建立起城乡统一的社会保障制度和均等化的公共服务制度。

2. 有合法稳定住所人员二环外全家都可落户

全面放开非主城区和中小城镇落户限制，对在平房区、松北区、呼兰区、阿城区、双城区等城区和城市新区、开发区、产业园区等城市功能拓展区以及建制镇中，具有合法的稳定住所（含租赁）和工作的人员，其本人及共同居住生活的配偶、子女、父母等，可按照相关规定和要求，在当地申请落户。

3. "水土不服"可"回迁"

对农业转移人口在城镇落户后，因不适应城镇生活已返回原籍地务农，或者在城镇积累一定资金、资源、技能后返乡创业的，可将户口迁回农村原籍地。户籍迁回农村后，恢复其原来在农村依法享有的各项福利。

4. 鼓励流动人员及时办理居住证，享受六大服务、七大便利

公民离开常住户口所在地到哈尔滨市域内城镇（包括林场、农场）居住半年以上的，可在居住地申请居住证。居住证持有人可以享受六大服务：子女九年义务教育；基本公共就业服务；基本公共卫生服务和计划生育服务；公共文化体育服务；法律咨询、支持、援助服务；国家规定的其他基本公共服务。居住证持有人还可以享受七大便利：根据国家有关规定办理出入境证件；按照国家相关规定换领、补领居民身份证；机动车登记；申领机动车驾驶证；报名参加各种职业资格考试、申请授予职业资格；办理生育服务登记和其他计划生育证明材料；国家规定的其他便利。

这使居住证持有人逐步享有与本地户籍人口同等的就业扶持、住房保障、养老服务、社会福利、社会救助等权利。哈尔滨市还积极支持和鼓励其他公共服务机构和商业服务组织为居住证的使用者提供便利和优惠。

5. 扩建人口基础信息数据库

身份证号码为个人身份确认的唯一标识，通过整合人口基础信息系统，实现跨部门、跨地区信息归集，为人口服务和社会治理提供支撑，为群众提供基于"实名制"的信息服务。扩建人口基础信息数据库，推进电子政务建设，能提高政府行政部门的办事效率，更好地为公众服务，让农民工及其随迁子女也能享受信息资源共享带来的极大便利。

二 以"不确定性规避"政策支持农民工家庭"团圆"

如何使迁移者在迁入地居住下来，是中国城镇化面临的核心问题，即如何实现流动人口的持久性迁移，实现农业转移人口的市民化，同时，这也是"新型城镇化"的重要内涵。[①] 不确定性规避（uncertainty avoidance）是由吉尔特·霍夫斯泰德（Geert Hofstede）建立的区别文化间差异的四维体系中的第二个维度，指的是一个社会普遍感受到的不确定性和模糊情景对社会成员造成的不利影响和威胁程度，同时，社会为了降低这种来自未来不可知的威胁程度，试图以提供社会成员较大的职业保障并建立更正式、更合理的社会法律法规和规范方式，来避免个体出现偏离观点和行为的情况。不确定性规避的强弱是通过不确定性规避指数来表示的。农民工通常可以从对规则的诉求愿望、对具体指令的依赖、对计划的执行程度去考虑。农民工具有高度的不确定性规避，并偏好于回避工作中的模棱两可问题。农民工以及弱势群体的不确定性规避倾向影响就更要求社会公正和少一些"例外"，要求规则明确，人人守则。重视农民工群体中的不确定性规避取向，政府或社会组织应该建立更仔细的工作条例、流程或规范来应对这种不确定性。管理工作不仅要以任务指向为主，还要充分体现人性化，保护农民工的合法权益，地方政府应少一些自由裁量，把对农民工及其随迁子女的优惠政策落到实处。

[①] 董昕:《住房支付能力与农业转移人口的持久性迁移意愿》,《中国人口科学》2015 年第 6 期。

(一) 安全感的获得

在任何一个社会中，人们对于未知的、不确定的、前途未卜的情境，都会产生一种压力，认为这些情境会给自己的生活带来一定的威胁，从而总是试图加以防范和规避。防范的方法多种多样，例如，提供更大的职业稳定性，完善相应的法律法规，避免出现越轨的思想和行为，努力获得专业的知识和学问，追求绝对真实的东西，等等。在不同民族、国家或地区，社会整体对于防范不确定性这一议题的迫切程度因地而异。相对而言，在不确定性避免程度较高的社会，社会大部分人员普遍有一种高度的紧迫感和进取心，因而容易形成一种努力工作的内在动机；而在不确定性避免程度相对较低的社会，人们则普遍具有一种安全感和轻松感，大家都努力追求稳定的心理舒适区，倾向于形成轻松的生活态度和鼓励冒险的倾向。

社会阶层低下、缺乏正常家庭和社会交往、身份认同危机、教育程度低、社会管理和保障机制不健全、经济收入低等是造成"新生代"农民工产生不良心态和负面社会情绪的主要因素。[①] 不确定性规避理论认为，由于未来具有不可知性和不确定性，无论是个体抑或群体对自己的未来都会产生一种紧张和焦虑的情绪。为了从这种不安的心理状态中获得解放，人们会不停地努力寻求外界的支持与帮助，如通过科技、法律和宗教的发展来获得心理上的慰藉。科技的进步与发展是为了规避大自然给人类造成的危害和不确定性；法律法规的完善与发展是为了规避社会他人或组织给自己的合法权益带来的挑衅和不确定性；而宗教文化的发展则是为了规避自身精神信仰给自己的身心平衡带来的冲突和不确定性。对"新生代"农民工而言，他们就是在不断地努力协调自身与外界环境的冲突中获得心理平衡，从而形成积极的自我效能感，规避现实生活中的各种不确定性，获得更高的安全感。

"新生代"农民工由于他们根在农村而身处城市，所以在工作和生活中比城市居民面临更多、更大的不确定性。从宏观上看，他们在现实社会中的身份和归属不确定；从微观上看，他们的工作和住所都不稳定。因

[①] 孙红永：《新生代农民工：社会情绪的危害与对策》，《重庆文理学院学报》2012 年第 1 期。

此,他们面对未来的不可知性和不确定性就更大。农民工要想规避现实和未来的不确定性给自己带来的威胁和风险,他们必须付出比城里人更多的个人努力,一方面,他们要维持积极自信的心理状态,坚信自己能成功适应城市生活;另一方面,他们必须不断地努力以发展自身的各方面能力和技术,使自己在城市工作和生活中更具竞争力,才能使自己不落后于时代的需求,这样他们才能达到身心上的平衡。政府的功能之一就是减少不确定性,进行不确定性规避,通过提供经济适用住房等基本生活保障来规避不确定性,通过平等的受教育机会使子女随迁顺利,为家庭市民化提供动力支持。

(二)住有所居

住房成本占农民工市民化成本的比重过高,农民工买不起房是普遍存在的不可否认的事实,这也成为制约中国城镇化进程的主要原因。中国经济社会结构转型的多元化、融合化特征导致中国农民工市民化进程不可能一蹴而就,而是一个集阶段性、复杂性和长期性于一身的社会发展进程。居住稳定性既是衡量农民工市民化程度的重要指标,同时也是判别农民工群体内部分化的显著标志。从农民工市民化的进程看,仅仅是获得了非农就业,并没有从本质上改变他们原来的农民身份和地位,只是实现了由农业转向非农产业的"职业转换"。农民工只是获得了留居城市的初始资本,文化资本和社会资本还是处于较低的水平,多数农民工仍处于"居无定所"的城乡流动状态,数对农民工夫妻同挤一间房的新闻也是屡见不鲜的。农民工群体内部间存在的差异较小,与市民差别较为明显,稳定的居住环境是完成中国农民工市民化的重要举措。

购房能力主要取决于个体的工资收入水平,对于绝大多数农民工而言,他们主要从事低技能的简单体力劳动,其收入水平远远不足以支付城市房价和租房价格,城市郊区廉价出租屋、工厂宿舍、城中村等成为农民工选择住所的第一方向,并逐渐演变成一种由业缘、地缘或亲缘关系缔结的低收入群体聚集居住的空间形态,形成新的城市二元结构。[1]

2014年7月,国务院常务会议进一步提出并强调要扩大住房保障和

---

[1] 李培林:《巨变:村落的终结——都市里的村庄研究》,《中国社会科学》2002年第1期。

公积金制度实施范围,逐步使农民工群体也能享受住房补贴和公积金政策带来的好处。"增加农民工城市住房供给,保障其住房需求。具有长期留城意愿的农民工家庭,愿意为城市固定住所付出一定的资金。拥有固定住所,既能改善农民工城市生活质量,增进其城市归属感,也能够解决农民工进城的后顾之忧。"城市保障性住房应该在价格上给予农民工群体以最大的优惠,使得有需要、有能力、长期定居城市的农民工能够通过购买经济适用房、限价商品房等获得一个稳定安全的居住场所,实现农民工转入城市的永久性迁移。同时,政府应不断出台和完善针对农民工住房的优惠政策和制度,扩大农民工群体公租房、廉租房的建设力度,优先解决有购房需求却没有购房能力的农民工的居住问题,为具有劳动技能的农民工提供一个安身立命之所,使他们更积极地为城市奉献他们的力量。另外,政府还应鼓励和支持农民工用工人数过多的企业建设单身式、举家式职工宿舍,以免费或收取低廉租金的方式为短期流动的农民工提供一个稳定的居住场所。最后,国家应该建立农民工住房公积金制度,针对农民工流动性、分层性等特点,探索并建立公积金费用缴纳和提取的跨区域衔接机制,完善在购房、租房、建房等方面的住房公积金使用政策,进一步保障农民工有一个安全稳定舒适的居住环境。

(三)同工同酬落实到位

就业身份脆弱性是指自营或者(无酬)家庭工人等脆弱性就业在劳动力中所占的比例,用来反映就业质量和地位。根据世界银行和世界劳工组织的研究,脆弱身份就业劳动者在劳动保护和社会保障方面更容易存在问题。[1] 环境层次的第三层是外层系统,是指那些儿童并未直接参与,但却对他们的生存和发展产生一定影响的环境系统。例如,父母工作的环境就是外层系统影响因素。儿童在家庭中的情感关系可能会受父母是否喜欢其工作的影响。外部系统是由儿童不直接参与的两个或更多的环境互动组成的,如父母的工作场所虽然没有与随迁子女产生直接的互动,但子女却受这一环境的间接影响,父母的工作状态会直接影响子女的学习和生活。

作为儿童和青少年生活中外部系统因素的父母职业状况,也会通过

---

[1] 国家卫生和计划生育委员会流动人口司:《中国流动人口发展报告2013》,中国人口出版社2013年版,第69页。

父母的工作满意度或职业压力对孩子产生间接的影响。已有的研究结果显示，对自己工作满意的妈妈的孩子比想工作却没去工作或不想工作而必须去工作的妈妈的孩子拥有更多的积极结果。同样，近期研究结果显示，工作压力或许与父母的教养方式有关。高水平的工作压力会导致母亲忽视她的学龄前孩子或与她正处于青春期的孩子产生冲突。体验高水平职业压力和不满意度的职业父母更少表现出有效的教育行为，这会影响孩子的学习成绩。

2014年9月，《国务院关于进一步做好为农民工服务工作的意见》指出，农民工已成为中国产业工人的主体，农民工的生活状况是构成社会和谐稳定的重要组成部分。自2006年《国务院关于解决农民工问题的若干意见》后，国家相继出台了一系列政策措施，使得农民工工资收入大幅增加，拖欠农民工工资的事件逐年减少。农民工参加社会保险的人数增长幅度较大，自身劳动权益维护意识明显加强，其享受社会基本公共服务的范围逐步扩大。然而，目前存在的主要问题是，农民工就业的稳定性较弱，劳动保障权益受侵害的现象不时暴露在公众的视线中，享受基本公共服务的范围相对于城市居民来说仍然只是其中的一小部分，就业和收入的不稳定，使得农民工在城市生活受诸多不确定因素的影响，生活不稳定，就难以提供给孩子稳定的"后方"，难以让孩子享受一个"稳定无忧"的童年。农民工随迁子女因为经常担忧父母失业、受伤、疾病等问题，心理上承受着一般孩子不用承受的负担，对其学习和社会生活都有较大的负面影响。因此父母的工作状态是影响农民工随迁子女城市社会发展的重要因素之一，是个体发展的重要的外部协同系统，父母工作的稳定与否间接地对随迁子女产生不可忽略的心理影响。

《中国流动人口发展报告2013》显示，农民工家庭中的女性劳动参与率低于男性，劳动时间与男性差别不大；有幼小子女同住的女性农民工劳动参与率较低，但进入劳动力市场者劳动时间较长。另外，女性农民工和男性就业身份脆弱性相似，脆弱身份就业者劳动时间较长，尽管家庭帮工在女性农民工就业中所占的比例较低，但她们的小时工资和收入都低于自营和非脆弱就业女性，而且她们的劳动保护和社会保障也缺乏。分别如图7—1、图7—2、图7—3所示。

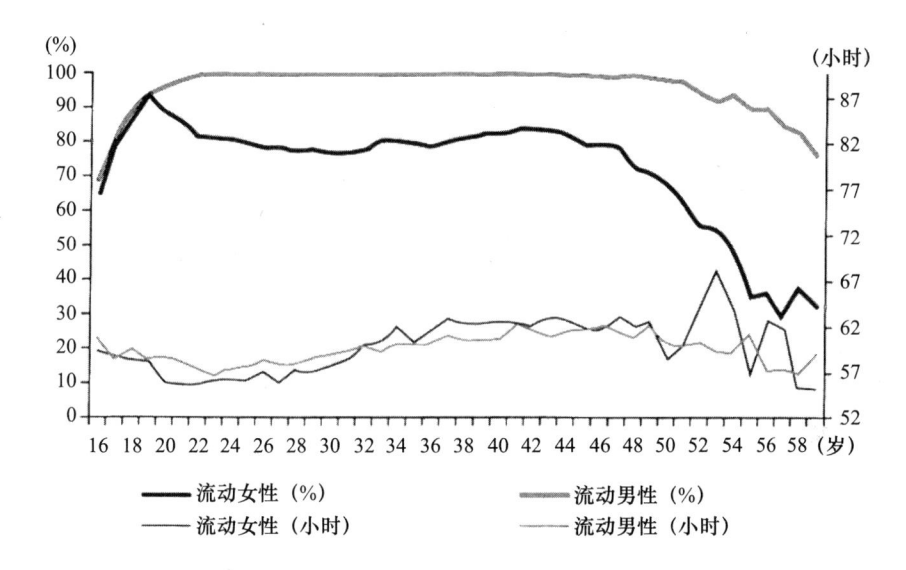

图7—1 流动人口分性别年龄劳动参与率和周工作时数

资料来源：国家卫生和计划生育委员会流动人口司：《中国流动人口发展报告2013》，中国人口出版社2013年版，第67页。

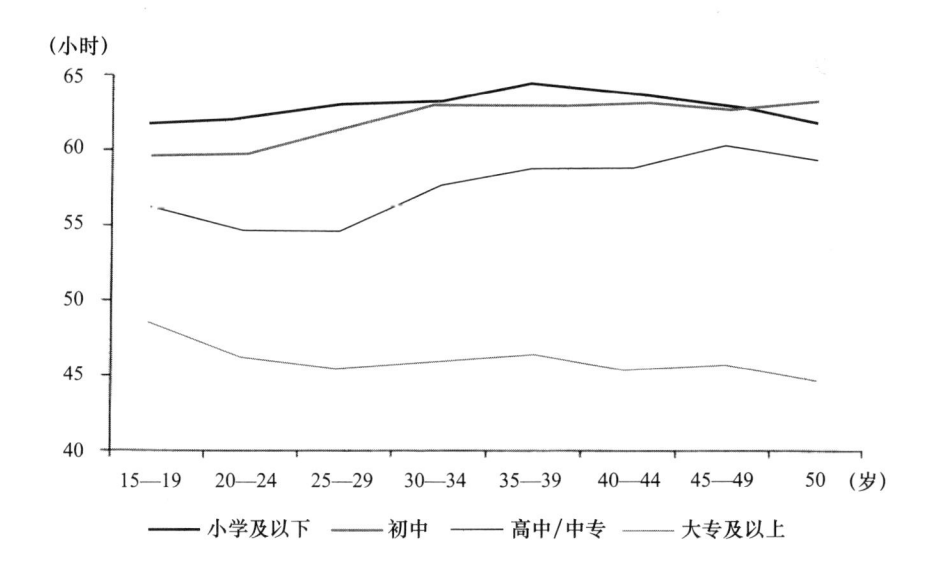

图7—2 流动女性分年龄段每周工作时数

资料来源：国家卫生和计划生育委员会流动人口司：《中国流动人口发展报告2013》，中国人口出版社2013年版，第68页。

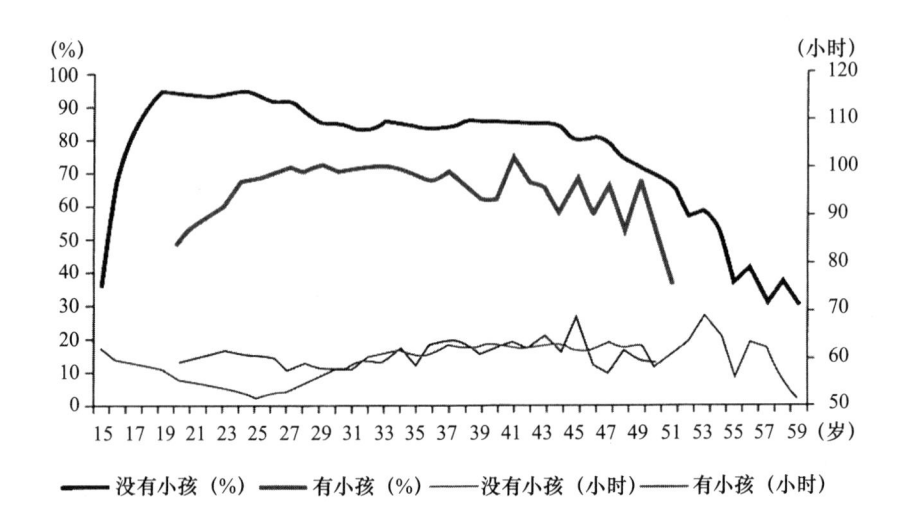

图 7—3　是否有 6 岁以下小孩同住流动女性年龄劳动参与率和周劳动时间

资料来源：国家卫生和计划生育委员会流动人口司：《中国流动人口发展报告 2013》，中国人口出版社 2013 年版，第 69 页。

《国务院关于进一步做好为农民工服务工作的意见》提出，"每年开展农民工职业技能培训 2000 万人次，致力提高农民工综合素质、明显改善劳动条件、基本实现工资零拖欠并得到稳定增长、参加社会保险全覆盖，引领和指导约 1 亿人在中西部地区就近城镇化，努力实现 1 亿左右农业转移人口和其他常住人口在城镇安居落户，未落户的农民工及其子女也能享受城镇基本公共服务，加快农民工群体逐步融入城镇速度，为实现农民工市民化的宏伟目标奠定稳固的基础""继续完善社会保险关系转移接续政策，努力实现用人单位的农民工全部参加工伤保险，着力解决未参保用人单位的农民工工伤保险待遇保障问题。推动农民工在参加失业保险、生育保险上面与城市职工平等享受待遇。加强农民工安全生产和职业健康保护意识，坚持开展和强化高危行业和中小企业一线操作农民工安全生产和职业健康教育培训工作"。提升农民工在城市中同工同酬的能力。

第三节　以修补破窗的思维来修补舆论

单纯从制度或文化层面检视农民工与城市社区的互动，很快可以得到一个结论,国家、城市社区或制度性障碍排斥或阻止了农民工与城市社区之间的互动。通过镶嵌与自主性视角,发现一些农民工精英通过社区镶嵌的非正式途径,与城市社区建立良好的互动机制,直接参与、介入甚至改变了城市社区发展的轨迹。农民工则长期是以负面的形象出现的,这成为其融入城市社区的障碍。乔治·凯林在他的《破窗效应》中,用一扇破窗的图像解释若无人确实地维护,作为随迁子女城市社会发展基础的邻里社区将可能堕入失序甚至犯罪的境地。一段时间后,就会有人丢石头打破更多的窗户,外在的破坏使它雪上加霜。很快地,所有的窗户都被破坏,将此类现象比为人们挖出农民工的诸多劣迹和弱势。而此时路人会认为,不止这一栋建筑无人看管,它所在的这条街也是法外之地,只有不良少年、罪犯,或不知天高地厚的人,才敢在不受保护的区域游荡。因此,越来越多善良的公民抛弃这个地方,将其让给那些他们以为潜伏在暗处的恶徒。[1]

一 防止过度关注成为农民工随迁子女社会发展的负累

"城镇化"是一个不可逆转的进程,但它不能以"去农村"为代价。"城镇化"不是向年轻的一代传递"城市中心论"。任何一种类型的社会文化都有它自己独具魅力的特色,人的思想、意识、感情等都是由它的生活环境所塑造的,尊重不同文化的相互差异,谋求各种文化并存是正义的。"城镇化"是中国所有公民由落后的生产力和文明程度走向更加幸福、更有尊严的包容性社会的过程。农民工随迁子女来到城市,他们依然有保留自己对乡土热爱的权利以及对家庭文化认同的权利。人类学文化传承理论认为,社会代际文化传承的范围不仅仅局限于学校,而更多的是在家庭和社区活动中得到实现的,代际文化传承的实现已渗透到社会生活的每一个角落。学校教育选择的是城市文化,从而使不同文化群体的孩子只能习得城市文化和科学知识,而对乡土文化和经验逐渐抛弃,随迁子女继承的乡土文化被自身和群体拒绝,也被老师和城市社会"同情",而这种同情导致对农民工随迁子女的过度关注,进而成为他们社会发展的负累。

---

[1] [美]乔治·凯林、凯瑟琳·科尔斯:《破窗效应——失序世界的关键影响力》,陈智文译,生活·读书·新知三联书店2014年版,第3页。

过度关注成为随迁子女城市社会发展的负累，容易造成消极印象刻板化。埃德温·勒默特（Edwin Lemet）和霍华德·贝克尔（Howard Becker）提出的"标签理论"指出，越轨行为是在社会互动的基础上形成的产物。在社会互动过程中，若行为者被他人或者社会组织贴上负面的"标签"，那么他的"自我形象"就会在不知不觉中得到丑化和改变，逐渐接受社会对其的不良评价。标签理论强调社会对越轨者的反应，认为社会的反应是促使初级越轨者最终陷入"越轨生涯"的重要原因。班杜拉认为，青少年辅导与治疗的最终目标是"自我规划"，而青少年实现自我规划需要经历3个阶段，即诱发改变、类化、维持。为了使青少年达到自我规划的目的，班杜拉突出了几种治疗技术。实例楷模法，引导青少年观看实例，使当事人学习适当的行为；认知楷模法，由增加青少年的认知结构或自我效能着手，如提高青少年的信心，使他相信自己有改变的可能；激发自制力，要求青少年表现先前觉得自己无能的行为，或经过治疗者示范，使青少年发现事实并没有他想象的可怕，再逐步增加自我控制力与对事情的掌控或驾驭能力，经过试验能面对困难、消除恐惧，进而消除不良行为。家庭众多人口的迁移会形成一个移民网络，在分批迁居中，一个或多个家庭中较有力量的成员首先流入城市，他们在城市"安家"，后续流动的家人在他们的准备和铺垫的基础上更顺畅地进入城市。若干次迁居之间的间隔，反映出家庭团聚的能力。[①] 从降低儿童生存风险角度看，贫困、收入分化、特殊群体的脆弱性、婚姻关系不稳定等社会问题对儿童的影响已经越来越突出。大量的家庭监护缺失，儿童、贫困儿童尚未得到应有的救助保护。这部分儿童既是各类社会风险的直接受害者，又因为失去监护、遭受遗弃、残疾和贫困等问题，普遍面临生存障碍，亟须完善儿童的国家保护体系。从更宏观的视角看，中国处于社会转型时期，在市场化改革带来的生存压力下，传统的社会支持网络受到了巨大冲击，中国的儿童保护制度迫切需要从基于亲权保护原则的制度向基于普遍公民权的制度的转变。[②] 与此同时，传统上，家庭对儿童监护和养育的行为具有相对独

[①] 盛亦男：《中国流动人口家庭化迁居》，《人口研究》2013年第7期。
[②] 尚晓援、陶传进：《中国福利制度的权利基础及其限度》，《清华大学学报》（哲学社会科学版）2009年第2期。

立性,由于国家保障和干预不到位,造成的儿童监护不力、遗弃、家庭暴力等问题时有发生。可以说,在现代社会条件下,国家(政府)在儿童监护和福利方面负有的责任是不可推卸的。

二 由补缺型儿童福利迈向普惠型儿童福利

中国当下的补缺型福利政策存在覆盖面狭窄、福利内容单一、财政资金不足、政策法规不完善等问题。这种福利政策并不能最大限度地保障儿童的生存权、发展权和受保护权等基本权利,已经不适合中国目前社会经济的发展,因此当下的儿童福利制度需要进行改革。建立起一套新的普惠型儿童福利制度是中国政府和社会组织面临的一个重大而迫切的议题。

(一)普惠型儿童福利制度落实到农民工随迁子女身上所面临的困境

一是城市解决随迁子女问题,主要是由地方政府承担费用,中央财政进行适当的奖补,这一经费政策,导致地方政府接受随迁子女越多,投入的教育经费也越多。对于随迁子女的教育经费,适宜由省级财政统筹,建立学费随经费走的制度,并加大中央财政转移支付,以此减轻流入地的负担。2015年,中国出台规定,统一城乡义务教育经费标准,提到了学费随经费走,这是一大突破,希望由此建立新的义务教育经费保障机制,给随迁子女城市求学创造更好的条件。

二是大城市面临人口膨胀的压力,一些城市管理者担心解决随迁子女入学问题,会让大城市变为"教育洼地",加速人口流入,因此抬高随迁子女的入学门槛。这从控制人口的角度,似乎效果不错,但这是对公民平等受教育权的侵犯,与城市开放、文明的形象不符。城市当然需要控制人口,但要以尊重公民的权利为前提。从源头上减少留守儿童,要求大城市必须改变控制随迁子女入学的政策。

三是和中高考制度不对接。虽然早在2013年,中国就开始开放异地高考,但是这还是有条件的局部开放,尤其是北京、上海等地,异地高考开放的门槛比较高。北京到现在为止,只开放了高职,上海则一直将随迁子女的高考资格与人才居住证政策挂钩,由于随迁子女在城市读完义务教育之后,升学之路并不通畅,所以不少学生在城市读完小学或初中后,回到老家,成为新的留守儿童,他们的问题比"土生土长"的留守儿童更复杂。对乡村很陌生、没有认同感,而且也对城市对他们的歧视有抱怨。

改革中高考制度，取消高考"户籍制"，这是扩大教育公平、高考公平的必由之路。这其实对促进乡村教育，吸引农民工返乡就业、创业，也创造了良好的教育环境。

（二）实施普惠型儿童福利政策的具体路径

1. 扩大儿童福利的对象覆盖范围

补缺型儿童福利政策的救助对象主要是孤残儿童，而对于来自具有相对稳定收入的农民工家庭的流动儿童或留守儿童的救济却存在很大的空白。虽然新中国成立以来，中国就新建了一批儿童福利机构，长期以来，中国需要救济的孤残儿童处于社会的边缘地带，他们的社会地位和生活水平都较低。而且中国的儿童福利制度也呈现出城乡二元化特征，城市与农村的儿童福利制度差别非常之大。据调查显示，城市儿童只占全国儿童总数的30%，但却享受了95%以上的儿童福利资源；而占全国儿童总数70%以上的农村儿童却只享有儿童福利资源的5%。广大农村儿童被排斥在儿童福利体系之外，仅仅享受到极少的福利支持。[①]

民政部将儿童群体分为孤儿、困境儿童、困境家庭儿童和普通儿童四个层次。由于经济社会条件的制约，首先满足孤儿的福利需求，有条件的地区已经开始对困境儿童提供福利试点，甚至开始向困境家庭儿童提供福利。[②] 大部分农民工随迁子女和留守儿童基本属于困境家庭儿童，政府应该建立一套完善的困境家庭儿童救济制度，向这部分儿童提供物质帮助和经济支持以及必要的信息咨询服务，保证流动儿童和留守儿童享受生活、教育、医疗等方面的基本福利。

2. 加大政府部门的干预力度

2010年11月，国务院办公厅发布了《关于加强孤儿保障工作的意见》的指示性文件，国家从孤儿的养育、教育、医疗、住房、就业、保险等方面对儿童福利做出新的制度安排，这标志着国家对孤儿基本生活的保障真正从（福利）院内扩展延伸到院外，从以实物救助为主转向以现

[①] 成海军、朱艳敏：《社会转型视阈下的普惠型儿童福利制度构建》，《学习与实践》2012年第8期。

[②] 戴建兵：《我国适度普惠型儿童社会福利制度建设研究》，博士学位论文，华东师范大学，2015年。

金救助为主，从以家庭责任救助为主转向以国家责任救助为主，这是现代儿童福利制度的标志。[①] 李克强总理在《政府工作报告（2014.3）》中指出，要有序推进农业转移人口市民化；推动户籍制度改革，实行不同规模城市差别化落户政策；帮助进城务工人员随迁子女纳入城镇教育、实现异地升学。无论是经典人口理论，抑或新迁移经济学理论，其成立的共同基本假设是理性行动者可以在自由劳动力市场中自由决定其行动。然而，尽管当下中国城乡的壁垒正在松动，城乡一体化进程正在加快推动和发展，但流动农民目前所面对的还是与城市劳动力分割的二元劳动力市场，依旧很难享受城市户籍及附着其上的"倾向于城里人"的各种福利制度。正是有诸如此类的制度壁垒的存在，给各种基于自由理性行动者的理论模型的解释能力造成了极大的限制。除此之外，迁移行为从来也不可能是完全的理性行为，人们的迁移行为同样会受到情感、社会心理、生活习惯、价值观念等各种非理性因素的影响。有时，非理性因素给农民工迁移造成的影响甚至超过了理性因素。因此，要想对中国农民工的迁移行为、家庭迁移趋向有一个全面的分析和把握，仅仅依靠自由理性行动者的迁移理论是远远不够的。

3. 提高《未成年人保护法》的法律实效

《未成年人保护法》本身就是维护青少年合法权益的法律，对于青少年所享有的各项权利和福利都有相应的规定。《未成年人保护法》颁布实施后所产生的法律效果能控制儿童潜在的风险，使儿童的生存和发展不受损害，而这种法律效果的产生以《未成年人保护法》在实际生活中被遵守、执行和适用为前提条件。对《未成年人保护法》的法律实效好坏的判断，应当在客观秩序标准与主观满意度标准相统一的原则下进行，其中，《未成年人保护法》的法律实效的全部内容由法律规范因素、强制力因素、社会因素三者共同构成，它们形成了《未成年人保护法》的法律实效得以实现的稳定的三角形结构。以主体的主观态度为标准区分未成年人侵权事件，可以将其分为主观故意类型的事件和主观过失类型的事件。当前，令人瞠目的侵权事件屡禁不止，引起整个社会的不安，由此可以认

[①] 成海军、朱艳敏：《社会转型视阈下的普惠型儿童福利制度构建》，《学习与实践》2012年第8期。

定《未成年人保护法》的法律实效不佳。目前，中国政府应重点解决的是以伤害儿童生命、健康方式为手段的主观故意的恶性安全事件，加大对其的惩罚力度，降低侵犯未成年人人身安全的事件发生的频率。食品安全目前已经成为威胁中国人民群众的健康问题的主要因素，与《未成年人保护法》的法律实效内容的三个部分相对应，恶性食品安全事件发生的原因也正是来源于社会、法律规范、监管三个方面。要想遏制住恶性安全事件的发生，促进《未成年人保护法》获得较好的法律实效，必须综合考虑社会因素、法律规范因素、监管因素三者及相互之间的关系，破坏他们在社会发展中形成的利益链条，接受社会大众的共同监督。

提高《未成年人保护法》的法律实效的具体途径包括树立儿童权利优先理念，完善《未成年人保护法》责任制度，当前最重要的任务是推进惩罚性赔偿制度和刑事责任制度的完善，但并非简单加重违法者的责任和加大惩罚力度，而是需要进行全面的审查和考虑，让制度能够切实地起到应有的威慑和约束作用，从而达到遏制违法事件发生的目的；严格执行儿童安全监管制度，教育行政部门不过多干涉学校教学，而应在公平的监控中发挥效力。社区办事处，更多从关爱家庭、防止虐待、忽视关爱的角度进行有针对性的工作。监管不力的最主要原因在于多部门监管体制带来的监管漏洞以及对监管行为规范的落实不到位。福利机构与监管部门之间的利益勾结也是造成监管实效低下的原因之一，因此要重新整合监管部门的职责以及制约监管权力，做到既保障权力的实施，又制约权力的滥用。

三 社会工作对社会舆论的作用：随迁子女城市社会融入不可或缺

社会工作最早产生于英美等发达国家，随着工业化、城市化的发展和向现代社会的转型，这些国家的城市贫困、失业、犯罪和人际关系疏离等问题越来越严重。为应对这些问题，19世纪末20世纪初，英、美等国家出现了运用专业方法帮助有苦难的群体解决其基本生存问题的职业活动，这就是社会工作。社会工作尊重人，认为人是有潜能的，并把充分挖掘个人潜能、解决个人生活困难、增进个人幸福当作工作目标，在这一点上与积极心理学对人的认知具有相似性。通过"助人自助"，增加人们的知识和技能，增强个人克服不利因素的能力，提高个人与社会协调的能力，进而获得发展。2013年11月，民政部、财政部印发《关于加快推进社区社会工作服务的意见》要求，以社区为支撑点，着力做好流动人口、农村留守人员等的社会工作服务，在城市社区重点开展针对老年人、未成年人、外来务工人员的社区照顾、社区融入、就业辅导、精神减压与心理疏导服务等。

社会舆论是指一定群体内相当数量的成员对社会事物或现象所发表的具有某种倾向性的议论，社会舆论在人们的日常生活中占据十分重要的地位。社会舆论的本质是"社会公众对社会某些事件、现象或人们行为的社会舆论和态度"[①]。在当今的新媒体技术不断地进步和发展的情况下，各种网络交流和信息传递平台不断地推陈出新，更新速度更是让人应接不暇。在当下的社会背景下，中国社会工作及社会工作者对社会舆论具有较大的影响力，他们往往控制和引导公众对社会热点问题的看法，让公众的视线转移到流动儿童的生存与生活状态中，促进流动儿童更快更好地融入城市社会。

（一）建设儿童友好社区

随着中国城镇化进程的推动和发展，流动儿童的数量已经形成一定的规模，政府有责任也有义务为这一社会群体创建一个适合流动儿童学习和生活的友好型社区。儿童友好社区是指整体环境有利于儿童身心健康发展的社区，即将儿童置于关怀中心的社区。根据联合国儿童基金会的定义，具体标志包括社区能够保障儿童的基本需要得到满足；社区有条件让儿童能与同伴见面和玩耍；社区能够保护儿童免遭伤害；儿童在社区里有干净的饮用水和卫生的环境；社区能够为儿童提供所需的教育、医疗和紧急庇护服务；儿童能参与家庭、社区和社会生活；社区能够在其发展过程中发挥儿童的作用，尤其是在与儿童自身相关的社区事务中（通过办理工会会员证就近入学）。"良好的开端，美好的未来"方案（BBBF）是一个以社区为基础、以政府为主导的预防性方案，其主要内容是为青少年可能出现的问题做好相应的预防工作，目标在于预防青少年在青春期发生严重的生理疾病、认知紊乱、行为失范、情感失调等问题，促进他们在这些方面获得健康良好的发展。

世界上大多数国家提供社区服务的主体是志愿者组织或非营利性集

[①]《哲学大辞典·马克思主义哲学卷》，上海辞书出版社1990年版，第506页。

团，尤其以青少年组织居多。早在1993年，克林顿签署了"全国与社区服务法案"，该法案旨在扶持青少年义工力量，鼓励青少年学生义务服务社会，希望他们能"把美国带回充满互爱和志愿者行动的黄金时代"[①]。法国学生由于假期时间十分充裕，加上家长也大力支持和鼓励孩子参加学校或社区举办的各种社团活动，以增强孩子的团队协作能力和社会责任感，所以几乎所有的学生都有直接或间接参加社团或志愿活动的经历。例如，给无家可归者发放食物和衣物、陪伴和安慰受过虐待的儿童、教外国移民说法语等活动。通过参与诸如此类的活动，使参与者真正地感觉到自己在助人为乐中的乐趣，更加深刻地认识生活和生命的价值。美国和加拿大两国开展社区文化的形式多种多样，主要是利用社区内的各种文化设施，定期组织和开展适应青少年身心发展规律的科学、文艺、教育、体育、娱乐等促进青少年健康成长的社会性活动，旨在促进青少年的智力开发和增强青少年的体魄。这些活动有助于培养青少年的自尊和提升能力，从而使青少年群体更好地认识自己、完善自身，为青少年的健康成长创造祥和的氛围，塑造社区的良好形象，使社区的社会结构得到修补和完善。

中国政府应该效仿美国，把社区图书馆和社区文化活动中心的建设当作财政拨款的重点项目，提高社区群体的综合素质。社会工作者应该引导公众更多地关注农民工及其子女的生存状况，从而引起社会对他们的关注，提供对他们的帮助。我们应倡导流动人口多且组织文化强的公司或组织进行捐资助学，保证流动儿童的受教育权的实现。作为一种区域性社会化教育活动，社区教育的目的是提高社区全体成员尤其是儿童的身心素质和生活质量，提高流动儿童的环境适应能力，并满足社会和谐发展的需要。

(二) 强化社会工作者的"中间人"角色

社会工作是在社会工作者的组织下，运用专业手段和科学方法引领社区成员参与集体行动解决社区问题，从而达到改善生活环境的目的。在参与社区活动的过程中，让社区成员树立对本社区的归属感和荣誉感，培养社区成员自助、互助与自觉的精神，促进社区成员的和谐共处。社会工作

[①] 马奇柯、刘杰：《国外社区青少年思想政治教育的经验与启示》，《山东省团校学报》2007年第4期。

者其实更多的是承担着"中间人"的角色,其主要服务范围是作为政府与社会之间的连接社区,社会工作成员在社区工作中具体扮演着以下角色。

作为直接服务者,社会工作者主要扮演以下角色。"支持者",社会工作者不但要给服务对象提供直接服务或帮助,也要鼓励其养成自强自立、敢于直面困难的精神,给予其情感支持,即"助人自助",社会工作者应该尽可能地创造条件使服务对象能够保持独立自主或自我发展。也可以说,社会工作者"支持者"角色的主要体现是为社区成员提供授权和增能。"治疗者",即临床工作角色。社会工作者通过分析服务对象面临的困难或问题,为其提供直接的、具体的帮助,激发其潜能,使服务对象已经受到损害的功能得以恢复。亲子沟通方面的"倡导者",在农民工与子女的交流互动出现障碍而不知所措时,社会工作者应该耐心给服务对象提供若干种解决问题的备选方案,向其提供某种更合理的教育子女的行为方式,并指导其有效地应用和解决问题。

作为间接服务者,社会工作者主要扮演以下角色。"行政者",社会工作者作为"行政者"的角色主要是以管理者的身份出现的,社会工作者对服务区域范围内的成员具有为其提供实务工作行政和社会福利行政两个层面的帮助。"能人",社会工作者要根据现实情况,认真了解社区成员的问题所在,帮助他们克服畏难情绪,激发其应对困难的潜能,增强其面对生活的自信心和处理问题的实际能力,协助其克服困难和改善自己的生活境遇。"政策影响者",社会工作者充当政府与社会的连接载体,他们在平时的工作生活中如果发现当下的政策或制度有不合理的地方,会本着公平正义的原则向政府部门提供相关的材料和证据,促进政府部门对该政策或制度进行一定的调整和改革。

作为复合角色服务者,社会工作者主要扮演以下角色。"关系协调者",很多时候,农民工随迁子女之间或其与城市居民子女之间发生矛盾纠纷,往往是因为两者没有正确处理好自身的人际关系。然而,当局者迷,旁观者清,这时,就需要有第三方介入,帮助双方厘清事实,缓解双方的矛盾和压力,使服务对象重新建立起友好和谐的人际关系。"教育者",社会工作者向服务对象定期开展传授知识和应对问题的技能培训讲座或座谈会,提高他们的专业技能和生活技能。"经纪人",对于那些需要服务而又不知道去何处寻找或因为信息过多而无从下手的服务对象,社会工作者将他们与其所需的资源联系起来,提高他们解决问题的效率。

社会工作者有时是以直接服务者的角色出现在服务对象面前的,有时则退居幕后,采用间接服务的方式帮助服务对象,为广大社区成员创建一个文明和谐的生活环境,促进服务对象的身心平衡,提高社区生活质量,加快流动儿童融入城市生活的速度。

(三)增强农民工群体的舆论话语权

虽然农民工群体的地位一直以来都处于社会的底层,但是他们的安居乐业同样是中国构建和谐社会中至关重要的一环,是"中国梦"能否真正实现的重要体现。社会工作者应该充分利用当代网络技术给人们带来的便捷条件,开放更多的网络服务平台和信息交流平台,加强与农民工群体及其随迁子女的沟通。社会工作者应该定期对农民工及其随迁子女开展一些有关政治权利和义务、法律法规知识、安全卫生知识等方面的培训讲座,让他们对自身权利、义务和职责有一个具体而明确的把握,树立起他们的公民权观念,提高他们的社会主人翁意识。通过教育和培训,让农民工及其随迁子女能够采取更科学的方法和手段维护自身的合法权益。

农民工群体自身应该保持不断学习和提升自己的积极态度,不能仅仅满足于当下的生活状态。除了社会工作者给予他们必要的帮助和支持外,他们也应该自立自强,主动为自己争取合法权益,不能因为自己当下的社会地位低就妄自菲薄。作为流动儿童的家长,农民工的态度和性情对子女性格和态度的形成具有巨大的甚至是终身的影响。因此家长更应注意自己对子女的教育方式,培养孩子认真刻苦、勤俭节约的良好美德。

由于网络媒体信息传播的双向(乃至多向)互动性,每个个体都可以是信息源。农民工在与自身利益相关的特定范围内一样可以掌握话语权,社会工作者应该为他们提供更多的帮助和支持,同时,引导他们正确使用网络媒体这一资源。增强农民工的舆论话语权,提高他们的公民权意识,能使他们更好地为自己及其随迁子女争取更多合乎法理的权益,或者至少能引起公众或政府对他们的重视,推进社会福利制度、教育制度的完善和改革,为农民工随迁子女融入城市社会创设一个更好的环境。

（四）促进权力性影响力与非权力性影响力的生态融合

权力性影响力也称强制性影响力，主要是指来自社会规则、法律、职位、武力等的影响力，它通过外推力对人施加影响，具有强制性，不可抗性；非权力性影响力又称自然性影响力，主要是指道德、文化、知识、情感等通过个体的认同和内化而发挥作用的影响力。社会工作对随迁子女社会融入的介入也会受到权力性影响力和非权力性影响力的共同影响，因此需要在两者间取得一个融合的平衡点，才能更好地创造一个促进流动儿童融入城市生活的社会舆论。管理过程突出主动服务理念。社会工作者在以行政者或管理者的角色出现在农民工群体面前时，不能是以一种高高在上的姿态来管理和控制他们，而应该注意他们的实际情况和工作安排，社会工作者要根据农民工群体的具体特点来安排管理工作。在管理工作中凸显主动服务的理念，让农民工群体感受到真正的尊重，主动配合社会工作的开展。监管与教育齐下。农民工群体由于自身知识的局限性，他们对于社会现象或事实的看法往往会带有一定的片面性。某些错误的社会舆论的煽风点火，会加剧他们对社会的不满，从而引发他们对社会的报复心理。此时，社会工作者需要做的是合理引导社会舆论在农民工群体中所起的作用，监督情绪过激的个别农民工，并给予他们相应的心理咨询和辅导，教育他们如何客观、辩证地看待社会上存在的事实和现象。道德与法律相融。耶律内克和耶林的最低限度的道德学说认为，法律是最低限度的道德。由此可见，道德和法律本身就具有一定的相通性。社会工作者除了要引导农民工及其随迁子女树立正确的公民权意识和法律意识，还要注意道德对他们造成的内隐性影响。农民工群体不仅要了解"什么能做，什么不能做"，还应当了解"什么应该做，什么不应该做"，把社会道德和法律法规内化于自身的知识体系和价值体系中，用道德与法律共同指导个人行为规范。倘若农民工群体能兼具道德与法律的良好素养，将意味着农民工群体与城市居民的距离又缩小了一大步，同时，也将引导社会舆论对农民工的传统刻板印象重新进行解读，随迁子女在城市社会融入中也将更具优势。

参考文献

一 著作

[1] [美] 莉萨·博林等:《教育心理学》,连榕等译,机械工业出版社2012年版。

[2] [美] 亨廷顿:《文明的冲突》,周琪等译,新华出版社2013年版。

[3] [美] 特拉维斯·赫胥:《少年犯罪原因探讨》,吴宗宪等译,中国国际广播出版社1997年版。

[4] [美] 约翰·鲁滨逊:《性格与社会心理测量总览》,杨宜音等译,远东出版事业公司1997年版。

[5] [美] 乔治·凯林、凯瑟琳·科尔斯:《破窗效应——失序世界的关键影响力》,陈智文译,生活·读书·新知三联书店2014年版。

[6] [美] 威廉·富特·怀特:《街角社会》,黄育馥译,商务印书馆1994年版。

[7] [美] 鲁思·华莱士、[英] 艾莉森·沃尔夫:《当代社会学理论——对古典理论的扩展（第六版）》,刘少杰译,中国人民大学出版社2008年版。

[8] [美] 杜威:《学校与社会·明日之学校》,赵祥麟等译,人民教育出版社2005年版。

[9] [美] 马克·格兰诺维特:《镶嵌:社会网与经济行动》,罗家德译,社会科学文献出版社2007年版。

[10] [美] 卡尼曼:《不确定状况下的判断:启发式和偏差》,方文等译,中国人民大学出版社2013年版。

[11] [美] 理查德、J. 济科豪瑟等:《决策、博弈与谈判》,詹正茂等

译，机械工业出版社 2004 年版。

[12] ［美］罗纳德·H. 科斯等著，［法］克劳德·梅纳尔编：《制度、契约与组织》，刘刚等译，经济科学出版社 2003 年版，第 16 页。

[13] ［美］Jeanne Ellis Ormrod：《教育心理学（第四版）》，彭运石等译，陕西师范大学出版社 2006 年版。

[14] ［美］杰夫里·亚历山大：《社会学二十讲：二战以来的理论发展》，贾春增译，华夏出版社 2000 年版。

[15] ［德］博尔诺夫：《教育人类学》，李其龙译，华东师范大学出版社 1999 年版。

[16] ［法］布迪厄：《实践与反思：反思社会学导引》，李猛、李康译，中央编译出版社 1998 年版。

[17] ［英］安东尼·吉登斯：《第三条道路：社会民主主义的复兴》，郑戈译，北京大学出版社 2000 年版。

[18] ［英］怀特海：《教育的目的》，庄连平等译注，文汇出版社 2012 年版。

[19] 边燕杰、李路路：《社会分层与流动：国外学者对中国研究的新进展》，中国人民大学出版社 2008 年版。

[20] 方文：《中国农村土地流转的制度环境、农户行为和机制创新》，浙江大学出版社 2012 年版。

[21] 黄兆信、万荣根：《农民工随迁子女融合教育研究》，中国社会科学出版社 2014 年版。

[22] 哈经雄、滕星：《民族教育学通论》，教育科学出版社 2001 年版。

[23] 何海澜：《善待儿童：儿童最大利益原则及其在教育、家庭、刑事制度中的运用》，中国法制出版社 2016 年版。

[24] 雷通群：《教育社会学》，福建教育出版社 2008 年版。

[25] 雷开春：《城市新移民的社会认同：感性依恋与理性策略》，上海社会科学院出版社 2011 年版。

[26] 钱民辉：《教育社会学概论》，北京大学出版社 2010 年版。

[27] 佟丽华、张雪梅：《未成年人维权典型案例精析（三）》，法律出版社 2012 年版。

[28] 唐魁玉：《网络化的后果：日常生活与生产实践的变迁》，社会科学

文献出版社 2011 年版。
- [29] 田毅鹏、吕方：《单位共同体的变迁与城市社区重建》，中央编译出版社 2014 年版。
- [30] 王雅林：《孵化：对东北农村的个案研究》，社会科学文献出版社 2010 年版。
- [31] 文军、吴鹏森：《中国城市底层群体研究》，复旦大学出版社 2015 年版。
- [32] 文军：《当代社会学理论：跨学科视野》，中国人民大学出版社 2016 年版。
- [33] 吴鹏飞：《中国儿童福利权研究》，中国政法大学出版社 2015 年版。
- [34] 吴鹏飞：《儿童权利一般理论研究》，中国政法大学出版社 2013 年版。
- [35] 俞国良等：《环境心理学》，人民教育出版社 2000 年版。
- [36] 俞可平：《社群主义（修订版）》，中国社会科学出版社 2005 年版。
- [37] 袁方：《社会学百科辞典》，中国广播电视出版社 1990 年版。
- [38] 杨云彦等：《留城还是返乡——流动人口的消费困局与社会融合》，华中科技大学出版社 2014 年版。
- [39] 周佳：《教育政策执行研究》，教育科学出版社 2007 年版。
- [40] 周佳：《处境不利儿童发展权保护研究》，黑龙江教育出版社 2010 年版。
- [41] 周皓：《流动儿童发展的跟踪研究》，北京大学出版社 2014 年版。
- [42] 张昱：《禁毒社会工作同伴教育服务模式研究——上海实践》，华东理工大学出版社 2016 年版。
- [43] 联合国教科文组织国际教育发展委员会：《学会生存——教育世界的今天和明天》，教育科学出版社 2003 年版。
- [44] 廉思：《中国青年发展报告（2013）No.1：城市新移民的崛起》，社会科学文献出版社 2014 年版。
- [45] 国家卫生和计划生育委员会流动人口司：《中国流动人口发展报告 2015》，中国人口出版社 2015 年版。
- [46] 国家卫生和计划生育委员会流动人口司：《中国流动人口发展报告 2014》，中国人口出版社 2014 年版。

[47] 国家卫生和计划生育委员会流动人口司：《中国流动人口发展报告2013》，中国人口出版社2013年版。

[48] 国家卫生和计划生育委员会流动人口司：《中国流动人口发展报告2012》，中国人口出版社2012年版。

[49] 国家卫生和计划生育委员会流动人口司：《中国流动人口发展报告2011》，中国人口出版社2011年版。

[50] 国家卫生和计划生育委员会流动人口司：《中国流动人口发展报告2010》，中国人口出版社2010年版。

[51] 全国社会工作者职业水平考试教材编写组：《社会工作实务（中级）》，中国社会出版社2015年版。

二 论文

[1] 蔡昉：《农民工市民化：立竿见影的改革红利》，《中国党政干部论坛》2014年第5期。

[2] 陈树强：《增权：社会工作理论与实践的新视角》，《社会学研究》2003年第5期。

[3] 陈伟：《职业教育与普通高中教育收入回报之差异》，《社会学》2016年第3期。

[4] 成海军、朱艳敏：《社会转型视阈下的普惠型儿童福利制度构建》，《学习与实践》2012年第8期。

[5] 崔岩：《流动人口心理层面的社会融入和身份认同问题研究》，《社会学研究》2012年第9期。

[6] 邓峰、丁小浩：《人力资本、劳动力市场分割与性别收入差距》，《社会学研究》2012年第5期。

[7] 董昕：《住房支付能力与农业转移人口的持久性迁移意愿》，《中国人口科学》2015年第6期。

[8] 符平：《"嵌入性"：两种取向及其分歧》，《社会学研究》2009年第5期。

[9] 冯晓霞：《义务教育均衡发展与儿童入学准备》，《幼儿教育》（教科版）2008年第9期。

[10] 辜胜阻：《新型城镇化下的职业教育转型思考》，《中国人口科学》

2015 年第 5 期。

[11] 辛胜阳:《阻断贫困代际传递　推进包容性增长》,《中国国情国力》2015 年第 5 期。

[12] 郭志仪、颜咏华:《甘肃省流动人口社会融合状况及影响因素》,《城市问题》2015 年第 5 期。

[13] 郭慧玲:《由心至身:阶层影响身体的社会心理机制》,《社会》2016 年第 2 期。

[14] 郭长伟:《文化资本视域下农民工随迁子女教育融入困境及对策》,《教育与管理》2012 年第 10 期。

[15] 郭星华:《社群隔离及其测量》,《中国人民大学复印报刊资料》(社会学)2000 年第 6 期。

[16] 洪小良:《城市农民工的家庭迁移行为及影响因素研究——以北京为例》,《中国人口科学》2007 年第 6 期。

[17] 贺光烨:《市场化、经济发展与中国城市中的性别收入不平等》,《社会学研究》2015 年第 1 期。

[18] 侯利明:《地位下降回避还是学历下降回避——教育不平等生成机制再探讨(1978—2006)》,《社会学研究》2015 年第 2 期。

[19] 黄嘉文:《收入不平等对中国居民幸福感的影响及其机制研究》,《社会》2016 年第 2 期。

[20] 焦开山:《健康不平等影响因素研究》,《社会学研究》2014 年第 5 期。

[21] 林敬平:《在生存与失范之间——青年农民工越轨心理的二维路径分析》,《青少年犯罪问题》2007 年第 3 期。

[22] 林竹等:《企业社会工作方法在缓解蓝领员工压力中的应用》,《人力资源管理》2015 年第 15 期。

[23] 刘奇:《农民市民化需要"三向"》,《学习时报》2015 年第 3 期。

[24] 刘谦:《迟疑的"大学梦"——对北京随迁子女教育愿望的人类学分析》,《教育研究》2015 第 1 期。

[25] 刘可道:《赫希的社会控制理论与青少年犯罪——武汉"12·1"银行特大爆炸案的犯罪学思考》,《青少年犯罪问题》2013 年第 3 期。

[26] 刘焱:《英国学前教育的现行国家政策与改革》,《比较教育研究》

2003 年第 9 期。

[27] 刘精明：《"社会阶层固化"的态势明显但还未固化》，《时事报告》2011 年第 11 期。

[28] 刘精明、李路路：《阶层化：居住空间、生活方式、社会交往与阶层认同——我国城镇社会阶层化问题的实证研究》，《社会学研究》2005 年第 3 期。

[29] 刘林平等：《被访者驱动抽样在农民工调查中的应用：实践与评估》，《社会学研究》2015 年第 3 期。

[30] 骆新华：《国际人口迁移的基本理论》，《理论月刊》2005 年第 1 期。

[31] 李涛：《底层的"少年们"：中国西部乡校阶层再生产的隐性预演》，《社会科学》2016 年第 1 期。

[32] 李洪波：《农民工随迁子女融入城市社会的需要层次研究》，《学术交流》2016 年第 6 期。

[33] 李培林：《巨变：村落的终结——都市里的村庄研究》，《中国社会科学》2002 年第 1 期。

[34] 李春玲：《教育不平等的年代变化趋势（1940—2010）——对城乡教育机会不平等的再考察》，《社会学研究》2014 年第 3 期。

[35] 李颖晖：《教育程度与分配公平感：结构地位与相对剥夺视角下的双重考察》，《社会》2015 年第 1 期。

[36] 李汉林、李路路：《单位成员的满意度和相对剥夺感——单位组织中依赖结构的主观层面》，《社会学研究》2000 年第 2 期。

[37] 李骏、吴晓刚：《收入不平等与公平分配：对转型时期中国城镇居民公平观的一项实证分析》，《中国社会科学》2012 年第 3 期。

[38] 吕鹏：《生产底层与底层的再生产——从保罗·威利斯的〈学做工〉谈起》，《社会学研究》2006 年第 2 期。

[39] 吕慈仙：《异地升学政策如何影响随迁子女的身份认同与社会融合——基于国内若干个大中型城市的调查分析》，《教育发展研究》2015 年第 10 期。

[40] 梁宏、任焰：《流动，还是留守？——农民工子女流动与否的决定因素分析》，《人口研究》2010 年第 2 期。

[41] 马奇柯、刘杰：《国外社区青少年思想政治教育的经验与启示》，

《山东省团校学报》2007年第4期。

[42] 马晓娜：《我国随迁子女异地高考研究述评——基于2000—2013年CNKI期刊数据的分析》，《上海教育科研》2015年第2期。

[43] 潘泽泉：《发展型社会政策理念：从"被动应对"转向"主动干预"》，《中国社会科学报》2012年2月20日第3版。

[44] 任焰、梁宏：《资本主导与社会主导——"珠三角"农民工居住状况分析》，《人口研究》2009年第2期。

[45] 尚晓援、陶传进：《中国福利制度的权利基础及其限度》，《清华大学学报（哲学社会科学版）》2009年第2期。

[46] 宋锦、李实：《农民工子女随迁决策的影响因素分析》，《中国农村经济》2014年第10期。

[47] 盛亦男：《中国流动人口家庭化迁居》，《人口研究》2013年第7期。

[48] 盛来运：《国外劳动力迁移理论发展》，《统计研究》2005年第8期。

[49] 孙蕾、吕正欣：《环境与儿童入学准备：国外儿童入学准备教育实践的生态化取向及其启示》，《外国教育研究》2007年第5版。

[50] 孙红永：《新生代农民工：社会情绪的危害与对策》，《重庆文理学院学报》2012年第1期。

[51] 田凯：《关于农民工的城市适应性的调查与思考》，《北京社会科学》1995年第5期。

[52] 王桂新、武俊奎：《城市农民工与本地居民社会距离影响因素分析——以上海为例》，《社会学研究》2011年第2期。

[53] 王春光：《新生代农村流动人口的社会认同与城乡融合的关系》，《社会学研究》2001年第3期。

[54] 王建民：《幸福感问题在社会学研究中的兴起》，《光明日报》2007年11月14日。

[55] 吴霓、朱富言：《流动人口随迁子女在流入地升学考试政策分析》，《教育研究》2014年第4期。

[56] 夏雪、杨颖秀：《随迁子女异地高考问题中的利益团体衍生——基于团体理论模型的视角》，《教育发展研究》2014年第10期。

[57] 肖仕豪：《"未成年人"的"生"与"死"——以美、日为借鉴的社会学研究》，《社会》2016年第4期。

[58] 杨善华、孙飞宇:《"社会底蕴":田野经验与思考》,《社会》2015年第1期。

[59] 杨颖秀:《随迁子女异地升学政策的冲突与建议》,《东北师范大学学报（哲学社会科学版）》2013年第2期。

[60] 杨菊华、段成荣:《农村地区流动儿童、留守儿童和其他儿童教育机会比较研究》2008年第1期。

[61] 杨菊华:《混合居住模式:助推流动人口从"寄居"走向"安居"》,《中国社会科学报》2014年7月11日。

[62] 杨明:《"两为主政策"转向"国民同待遇政策":进城务工人员随迁子女入学政策探析》,《社会科学战线》2014年第12期。

[63] 杨凡:《流动人口正规就业与非正规就业的工资差异研究》,《人口研究》2015年第6期。

[64] 闫海波等:《非正规就业部门的形成机理研究:理论、实证与政策框架》,《中国人口、资源与环境》2013年第8期。

[65] 余玲铮:《中国城镇家庭消费及不平等的动态演进:代际效应与年龄效应》,《中国人口科学》2015年第3期。

[66] 周潇:《反学校文化与阶级再生产:"小子"与"子弟"之比较》,《社会》2011年第5期。

[67] 周福林、段成荣:《留守儿童研究综述》,《人口学刊》2006年第3期。

[68] 周佳:《家庭文化是农民工随迁子女城市社会融入的关键变量》,《中国社会科学报》2015年3月20日。

[69] 周佳:《农民工随迁子女城市社会融入政策研究》,《学术交流》2015年第12期。

[70] 周佳:《农民工选择子女随迁的影响因素分析——基于理性选择的视角》,《知与行》2015年第2期。

[71] 周皓:《中国人口迁移的家庭化趋势及影响因素分析》,《人口研究》2004年第4期。

[72] 周志刚、米靖等:《职业教育价值论》,《中国职业技术教育》2009年第27期。

[73] 周正:《特殊教育教师一般自我效能感现状及其与核心自我评价的

关系》，《教师教育研究》2014年第3期。

[74] 周化明等：《中国农民工职业教育：需求及其模式创新——基于制造和服务业1141个农民工的问卷调查》，《湖南农业大学学报（社会科学版）》2011年第6期。

[75] 曾守锤、李其维：《儿童心理弹性发展研究综述》，《心理科学》2003年第6期。

[76] 曾守锤：《流动儿童的心理弹性和积极发展：研究、干预与反思》，《华东师范大学学报（教育科学版）》2011年第1期。

[77] 张翼：《户籍改革释放制度红利》，《中国社会科学报》2014年8月15日第3版。

[78] 张桂金等：《多代流动效应：来自中国的证据》，《社会》2016年第6期。

[79] 朱健刚、陈安娜：《嵌入中的专业社会工作与街区权力关系——对一个政府购买服务项目的个案分析》，《社会学研究》2013年第1期。

[80] 韩俊：《如何有序推进农业转移人口市民化》，《人民日报》2014年3月18日第1期。

[81] 陈昊燕：《同辈群体在进城务工者随迁子女社会化中的影响研究——以上海金山区T中学例》，硕士学位论文，上海师范大学，2014年。

[82] 戴建兵：《我国适度普惠型儿童社会福利制度建设研究》，博士学位论文，华东师范大学，2015年。

[83] 王甫勤：《社会流动与分配公平感研究》，博士学位论文，复旦大学，2010年。

[84] 周锐：《农村青年自杀行为的社会影响因素研究》，博士学位论文，山东大学，2014年。

[85] Brown, G. L., Mangelsdorf, S. C., Neff, C., "Father involvement, paternal sensitivity, and father-child attachment security in the first 3 years" *Journal of Family Psychology*, Vol. 26, 2012.

[86] Amanda, G., Rob, G., "Promoting the inclusion of migrant children in a UK school" *Educational & Child Psychology*, Vol. 4, 2015.

[87] Rueger, S. Y., Katz, R. L., Risser, H. J., et al, "Relations between parental affect and parenting behaviors: A meta-analytic review" *Parenting: Science and Practice*, Vol. 11, 2011.

[88] Kimberly, G., "Improved evaluation efforts could enhance agency programs to reduce migration from central America" *GAO Reports*, Vol. 10, 2015.

[89] Franklin F., "Let the kids stay" *New Republic*, Vol. 14, 2014.

[90] Danielg G., "Deporting the heart" *America*, Vol. 6, 2014.

[91] Motomura H., "Children and parents, innocence and guilt" *Harvard Law Review*, Vol. 5, 2015.

[92] Ioan G., "Desperate Voyagers" *Time*, Vol. 6, 2014.

[93] Dena A., "Control Protection and Rights" *International Journal of Children's Rights*, Vol. 2, 2014.

[94] Aminata C., Diane, S., Jill, B., Katie J., "Supporting Refugee and Migrant Children with F. A. C. E. Time" *Education Digest*, Vol. 2, 2013.

[95] Ian G., "Children Crossing" *Mother Jones*, Vol. 4, 2014.

[96] Becky W., "Doing what's best: determining best interests for children impacted by immigration proceedings" *Drake Law Review*, Vol. 1, 2016.

[97] Yoshikawa, H., Kholoptseva, J., Carola, S. O., "The Role of Public Policies and Community-Based Organizations in the Developmental Consequences of Parent Undocumented Status" *Social Policy Report*, Vol. 3, 2013.

[98] Rebecca S., "Immigrants are not criminals: Respectability, immigration reform, and hyper incarceration" *Houston Law Review*, Vol. 3, 2016.

[99] Takenoshita, H., Chitose, Y., Ikegami S., "Segmented Assimilation, Transnationalism, and Educational Attainment of Brazilian Migrant Children in Japan" *International Migration*, Vol. 2, 2014.

[100] Molly, F., Sonja, E., Claudia, B., Jessica D., "Intergenerational Transmission of the Effects of Acculturation on Health in Hispanic Americans: A Fetal Programming Perspective" *American Journal of Public Health*, Vol. 7, 2015.

[101] Theresa C. , "Anti-Immigrant Ideology in U. S. Crime Reports: Effects on the Education of Latino Children" *Journal of Latinos & Education*, Vol. 4, 2013.

[102] David A. , "The other border wall" *Maclean's*, Vol. 1, 2016.

[103] Cox, M. J. , Paley, B. , "Families as systems" *Annual Review of Psychology*, Vol. 1, January, 1997.